管理三部曲之

管理之理
困惑与出路
第2版

项保华 ◎ 著

Puzzles and Solutions in
Sensing Management

华夏出版社
HUAXIA PUBLISHING HOUSE

图书在版编目(CIP)数据

管理之理:困惑与出路/项保华著. —北京:华夏出版社,2013.1
(管理三部曲)
ISBN 978-7-5080-7222-7

Ⅰ.①管… Ⅱ.①项… Ⅲ.①企业管理 Ⅳ.①F270

中国版本图书馆 CIP 数据核字(2012)第 245905 号

管理之理:困惑与出路

作　　者	项保华
责任编辑	陈小兰

出版发行	华夏出版社
经　　销	新华书店
印　　刷	三河市李旗庄少明印装厂
装　　订	三河市李旗庄少明印装厂
版　　次	2013 年 1 月北京第 1 版　2013 年 1 月北京第 1 次印刷
开　　本	720×1030　1/16 开
印　　张	19
字　　数	263 千字
插　　页	2
定　　价	38.00 元

华夏出版社 　地址:北京市东直门外香河园北里 4 号　邮编:100028
　　　　　　　网址:www.hxph.com.cn　电话:(010)64663331(转)
若发现本版图书有印装质量问题,请与我社营销中心联系调换。

目 录

序 i

1 理所当然 1

管理之"理" 2
理性之"谜" 5
"傻帽"战略 8
跨期取舍之难 10
顾客理念的本质 13
你真的理解企业战略吗？ 18
商业伦理浅析 27
伦理困境四则 31
战略决策的伦理准则 35

2 自我超越 40

自我超越16字 41

归因偏差与因果探源..48
　　战略思考三层面..51
　　顺势而为话"打假"..58
　　大企业衰退 未必是坏事..61
　　建设性对话：管理者的必备技能......................................66
　　创新项目的论证之难..74

3 人际互动 76
　　忠诚关系之本质..77
　　以貌取人、信者则灵..81
　　制度设计与人性假设..84
　　将"狼"变成人..86
　　人际互动陷阱：负面暗示..88
　　购并悖论与启示..92
　　企业战略与环境——五力竞争还是六力互动？..........................97
　　企业代际传承与持续发展——基于华为"轮值CEO"做法
　　　的思考..111

4 战略构建 119
　　中国企业十年战略：成长与困惑....................................120
　　企业战略管理构架——三问题、三假设、三出路......................128
　　战略：精心设计？机缘巧合？——兼评明茨伯格的"匠构
　　　战略"...136
　　企业发展的价值观定位..144
　　创造企业的未来——兼议"'画出'企业的未来".......................149
　　企业战略的内涵——兼评《蓝海战略》..............................154

解读波特"竞争三部曲" 162
谨防战略丛林之陷阱 173

5 实力打造 180

企业实力三要素——产品内涵、顾客偏爱、终端可获 .. 181
企业资源与能力辨析 183
持续竞争优势构建 186
企业优势/实力综合 192
企业目标：状态与趋势 196
模式、特色与创新 200
信息时代与企业战略创新 203

6 瓶颈突破 211

瓶颈、多环互赖与产业链共生战略 212
"挑担"、"瓶颈"与"木桶理论" 218
危机管理之危机 221
抓球游戏的启示 223
多元化发展试探 225
警惕大企业病 231
均值回归与"富不过三代" 237

7 知行合一 240

想到不等于做到 241
态度与行为的关系 244
情境、语境、心境 246
创意与激情是怎么没的？——从活鱼、死鱼到鱼干 250

激励管理三论 255
风险控制：谨防决策心理陷阱 261
"抓阄"与企业制度 264

8 招无定式 266

战略无中心 267
电子商务的泡沫 272
咨询公司的作用 275
不确定情况下的战略思考 283
从全球经济危机看企业战略应对 287
顾客忠诚度与企业业绩 289
慎用"80/20 法则" 291
国际通行未必中国可行 295

序

基于"战略是大决策、决策是小战略、管理就是决策"的考虑，本书"管理之理"，作为管理三部曲之一，着重讨论做出战略、决策以及相关管理论断的隐含假设或事实依据。管理的困惑在于，这些假设或依据常常未经推敲，就被当作真理而加以宣讲与运用。

事实上，现实管理中存在的许多说法，乍一看，似乎都在理，细思量，发现均存疑。之所以如此，主要因为对于管理，人们通常做得多、想得少，主见多、推敲少，久而久之，在无意中就形成了习惯，以主观判断代替事实依据，以理论假设当作最终结论。

探讨管理之理的困难不在质疑批判，而在创新建言。本书针对许多习以为常的管理提法或做法，采取一事一议的方式，试图阐明其潜隐的理论内涵与实践疑难，弄清体现在其背后的前提假设与事实依据，揭示造成现实管理困惑的深层原因，寻求更好的破解之道。

本书的每篇文章，内容相对独立，既指出困惑，也给出建议，可根据各自兴趣与需求，随意选读，无碍理解。各章的小标题——理所当然、自我超越、人际互动、战略构建、实力打造、瓶颈突破、知行合一、招无定式，提供读者主题分类指引，便于按需查阅。

本书的最初想法，形成于笔者从事战略与决策的研究过程，其中所产生的许多有意义的想法，因为既不能归入战略体系，也不适合决策框架，又一时找不到合适的逻辑主线，可以将这些想法整合成新的体系，所以，就顺其自然地保持原状，以小短文的形式完成。

这些完成的小短文，有些曾在国内一些杂志、书刊中发表过。此次结集再版，重新在本书第1版的基础上，根据笔者目前的认识水平与研究积累，对短文的原稿及全书的结构再次进行了认真的修订，并补充了几篇自本书第1版出版以来发表的短文资料。

本书的许多提法，完全基于中国大陆的人文背景及用语习惯，其中有些思想观点的形成，借鉴了许多中外研究资料，吸收了大量的企业战略、决策与管理的实践经验与教训，经过了长期的正反论证。基于此，可以认为，本书的内容具有一定的原创启示性。

当然，对于管理之理，仁者见仁、智者见智，要想真正弄清"仁"或"智"的真实内涵，这一工作极富挑战性。迎接这一挑战，从管理实践问题入手，捕捉管理提法背后的原理，探求改进管理实践的对策，这是本书写作所追求的目标，也是笔者长期努力的方向。

最后，需要说明，对于本书所涉内容的研究，得到了国家自然科学基金项目（批准号：70672044）的资助。本书的编辑出版，得到了华夏出版社的大力支持，特别是本书的责编陈小兰老师，认真审阅了全书，提出了许多宝贵的修改意见。谨此致谢！

复旦大学管理学院 项保华

2012 年 10 月 18 日

1 理所当然

要点提示

判断管理理论或实践的优劣，所依据的标准是什么？过程、结果、科学、艺术、道德、个人、群体、社会，不同的角度会有不同的结论。特别地，就战略与顾客这两个概念的内涵而言，表面上人人都懂，实际上分歧颇多。弄清这些看似理所当然的问题，是化解管理理论困境与实践难题的根本之所在。

管理之"理"*

管理之理涉及科学求真、道德求善、艺术求美之精神,"管理就是让人做事并取得成果"这一通俗定义,可更为全面地表达为"管理就是让人愉快高效地做正确的事"。

管理就是管得有"理",而对于"理",不同的人会有不同的诠释。对于这种"理",有时可以开诚布公,既能说又能做;另有时却须背后操作,只能做不能说;再有时似乎言行不一,只说不做;还有时表面不说不做,但心中有数,待机而发。乍一看,这些"理"似乎都是有意识理性思考的结果,细思量则发现,还常常受到人们内心深处萌动的某些无意识情感因素的影响。

对于"理",各有各的说法,这本不是坏事,只要人们相互信任,就可通过广开言路,加强相互交流,从而活跃思想、增进理解。这里需要谨防的是现实中可能存在的管理陷阱——无理之理,也就是为个人目的刻意编造出某种不成为理由的理由。正如本杰明·富兰克林在其自传中所说的,"做一个'有理性的生物'是这样的方便,他自己想干什么事总会找出或制造理由去干的"。例如,有时仅仅因为此前有人或者自己曾经做过,就认为这是继续做的理由,而不管当初做事的原因是否仍然存在。

---

* 本文根据项保华发表于《企业管理》2002年第1期的文章修订而成。

对同一人、事、物的认识会因人而异，是否意味着实际上管理会无理可依呢？回答是既肯定又否定，也就是不存在一般性的结论。说是无理可依，主是要由于管理所涉及的每一人、事、物，都是有着不同特色的个例，需根据具体情况进行具体分析，不可能一招打天下。说是有理可依，主要是由于管理所涉及的人、事、物的切入点是人，都是通过人的主观能动作用而展开的，把握住了人性也就把握住了本质。

"理"字从"王"，是否有权就有理呢？至少在现代社会组织中，这并不一定行得通。从创新的角度看，对于领导者个人来说，可能需要真正奉行的管理之理是"无理"，这就是在面对新情况时，尽量不要先入为主，不要事先预设答案，以便破除成见，真正做到集思广益。当然，对整个组织的运作来说，其关键在于要能对最后的决策形成共识，在行动上做到同心协力、步调一致。

从动态角度看，"理"是在人际、群体、组织、社会甚至国家之间通过长期冲突碰撞、妥协谦让、调和共识中逐渐形成、演化发展而来的。显然，一个只认自己的"理"为理，而从不承认他人之理为理的人，短期内也许可以依靠权位、暴力、金钱、才智等猖獗一时，但长期看还是会被当作认死"理"的人而众叛亲离的。所以，能在现实管理中持续通行的"理"，必须是能够得到社群多数认可的"公理"，而绝不是只代表少数个人观点的"私理"。

管理之"理"涉及待人、接物、处事三方面。在可能的情况下，待人之"理"需考虑艺术性，使人在共事中能够身心愉悦，既可享受工作过程之乐，也能分享工作成果之喜。接物之"理"需考虑科学性，准确把握事实规律，遵循自然演化之道，从而提高做事效率与效益。处事之"理"需考虑道德性，以人类共同接受的伦理价值准则指导现实行为，实现多方主体的利益共享，确保个人、企业、社会甚至生态环境的协调发展。

管理之理所关注的科学性、道德性、艺术性，分别强调的是求真、求善、求美的精神理念。在这里，科学求真，"由知，而信，而行"；

道德求善，"由信，而知，而行"；艺术求美，是"由行，而知，而信"或者"由行，而信，而知"。由此可见，管理之理的本质就在于"真、善、美"的统一，"知、信、行"的协同，基于此，"管理就是让人做事并取得成果"这一通俗定义，可更为全面地表达为"管理就是让人愉快高效地做正确的事"。

理性之"谜"*

> 以人类之有限认知能力，探世界之无限可能变化，既无必要追求极端的绝对理性，也不必排斥有时的非理性。

从最一般的意义上看，"理性"是指更有助于个体或组织"活得了、活得好、活得久"之目标的达成，它既可以在事后根据人们对于所追求的目标或结果的实现程度或水平来衡量，这被称为实质理性；也可以在事先根据人们对于所采取的手段或途径的满意程度或水平来评估，这被称为过程理性。简言之，实质理性关注行动结果是否最佳，而过程理性则重视行动程序是否适当。

现实中，如果能够真正把握事物运行规律，找到事先过程与事后结果之间所存在着的必然因果联系，则只要能够真正做到按照过程理性行动，自然就可达成实质理性的结果，也就是能够同时实现过程与实质的双重理性。只是对于管理者的真正挑战在于，有时遵循社会组织的过程理性原则，例如，按职责、规则、惯例等行事，并不一定保证最终能够取得预想结果；另有时遵循管理决策的实质理性原则，采取能够达成最佳行动结果的做法，却并不一定正好符合通行的办事程序与规范。

就具体对于理性程度的水平评估而言，如果说衡量"活得了、活

---

* 本文根据项保华发表于《财经界/管理学家》2007 年第 9 期的文章修订而成。

得久"，主要关乎管理行为的科学性，尚可找到相对客观的指标，如凭借企业整体运行的盈利多少、效率高低等加以评判；而衡量"活得好"，则主要关乎管理行为的道德性与艺术性，需要考虑人际公平与个人情感，如涉及带有一定主观性的指标，只能借鉴社会规范、价值体系、个人偏好、幸福感受等加以评判。

"理性"程度的评判标准，需要综合考虑道德性、科学性、艺术性等多向度因素。一方面，由于各向度因素之间存在质性差异，难以找到统一的衡量尺度，无法对不同向度的因素进行量化加权，因而不可能获得归一化的统合衡量指标；另一方面，即使能够找到这样的统合衡量指标，也会因人、时、地、情境等的动态变化而难以保持持久的有效性与可信度。此外，由于人类大脑的注意力总是有限的，人们不可能对现实存在的所有信息做出反应，而只会基于自己主观意识到的那部分所谓客观信息做出判断，这在事实上使得所有的理性衡量指标均带有个人主观选择的性质。

就人们对于自身行为的真正把握而言，受组织或个人有意设定的目标任务、长期无意形成的活动习惯等因素的综合影响，现实中，人们有时可以清楚地知觉自己的行动与方向，从而做出冷静、科学的有意分析；而有时可能对自己的行动与方向有点模糊不清，只能凭感性直觉加以大致判断。即使如此，在此过程中，仍很难回避个人对于信息的感知、加工、运用中所存在的主观性及其对于分析、直觉、情感的影响，这就使得行为的绝对客观理性成为不可能。

在现实管理中，很难做到绝对的客观理性，但这并不意味着人们的行为一定就是非理性的。应该看到，任何人总是生活在一定的社会与组织框架之中的，这决定了其行为必然或多或少地受到组织与人际互动因素的影响，如他人及自我的信念预期、规则惯例、角色意识等，即使是基于无意的直觉判断或情感响应的行为，实际上仍带有一定的社会可预见性，也就是体现在由生物基因与社会文化共同演化所决定的实际行为选择之中的理性。

理性可能意味着根据标准、规范、常识等行事，这自然隐含着对于管理目标、决策依据、可能方案等情况具有完全的信息。而在现实世界中，面对模糊不确定的未来，有时看似非理性的做法，却有可能获得比理性更好的效果。这意味着，作为一般性考虑，理性并不等同于最佳，非理性也不一定无效。特别是在应对创新、竞争、变化，需要突破思维定势时，采取看似非理性的做法，可能反而能够取得比理性做法更好的效果。例如，在利益冲突的对抗性博弈中，不惜采取鱼死网破之类的做法，从而使他人难以按常规、常理、常情应对，有时反而能够起到更好的作用。

总之，对于管理之"理"，是否完全可衡量、可统合、可分解？时时处处讲理性，一概排除非理性，到底该不该？能不能？面对动态变化的组织环境，管理的结果可衡量性、过程可控性、价值稳定性、规则持续性等均受到了严重挑战，若进一步注意到备选方案与目标体系、个人偏好与未来预期等也都会呈适应性调整，可见，以人类之有限认知能力，探世界之无限可能变化，既无必要追求极端的绝对理性，也不必排斥有时的非理性。对于这一点，在讨论管理行为中的理性问题时，须引起人们的特别注意。

"傻帽"战略*

作为企业经营者若能够真正甘于以"傻帽"的姿态现世，定可少却许多殚精竭虑、心劳日拙之烦恼，注意到这一点，至少对于那些看起来似乎有点精明过度、事事苛求，从而使自己体力与心力不堪重负的管理者来说，显得尤为重要。

战略管理（Strategic Management）英文简称"SM"，而"SM"又正是中文"傻帽"一词的汉语拼音 Shǎ Mào 的缩写，使人不禁想到，战略管理是否就是"傻帽"？这里的"傻帽"不是"大智若愚"，也不是"难得糊涂"，而是返璞归真，令人与其交往感觉到自然、洒脱，若欺之会觉得自己有点不义更不忍，甚至会不由自主地生出一种希望扶他一把的古道热肠。"傻帽"不会有城府很深、用心过度的"察见渊鱼者不祥"之虞，也不会有精明过头、使人远离的"水至清则无鱼，人至察则无徒"之患，更不会有损人反害己的"机关算尽太聪明，反误了卿卿性命"之忧！

与"傻帽"交往无须戒心，会令人非常轻松，还常常在不经意间使人生出一丝占尽便宜之感。即使在你对"傻帽"做出主动谦让、经济利益上似乎有所吃亏时，也还是会在胸中涌起一股好像自己正在"助人为乐"的侠义情怀，从而在精神上获益匪浅。这样，久而久之，无

---

* 本文根据项保华发表于《企业管理》2002 年第 1 期的文章修订而成。

形之中就使得"傻帽"能比常人拥有更多的朋友，得到更多的支持，从而也就增加了更为持久的生存发展机会。更何况，"傻帽"所表现出来的毫无心机、不明事理、懵然无知的态度，所采取的不循常规、不遵常理的做法，却在有意无意间产生了无理性之理性的作用——因为乍一看之下的背离常人常识，使他人无法以常情之理性来应对，从而在实际上发挥了出其不意的功效，产生了无招胜有招、无用变神奇的结果。

　　战略管理以追求个人与组织的"活得了、活得好、活得久"为目标，战略无非是想从整体上回答"做什么、如何做、谁来做"这三个问题，对于任何个人或企业来说，如果能在提升自身实力从而做强、做大的过程中，有意无意地贯彻一点"傻帽"精神，是否有可能营造出更好的合作做事氛围，从而建立起更具可持续性的经营优势，自然而然地取得如老子所说的"后其身而身先，外其身而身存"的结果呢？无庸讳言，作为企业经营者若能够真正甘于以"傻帽"的姿态现世，定可少却许多殚精竭虑、心劳日拙之烦恼，注意到这一点，至少对于那些看起来似乎有点精明过度、事事苛求，从而使自己体力与心力不堪重负的管理者来说，显得尤为重要。

跨期取舍之难

只有建立在相互沟通、理解、认可并对未来发展达成共识的组织文化与价值观基础上，企业发展所涉及的各相关利益主体才有可能达成真正的和衷共济，实现长期持续的跨期平衡发展。

作为理性思考，人总是会瞻前顾后的，但问题在于，时间单向发展，不可储存，一去不复返。过去已逝，未来无形，生命感受只存在于"当下"，人只能够通过眼前的努力来有所作为。问题在于，受注意力或精力稀缺之约束，在特定时刻，每个人能够同时应对的事物总是有限的，所以，必须弄清前因后果，做出适当取舍。特别地，从管理所涉及的人际关系构建、社会契约形成的角度看，人们所采取的"当下"行为，均会对"此后"产生不可逆转的影响；过多地关注当下短期行动的利弊得失，可能会在无形中损及此后长期目标的有效实现。这种涉及"当下"与"此后"关系平衡考虑的动态跨期取舍，也是所有管理决策的难题所在。

有人认为，"管理就是平衡"，从时间过程看，关键在于如何从不平衡发展中求"平衡"，也就是达成跨越不同时期的动态流变"平衡"，实现各利益相关方的跨期和谐共处。具体地，正如韦尔奇所言，"只顾短期利益，任何人都能做到；只顾长期利益，任何人也都能做到。如何平衡二者正是管理学的内容"。在这方面处理不当，结果导致经营问题的例子很多，如："当下"投入过多，重视长期新产品开发，却因财力不足无法支撑到"此后"新产品的成功商业化；或者只顾"当下"收获，过度关注眼前产品的市场占有率，使得企业后劲储备不足，导致"此后"业务萎缩。

现实中经常出现的创业时精诚合作、守业中内耗不断的现象表明，如何有效处理组织发展过程中各方主体的利益关系，从而真正达成顾客、员工、股东、社会（含政府、供应商等）的"四满意"，将是解决组织跨期持续发展的关键之所在。关于"四满意"，现实操作中所遇到的难题是，按怎样的次序或权重来切实处理好顾客、员工、股东、社会这四方面主体的关系。对此，若仅从短期的资源配置角度看，在特定时刻或时段，是很难找到能使各方同时满意的平衡解决方案的；但从长期的持续发展角度看，就完全有可能找到能使各方满意的对策。

为了实现从上述的短期难兼顾方案向长期可兼顾方案的过渡，需要解决好跨期取舍决策问题。尽管就某一个时刻而言，考虑到企业所拥有的可支配资源在总量上总是有限的，从而使得"四满意"各主体之间在利益分配上必然存在此消彼长的矛盾冲突，很难做到同时兼顾。但若综合考察不同时刻的分配格局，也许可以发现事实上可能存在着这样的情况，今天更多地向顾客倾斜，明天更多地向员工倾斜，后天更多地向股东倾斜，再后天更多地向社会倾斜，将这些跨越不同时刻的情况综合考虑起来，似乎对"四满意"的各主体又存在着一种平衡的考虑。

这意味着，分析跨期决策及其潜在影响，必须看到不同时刻行动的累积影响。在许多情况下，即使某一时刻出现不平衡的分配，只要企业发展能够持续，就有可能最终通过总收入的提升，从而实现对每一个主体利益的分时兼顾。而此时若由于某些主体的不愿合作，使得分配无法持续，则从长期看，对其中的任何一方而言均没有好处。由此可见，对于"四满意"各主体利益的平衡考虑，只能在跨期决策的框架中实现，在某一特定时刻，更可能存在着相互冲突的利益关系。如何通过有效激励制度的设计，平衡处理各主体利益关系，例如，对各主体在企业长期发展中所做出的贡献进行正确评估，并给予合理回报，对于做好跨期取舍决策非常重要。

应该看到，按照企业是一个生命有机体的观念，各主体事实上构成了企业运行与生存不可或缺与分割的基础或前提，而要想将其中某个部分的贡献单独划分出来，并对其进行精确衡量是非常困难的，更不用说，对于那些知识性或创造性很强的工作，客观上就具有不可衡量性。这就意味着，无论依据什么标准进行分配，都可能带有主观性。进一步注意到，在根据个人的主观判断，将自己的付出与所得参照他人的付出与所得作比较时，人们更倾向于认为自己付出多而得到少，从而得出自己受到不公待遇的看法。可见，从根本上看，只有建立在相互沟通、理解、认可并对未来发展达成共识的组织文化与价值观基础上，企业发展所涉及的各相关利益主体才有可能达成真正的和衷共济，实现长期持续的跨期平衡发展。

顾客理念的本质[*]

为了真正实现企业与顾客之间的平等、双向互动，需要建立这样的顾客理念：只有回头客才是真顾客，只有能够向他人引荐本企业产品或服务的顾客才是真顾客，只有对企业盈利有贡献的顾客才是真顾客。而企业经营的重心也就在于建设并扩大或稳定使企业盈利的回头及引荐型顾客群体。

尽管企业经营需要考虑顾客、员工、股东、社会（包括供应商、社区、政府等）"四满意"的要求，但作为一个独立核算的经济实体，企业的最终回报还是来自于顾客。正因为如此，德鲁克认为，企业只有一个利润中心，那就是顾客钱袋；经营只有一个目标，那就是造就顾客。事实上，现实经营中人们所面临的问题，不在于有没有认识到顾客的重要性，而在于不知道该如何正确地看待顾客。例如，提出了众多的基于不同隐含前提假设的顾客理念，常常在无意中打破了"四满意"各主体之间所存在的跨期利益平衡关系，结果造成了实际操作上的思想混乱，以下所列的就是几种最具代表性的顾客理念提法。

顾客永远正确。作为一种看待顾客的态度，这本身无可非议，但是如果用作实际操作指导，按正确与错误的两分法，则在顾客与员工产生分歧看法时，就会在假设顾客正确的同时，隐含着假设企业员工

---

[*] 本文根据项保华发表于《企业管理》2003年第9期的文章修订而成。

是错误的。偶尔这样做几次，也许无妨，但若要求员工每次在与顾客意见相左时，都承认自己是错误的，这显然是违背心理规律的。因为一般情况下，对于任何一个心智正常的人来说，在做事前总倾向于采取自认为是正确的做法，而不大可能事先就觉得是错误的而仍然还会去做。所以，每次面对顾客的否定，均要求员工承认自己是错误的，是很难做到让人发自内心地由衷认同的。事实上，对同一事件的不同看法，有时是由于顾客与企业之间所存在的观察角度差异所造成的，根本不可能作简单的对错判定。

顾客完全满意。当作一种目标境界来追求，这一提法有其合理的一面，但如果当作操作指南，则可能存在问题。在某个以此作为使命描述的企业，笔者曾与其高管人员议及企业使命问题。当问到该企业的使命描述是什么时，尽管这些高管人员发言踊跃，但却没有人能指出企业的使命就是"顾客完全满意"，而他们的胸牌上就清楚地写着这一使命陈述。事实上，正是考虑到人类需求的变化与增长，经济学上存在着所谓的稀缺规律，这就是"人们所拥有的远没有所希望得到的那么多，欲望的增长始终快于满足欲望手段的增长"，可见顾客完全满意最多只是一个永远不可能实现的美好理想。这种提法的根本问题在于，它假设企业具有无所不能的实力，可以满足顾客的各种要求，而实际上这是很难做到的。

顾客是上帝。这种提法从含义上看，与顾客永远正确类似。但将顾客比作宗教中无所不能的"上帝"后，在现实操作上会产生更大的困难。注意观察所有的宗教，其中所涉及的至高无上的"神"、"上帝"等，指的都是为其信徒们所顶礼膜拜的万能者，并且他们从来不说话，永远都是一位善解人意的倾听者。反观现实中的顾客，不但做不到这一点，且正好逆其道而行之，只要企业听自己说，而根本不想听你说什么。可想而知，对于这样的"上帝"，在内心深处谁都消受不起。还有一点，在商场中碰到顾客时，将其当"上帝"看待；而离开商场环境，在其他场合碰到时，又应将其当作什么来看待呢？从操作上看，这就需要员工经常转换角色，显然这有点知易行难。当然，如果仅仅基于某些宗教将上帝看作是"造物主"的观点，认为没有上帝就没有人类，从而以此类推，提出"顾客是上帝"的理念，试图借此强调顾客对于企业经营的重要性，这在理论上看似乎并没有什么不妥。

以上几种顾客理念，基本上都流于口号形式，很难真正用来指导企业实践。例如，某衬衫集团，在其公司所在地设有一个零售部。一天来了位年轻顾客，手中拿了一件刚买了才几天但被他自己抽烟时不小心烧了个洞的衬衫，要求给予无偿调换。按照一般规定，像这种情况是不能调换的，但是该顾客反复说明，坚持要求给予调换。对于这种情况，到底该如何处理为好？显然，此时用顾客永远正确、完全满意等理念均解释不通，该顾客的行为更不像"上帝"。现实中，该公司的董事长对销售人员说，就当是帮顾客一次忙，为公司做一次广告。试想对于这样的顾客，如果公司不给换，他是否会故意对周围的人讲些不利于公司的话？而公司是否有可能对此进行追踪、逐一纠正？如果给他换了，他又会怎么样？另外，还涉及到一个重要的隐含假设，如果其他顾客知道公司给予调换后，是否会故意仿效该顾客的做法，给衬衫烧个洞再来换？

上例中衬衫集团采取的做法，实际上所体现的只是一种"帮顾客解难、让顾客满意"的理念。信息产业里的许多企业在广告中强调的提供一揽子解决方案，实际上所反映的就是这种顾客理念。这一理念的特色在于，它不需要在顾客与企业之间作简单的对与错的划分，只是说顾客碰到自己解决不了的问题，企业可以自主决定是否应该去帮助解决。如果企业有能力且愿意的话可以去解决，实在没有能力或不愿干的话也可以放弃。按照这种理念，就前述顾客要求调换衬衫一例而言，就需看该顾客内心深处是否比较喜欢公司的产品，即未来是否有可能成为公司的回头客？还要关注顾客要求调换的商品的价值高低情况，假如顾客要求调换的不是一件衬衫而是一辆价格昂贵的跑车，此时又该怎么办？显然，面对不同的情况，需要采取不同的事先防范与事后应因对策。

当然，关于顾客理念的提法还很多，但基本上都是针对特定顾客的个别行为归纳出来的，并不具备普遍适用性。如：顾客是傻瓜，什么也不懂；顾客是刁民，经常不讲理；顾客是奴隶，围着企业转；顾客是老师，最解需求意。诸如此类，不胜枚举。这些为目前绝大多数企业所熟知或持有的顾客理念，尽管从表面看似乎互不相同、各有特色，但从本质上看，都对顾客与企业之间所存在的类似人、己的关系做了非此即彼的单向假设，这就是在看待顾客与企业的关系上，要么认为顾客对企业起主导作用，要么觉得企业对顾客起主导作用，而没有真正将顾客与企业看成是互动、互赖、互惠的有机整体。正因为如此，在运用这些理念处理实际企业与顾客的关系时，往往难免顾此失彼，极易造成其中一方的心理被动与劣势，从而妨碍以双方平等为基础的积极沟通、真诚对话机制的形成。

为了有效解决以上顾客理念提法中所存在的"单向假设"问题，必须注意平等看待顾客与企业之间所存在的"人"、"己"关系，贯彻"人所欲、己所为"与"己所欲、施于人"相结合的思想，通过企业与顾客之间积极平等的双向交流，使"人所欲"与"己所欲"融为一体，以达成真正的互惠共生境界。在这里，关注"人所欲"就是要弄清顾客的真正需要是什么，关注"己所欲"就是要考虑企业的自身实力与定位。当然，在不同企业之间，其对于"人所欲"与"己所欲"的相对重视程度是不一样的，并会随着企业所处的发展阶段与经营状况的变化而有所变动。例如，对于刚刚创业、急需找到顾客的小企业来说，会更多地关注"人所欲"，以争取更多的业务发展机会；而对于面对众多机会的大企业，则更需要考虑"己所欲"，以明确自身发展定位，形成经营优势与特色。

为了真正实现企业与顾客之间的双向平等互动，需要建立这样的顾客理念：**只有回头客才是真顾客，只有能够向他人引荐本企业产品或服务的顾客才是真顾客，只有对企业盈利有贡献的顾客才是真顾客**。根据这一对于"真顾客"概念的界定，利用诸如回头、引荐、盈利等有关顾客行为及其结果的衡量指标，对顾客进行组合分类，就可以方便地导出改善企业经营的对策。一般地，只要企业能够掌握足够的顾客行为与结果资料，对企业现有顾客按回头、引荐、随意购买、抱怨及沉寂进行分类，并进一步就各类顾客对企业盈利的影响情况作正面、一般、负面的划分，就可方便地得到如表 1-1 所示的关于顾客行为与企业盈利的两维分类体系，并据此提出有针对性的改进顾客服务的建议。

表 1-1　企业现有顾客与盈利分类

企业顾客	回头与引荐	随意购买	抱怨及沉寂
正面（盈利）	A1	A2	A3
一般（微利）	B1	B2	B3
负面（亏损）	C1	C2	C3

由表 1-1 至少可以得出这样几方面的结论：一是，顾客数量增加有时并不一定是好事，因为亏损顾客数的增加，不仅不会带来企业盈利水平的提高，实际上还会导致企业总盈利水平的下降。二是，即使企业总体是盈利的，仍可能存在不盈利的顾客。三是，**企业经营的重心就在于建设并扩大或稳定使企业盈利的回头及引荐型顾客群体**。所以，无论现有顾客总体上处于盈利还是亏损状况，就提升业绩水平而言，企业总是可以有所作为的。例如，就表 1-1 所示的顾客分类而言，对其中的 A 类顾客，可以重点考虑如何留住他们，为他们提供更多的配套产品或服务的选择；对 B 类顾客，可采取降低成本、扩大盈利性经营范围的做法；对 C 类顾客，如果不能降低成本使其成为盈利顾客，则需考虑减少服务或者干脆逐步放弃。

你真的理解企业战略吗？*

对于战略相关问题的回答，关键不在于最后人们选择的答案是什么，而在于人们在做出相应选择时，心中所依据的隐含判断基准是什么。

表 1-2　战略商数测试题

1. 对于任何企业来说，为确保其成功经营，都必须要有书面文件形式的整体战略作为其日常行动的指导。 　　　　A. 同意　　　　B. 无所谓　　　　C. 不一定
2. 企业战略主要关心企业的长期发展问题，至少应该对未来5-10年的发展目标与措施对策进行详细的规划。 　　　　A. 同意　　　　B. 说不清　　　　C. 不同意
3. 企业战略的关键是要回答这样两个问题：作为整体来说，企业为什么能够得到回报，即为什么能够赚到钱？以及与竞争对手相比，为什么能够取得更好的回报？ 　　　　A. 不同意　　　B. 说不清　　　　C. 同意

---

* 本文根据项保华发表于《企业管理》2008 年第 10 期的文章修订而成，其中表 1-3 已更新至 2011 年的资料。本文所采用的问卷，系根据复旦大学管理学院余光胜博士提供的"战略商数测试（MBA 版）"初稿的内容与思路，经文字修改、增删调整后而成。特此致谢！

4. 企业生存必须要有顾客，所以，不惜一切代价地提升顾客的满意度，使其忠诚于企业的产品或服务，这是企业战略需要不断追求的根本目标之所在。
        A. 同意　　　　B. 说不清　　　　C. 不同意

5. 战略管理就是事先精心设计或制定一个完善的战略，然后，积极调动各方面的力量对其加以认真落实、组织实施的过程。
        A. 同意　　　　B. 说不清　　　　C. 不同意

6. 战略制定是简单容易的，就是认清现状、明确目标、制定对策，战略管理难就难在战略的具体贯彻落实上。
        A. 同意　　　　B. 说不清　　　　C. 不同意

7. 作为公司的一把手，我自己不懂这个行业不要紧，只要我能找到合适的人来做这个行业就行了。
        A. 同意　　　　B. 说不清　　　　C. 不同意

8. 与专精的企业相比，多元化的公司更有助于降低经营风险，但通常也只能获得较低的投资回报。
        A. 同意　　　　B. 说不清　　　　C. 不同意

9. 在处理与企业经营相关的多方利益主体的关系时，经常会面对需要讨价还价的情况。作为企业主要决策者，你赞同怎样的谈判原则？
        A. 争取最大利益　　B. 自己满意就行　　C. 获得应有利益

10. 没有规矩不成方圆。为了保证企业战略的成功实施，一旦制定了相应的保障制度，企业中的任何人都要严格遵守，不能以任何借口违背乃至破坏该制度。
        A. 同意　　　　B. 说不清　　　　C. 不同意

"战略似乎人人都懂，只是理解各有不同。"例如，一个看似表述清晰的战略概念或提法，人们通常会自然而然地认为，大家心中的理解应该是相同的，本文的讨论表明，实际上并非如此。对于这种情况，目前尚未引起管理者的充分重视，有些管理者甚至根本就没有意识到这一现象的存在。未能意识到这种存在于人我之间的知觉及言行偏差，就很容易在他人眼中造成当事者自己并未知觉到的所谓言行不一，结果每个人似乎都觉得自己表里如一、说到做到，在真心落实企业战略时，只是其他人有点说一套做一套，好像在故意阻碍企业战略的实施。通过以下有关企业战略的测试问卷（表1-2）的讨论，将有助于弄清产生这种现象的深层认知原因，从根本上消除这种由于人们无意中的理解分歧所造成的战略行为冲突。

在表1-2中，对于10个战略相关问题的回答，从严格的理论要求看，所有的选择都以C为优，B次之，A再次之。但从现实状况看，根据笔者对EMBA、MBA、硕士、博士、总裁进修等30个班级的近1360名学员的测试，由测试结果的汇总表（表1-3）可见：人们对其中的每道题，几乎都存在着分歧看法，而且其中有一半的问题，大多数人的回答，与严格理论建议的最优选择正好相反。这表明，许多时候人们在谈战略相关论题时，以为各人心中的理解相同，而实际上却并不相同；觉得自己知道问题的答案，但实际上却并非如此。显然，在战略制定与实施过程中，如果对于人们原本认为应该达成共识的决策基点，实际上却存在着分歧看法或谬误观点，结果自然就会表现为众人在战略措施与具体行为落实上的无意识冲突。为此，有必要对这些问题逐一做些说明。

问题1，讨论的关键是"书面文件形式的整体战略"这一提法，并不一定适用于所有的企业。有些企业有必要也有可能在事先制定出书面形式的战略，另有些企业则不必要也不可能在事先制定出书面形式的战略，而只能摸着石头过河，边干边学，这需要视企业所面临的经济、社会、技术、市场等环境变化的剧烈程度的不同而有所不同。此外，就一些刚创业的小企业来说，创业者与员工之间关系密切，面对面接触频繁，对于要做什么等战略想法，大家平常就沟通充分，相互之间可以随时通气，此时是否有书面文件形式的战略，就显得并不那么重要。而就大公司来说，由于员工人数、管理层级都比较多，有时高层领导与底层员工甚至见面都难，更缺乏相互之间深入交换想法的机会，此时如果公司内没有成文的战略纲要等，仅仅依靠上下各层次员工对公司整体战略的揣摸行事，则对于公司未来发展意图的理解就很难形成相对一致的看法。

问题 2，对于企业战略到底需要考虑多长的时间跨度，测试结果表明：从理性上看，有 63%的参与测试者认为，至少应该对未来 5-10 的发展目标与措施对策进行详细的规划。问题在于，从感性上看，人们是否会真的如此行动呢？事实上，人们对于未来的规划，到底眼光会看得多远，将受个人偏好、任期设想、行业特点等因素的影响。例如，对于一位任期只有两年的总经理来说，如果董事会特别关注的是其任期业绩，那么无论如何就先得保证两年任期中的业绩过关，否则连自己的位置都难保，即使构想了很好的有关此后的长期战略，也不可能有机会去真正贯彻落实。再例如，在一个技术发展迅速、市场竞争激烈的行业中经营，要想对很长时间的未来做规划，实际上就几乎是不可能的。这意味着，尽管从理论上看，思考战略问题，要求人们在采取"当下"行动的同时，能够关注"此后"的潜在影响，至于"当下"与"此后"之间的时间跨度到底有多长，则似乎很难找到绝对统一的说法。

问题 3，涉及企业战略制定的核心命题。战略理论的关键就在于回答企业"为什么能赚钱"以及"为什么能够取得更好的回报"这两个问题。为此，必须阐明企业的产品是否有顾客需求，企业的实力是否足够强，企业的使命定位是否合适，从而确保企业能够盈利生存，并在市场竞争中立于不败之地。对于这一点如果存在分歧看法，就表明人们对于为什么要制定战略仍存在模糊认识。这种认识上的模糊，会导致企业经营偏离赚钱这一根本目标，从而掉入为战略而战略的陷阱。例如，过度强调所谓的长期眼光而忽略现实可见的短期利益，过分关注市场占有率的提升而不惜打消耗战，同行企业之间互拼实力、恶性竞争，致使全行业亏损而丧失发展潜能。

问题 4，涉及如何正确看待顾客的问题。企业经营必须要有顾客，因此需要注意提升顾客满意度与忠诚度，这些设想都没什么错。关键在于，企业在为顾客提供良好服务的同时，也必须关注自己的盈利性，必须适当控制成本，而不是"不惜一切代价"，只要能抢到顾客，即使赚不到钱也干。事实上，从长期可持续经营的角度看，尽管不同企业对于自身发展定位有所差异，但建设并扩大或稳定使企业盈利的回头及引荐型顾客群，均应成为其战略的真正重心之所在。不能为企业带来盈利的顾客，并不是好顾客；如果放弃一个顾客反而能够提升企业总体盈利水平，那么企业就应果断地选择放弃该顾客。现实中，在对待顾客问题上，有些企业所存在的认知误区是，不惜血本，为了顾客而顾客，结果短期似乎能够带来人气增长，长期却使企业自身经营难以为继。

问题 5，涉及战略到底能否事先精心设计的判断。显然，在相对稳定、完全可控的环境中，或者说在企业的认知能力可以洞察不确定的未来，企业的响应能力可以超越环境变化适时做出调整时，企业战略有可能做到事先精心设计、事后心想事成。但在企业的认知及响应能力相对有限，而未来环境、机遇等的变化既可能使人们的努力彻底泡汤，也可能让人们的付出得到出乎预料之外的回报的情况下，企业战略就只能谋事在人、成事在天，成为机缘巧合、歪打正着的结果。所以，现实中发生的企业战略，既不可能完全凭借精心设计，也不会完全听天由命，可能更多地需要事前适当考虑，事中边干边学，事后总结提高以利再战，这里所体现的是一个应因变化、顺势而为的动态学习调适过程。

问题 6，涉及如何看待战略制定与实施之间关系的认识。从实践的角度看，战略需要回答"做什么、如何做、由谁做"这样三方面的问题，以实现组织与个人"活得了、活得好、活得久"之目标。从过程的角度看，企业战略就是通过动态持续的取舍决策与活动组合以创造顾客所需的产品或服务之特色，战略管理就是朝着"方向正确、运作高效、心情舒畅"努力的系列行动的集合。由此可见，战略不是一件固定的产品，一旦事前完成设计图纸，只要按图索骥即可，而是一项需要朝着某种目标努力的长期工作。在这一努力过程中，既会遇到如事先所预料的情况，从而使人产生只要战略制定有效、执行到位即可成功的感觉；也会出现事先未曾预料到的情况，此时就将要求人们随机应变，能对事先战略做出权变调整，以适应变化了的新情况。这意味着，战略的制定与实施之间相互交织、难分彼此，是同一工作中密不可分的两个环节。

表1-3 企业战略测试结果

题号	选项 A	选项 B	选项 C
1	61%	3%	36%
2	63%	13%	24%
3	25%	13%	62%
4	35%	11%	54%
5	60%	9%	31%
6	53%	7%	40%
7	38%	9%	53%
8	31%	20%	49%
9	17%	8%	75%
10	73%	8%	19%

资料来源：根据2006-2011年期间，本人对EMBA、MBA、硕士、博士、总裁进修等30个班级的近1360名学员的测试结果汇总得到。

问题7，涉及公司业务发展过程中的方向选择问题。一般来说，贸然进入一个陌生的行业，因为不懂其中的经营规律及技术关键，通常较难判断与掌控其中可能存在的机会或风险，也就不可能做出合适的决策。尽管从理想的状态看，作为一把手，如果能够完全授权，即使自己不懂也没关系，只要能够用对人，照样可以做很多自己不懂的事。问题在于，如果真的对业务一窍不通，可能连应该选怎样的人来负责项目运作，实际上都很难做出适当的判断。此时，在一个不太懂行的一把手与懂行的具体负责人之间，是很难就项目细节进行有效沟通并达成共识的。更何况，重大经营决策可能涉及许多模糊不清而需要主观判断的东西，特别是其中常常涉及决策者个人价值偏好的表述问题，这原本就有点说不清、道不明，更难通过适当授权来解决。

问题 8，涉及公司发展过程中的风险与回报的评估与权衡问题。一般来说，企业发展所经历的总是一个由"集约发展到多元经营，再到专精发展，然后再相对多元经营，再相对专精发展"的循环演化过程。显然，从时间过程看，没有多元经营的试探，就难以产生业务领域的突破，而没有专精发展的深化，就难以形成能够抵御竞争的企业特色。这意味着，对于多元经营或专精发展，并不存在绝对的孰优孰劣的结论；这其中的任何一种战略所涉及的风险大小与回报高低之间，也不存在简单的互为消长的关系。正如俗话所说的"会者不难，难者不会"。影响企业经营风险大小与回报高低的关键在于，企业是否具备战略眼光，以从众多的可能机会中识别出优质业务？是否具备相应的实力，将识别出的优质业务转变成为现实的盈利？企业战略所追求的是在降低风险的同时增加收益，而不是所谓的低风险必然伴随着低回报、高回报必然伴随着高风险。

问题 9，主要涉及的是对于行动的长短期影响的思考与判断。显然，基于个体一次性行为的短期影响考虑，也许在处理各方利益主体的关系时，追求"最大利益"或者"自己满意"均无不可。但若从群体互动、多次交往的长期效应看，商场讲究的是让人赚钱才能自己赚钱，一味地追求自身的"最大利益"可能会在无意中相对忽视他人的利益，从而导致未来众叛亲离。而以"自己满意"为准则，如果指的是希望实现自身利益最优化，则与追求"最大利益"无异；如果采取的是相对迁就其他利益主体的做法，则会在无意中助长一种非公平的商业利益分配关系，这一方面会造成某些人贪欲膨胀或行为失当，另一方面将使得市场交往难以有恒持续，从而最终危及整个社群的有序竞争规则与良好文化氛围的形成，妨碍整个商圈的长期和谐共处与互惠共生。基于这些考虑，从长期效果看，按照公平交易的原则，采取"获得应有利益"的做法，将会更有助于公平正义、竞合有序的市场环境的养成。

问题 10，涉及企业战略实施与遵守制度的关系处理问题。对于这一问题，前述测试结果表明，理性上看，有 73% 的人持有"制度至上"的看法，显然这与人们实际上的现实感性行为并不吻合。这一点，可以通过对于以下问题的回答来揭示：企业刚刚发布了新制度，紧接着就发现了问题，即由于此前的考虑不周，若严格按新制度执行，在损及多方主体的利益的同时，并不会给企业的未来发展带来任何实质性好处。此时，面对以下几种情境，你会做何选择？是主张马上召回制度加以修正，以适应变化了的新情况，还是先执行一段时间再说，以免让人觉得企业朝令夕改？（1）制度由你亲自主持制定，问题是被下属发现的；（2）制度由你的上级主持制定，你在执行中发现了问题；（3）制度由你自己主持制定，问题也由你自己发现。显然，人们在扮演不同角色、处于不同情境时，对同一事件的看法可能会有不同。这里的关键在于，制度作为一种手段，其存在不是为了控制人的行为，束缚人们的手脚，而是为了释放员工的潜能，为人们愉快、高效地做正确的事提供保障。由此可见，一个不能与时俱进调整的制度绝对不是一个好制度！

综上所述，从实践的操作性看，对于战略相关问题的回答，关键不在于最后人们选择的答案是什么，而在于人们在做出相应选择时，心中所依据的隐含判断基准是什么。对于这些基准的认知，看起来似乎应该约定俗成、不言自明，而实际上却仁者见仁、智者见智。这意味着，对于同样表述的论题，从不同的基准出发，就会得出不同的结论。所以，谈论战略相关论题时，有必要先弄清"战略到底是什么"这一基本命题，并在企业内部达成真正共识。为此，可将企业战略论题做如下的简单归纳：对于任何组织或个人来说，战略以追求"活得了、活得好、活得久"为目标,通过弄清"外部环境、内部实力、使命偏好"三个前提假设,回答"做什么、如何做、由谁做"三个实践问题,最终阐明"为何生、凭啥存、因何亡"之理论依据。

商业伦理浅析[*]

  商业伦理解剖只提供观察思考的角度，而绝不能轻易地以一己之伦理观为标准，来对人、事、物妄下美丑善恶、清浊贵贱之断言。为商靠人，做人有道，若能在"商业伦理"的感悟中，更明白些许为人、处事、经世之道，至少做到在追求个人及所在企业亨达时不以牺牲他人利益为代价，那么无论是对于个人的内心充实还是企业的持续发展，都可算是功德无量、善莫大焉！

  在企业管理中，经常面临"是什么"与"该不该"的判断，前者可以依靠理性逻辑，而后者则受制于商业伦理。"商业伦理"以"商德"为主要研究对象，这似乎很容易让人将其与"道德说教"挂起钩来，在心灵深处不免生出些许敬而远之的感觉。即使如此，"商德"作为指导与支配人们商业行为的深层价值观基础，仍是每个人都必须面临的现实选择，并在人们有意或无意间左右着他们的一举一动。观察特定时刻的社会群体中的个人行为，可以发现有人重道义，有人重功利，有人重情感，在这些多重伦理准则之间，无简单对错优劣之分，却影响与困惑着人们的判断选择。"商业伦理"问题既难以回避，又不能简单排序。观察同一个体在不同时点、不同情境的行为，可以发

---

[*] 本文的初稿完成于 2001 年 11 月 20 日，载《企业猝死》（杨斌著，机械工业出版社，2003 年 1 月）一书的"序二"。本文系由初稿修订而成。

现其对于不同伦理准则的排序是变化的，有时义为先，有时利当头，有时情无价。妥善处理商业伦理问题的关键在于，如何通过相互沟通、相互理解，形成能够兼顾多方要求的规则与范式，求得个人、组织、社会、自然、生态的长期协同发展。

"商业伦理"的形成受时、空、制度等情境因素的影响，不能仅仅依赖于个人的道德自律。从静态的角度看，不考虑未来影响，就一次性商业关系的处理而言，不讲商德的损人利己者有可能受益。而从动态的角度看，在任何一次性商业关系的处理中，如果不顾商德、损人利己，都有可能导致个人信誉受损，甚至遭遇他人的群起而攻之，不再与你交往，乃至绳之以法等的报应。这意味着，如果人们经常碰面、持续共事，相互之间存在着利害互赖的报应关系，则不注重商德者结果面临的必将是损人终害己，并有可能无法立足于社会。正是由于各商业主体相互之间关系的持续性与报应的存在性，才使商业伦理问题演变成为事实上的长、短期利弊得失的权衡取舍问题。由此可见，作为理性考虑，可将商业信誉的建设看成是一种企业处理长短期关系的投资决策行为。

"商业伦理"是通过个人、组织、社会等之间的互动作用而逐渐形成的。例如：根据经济学中的委托-代理理论，信息不对称会导致"道德危机"，似乎只有通过适当的制度设计，才能部分解决这一问题。但从商业伦理互动的角度看，如果没有双向公平、诚信的合作态度，仅凭制度设计是永远也解决不了信息不对称问题的。显然，如果双方相互信赖，"信息不对称"是可以通过有效沟通自然消除的。这意味着，此类问题可分解成表里两个层次，制度监控与诚信合作之间所存在的是相互补充、相互依赖，并且常常是相互作用、互为因果的联系，借用比较时髦的说法是"复杂的非线性动力学"关系，这并不能用简单的"先有鸡后有蛋"或者"先有蛋后有鸡"的线性思维来加以解释。

"商业伦理"建设需对传统文化价值观进行扬弃，同时兼顾其现实可操作性，使其顺应我国当前市场经济发展的要求。市场经济条件下所要求的商业伦理，需以完善公平竞争等制度环境为前提。从这个角度看，尽管我国传统文化所涉及的三教九流、诸子百家等，其中均有很多涉及道德方面的论述，但还是不足以构建能够支撑现代商业运作的完整伦理框架。因为，这些论述更多地强调的是个体层面的修炼，而不是群体关系上的制度规则与人际平等，致使在实践中随处可见人格不平等的提法与现象。如：法是"王法"，以少数人的意志来规范大多数人的行为，这常常比没有法更糟！人分三、六、九等，无论是"劳心者治人，劳力者治于人"，还是"卑贱者最聪明，高贵者最愚蠢"，其隐含的都是带有人际歧视的价值观。德是"先天下之忧而忧，后天下之乐而乐"，显然，这种提法作为提高个人自我修养的要求是可行的，但若只是以此要求老百姓奉行，从而为王公贵族的"先天下之乐而乐，后天下之忧而忧"创造条件，则就应该另当别论。

"商业伦理"建设需"以人为本，以德为先，以法为准"。在这里，"人、德、法"这三者作为有机整体，需综合考虑，不可偏废，我国古代有关道德论述的局限性也正在于此。如：儒家的内圣外王"格物、致知、诚意、正心、修身、齐家、治国、平天下"，重视"克己复礼"，但其最终的价值归宿却是君王的承认。道家的"夫唯不争，故天下莫能与之争"，"柔胜刚，弱胜强"，离开公平制度的保障，只能是空想。道家主张"以德报怨"来感化他人，但若不能感化怎么办？而且"以德报怨"又拿什么去报"德"呢？若还是"以德报德"，这显然有悖人际交往的公平无歧视原则。释家倡导"与人为善"，又恐被"恶"利用，提出"因果报应"的思想，使得"善、恶"终有报。只是这种报应并非建立在"当下"的制度现报上，而是凭借虚无的"来世轮回"。其问题在于，若每个"当下"都不报应，则对于那些并不诚心信佛的芸芸众生来说，又有谁会相信还有"来世"之报呢？也因此使得释家的报应失去了现实根基。

"商业伦理"建设对个人来说，重在人格自律，而对组织与社会来说，则重在制度环境。我比较赞成这样的提法：在道德上，社会以公认的最低准则来要求，低于最低准则的行为应该受到道义的谴责；在执法上，社会要以是否违法作为基本依据，只要触犯就加以惩处。制度环境的作用在于，让不讲商德者在市场中寸步难行，你想骗一把、蒙一下就溜，没门！你干了损人利己或者有悖商德之事，即使装死躺下（指某些企业的故意以破产关门、改名换姓等逃避责任的行为），也要将你找到，通过法律等讨回公道；即使你东骗一把、西骗一把，也有全国甚至世界司法合作体系对你进行报应。这时看你还敢不敢害人，敢不敢逃避社会责任。当然，不容否认，尽管如此，在法律要求与道德要求之间，也还是存有很大的个人自由选择空间，需要个人的人格自律来把握商业行为的伦理尺度。

总之，商业伦理是谁也回避不了的，它存在于人际互动之中，经常造成人们的心理困惑；商业伦理建设与时、空、制度有关，但每个人都是可以有所作为的，当然，这取决于你是图一时之小利，还是一世之成功；商业伦理准则具有多重性，根据不同情境，对这些准则保持敏感性，将能为你个人与企业的发展提供助力；商业伦理不能简单地借鉴中国传统文化中的道德理论，需要考虑市场经济的公平竞争要求。商业伦理解剖只提供观察思考的角度，而绝不能轻易地以一己之伦理观为标准，来对人、事、物妄下美丑善恶、清浊贵贱之断言。为商靠人，做人有道，若能在"商业伦理"的感悟中，更明白些许为人、处事、经世之道，至少做到在追求个人及所在企业亨达时不以牺牲他人利益为代价，那么无论是对于个人的内心充实还是企业的持续发展，都可算是功德无量、善莫大焉！

伦理困境四则

管理决策所依据的伦理标准具有多元性，当这些多元标准出现相互矛盾、无法兼顾的情况时，现实决策就会陷入伦理困境。此时，需特别注意认清长短期、多主体之间的利弊得失关系，认真做好多元伦理准则之间的权衡取舍。

两难选择：该谁加薪？

假设有某公司下属部门的赵经理，可以推荐一人上报公司，作为年度加薪对象，但却有甲、乙、丙三位候选者。经分析比较，发现这三人的综合情况差异不大，只是相对而言，甲的业绩表现略优，乙的原有收入较低，丙与自己的关系特好。考虑到公司上下非常关注对各部门的业绩考核，推荐加薪对象应该注意业绩导向，似乎应推荐甲。注意到关心员工家庭疾苦，以培养员工的向心力，似乎又可以推荐乙作为加薪对象。而想到自己平常工作中遇到难题时，丙对自己提供的帮助最多，自己与他之间的友谊也最深，似乎应该推荐丙作为加薪对象。在这里，赵经理觉得，好像推荐谁都有道理，但在做出选择后，同时又觉得对落选者好像都有点不公平。这里所面临的，就是管理决策中典型的对与对的两难选择。显见，对于这种假想的情况，如果甲、乙、丙三人中有一位同时具备业绩好、收入低、人缘好的条件，也许选择就会变得相对容易多了。但只要甲、乙、丙这三人各有特点，在这种选择中就不可能存在简单的对与错，或者优与劣的判定，这在很大程度上就取决于决策者个人的主观偏好与伦理判断。

道德自律：苍蝇之辩

既然管理决策存在着伦理两难选择问题，是否就意味着决策者可以仅凭个人的一时喜怒好恶任意妄为呢？有个故事说的是，某犯罪嫌疑人归案后觉得自己很冤，抱怨说"我就好像那停满一墙的苍蝇中最小的一只，法律的巴掌只打到我一个，而没有将那些飞走的苍蝇都打住，所以，对我来说太不公平了"。在这里，抱怨者忘了很重要的一点，就是自己毕竟也是苍蝇，法律没能做到将所有罪犯绳之以法，并不证明对他的惩处就是错的。另有一则国外笑话，似乎能为这提供进一步的注解。某君在高速公路上驾车，随着整个超速行驶的车流飞驰，结果在出口处接到了巡警开出的罚单，心里非常不平，对着巡警嘴里嘟哝着，"这么多人超速行驶，为什么就罚我？"巡警听后，不动声色地问道："你钓过鱼吗？"他回答："钓过"。巡警笑道："你能将水中所有的鱼都钓上来了吗？"他听后愕然。这意味着，在商业伦理方面，现实经营中仍然存在着大量的法律与道德一时难以兼顾的边缘领域，作为管理者必须看到，种下什么种子发什么芽，若不注意加强个人道德自律，就很有可能使企业或自己最终沦为被打死的苍蝇或被钓住的鱼。

环境制约：安然破产

由美国安然公司破产及国内上市公司作假所引发的"商德"话题表明，商业伦理建设不能仅仅依赖于个人或企业的道德自律。人是会受到诱惑的，在竞争的环境下，外部审计人员为了得到客户企业的业务，可能会放弃职业道德，通过作假等方式曲意迎合客户，也就是合伙欺骗顾客、股东、银行、政府、公众等。此时，只要合谋的小团体有可能通过侵害外部主体利益谋得可观的私利，那么所谓的审计监控等就将流于形式。在这里，关键是小团体以外的其他的利益可能受损者的成熟，并有能力监督与制约这些小团体人员的不讲道德行为，否则就不可能从制度环境上根治此类缺德行为。从这个角度看，什么土壤长什么草，制度环境决定个人行为。由此想到，国内近年打假打到了学术界，以致在一些顶尖大学及科研机构里，也相继出台了一些连小学生都早已熟知的所谓学术戒律，甚至赫然写上"不许剽窃、不许篡改、不许伪造"等类似常人均知的"不偷盗、不骗人、不说谎"的条款，并以此作为我国"鸿儒"们的道德守则。也许这只是"一颗老鼠屎坏了一锅粥"，但却从一个侧面说明，商业伦理是不可能仅仅依靠当事者个人的觉悟或自律来实现的，它甚至与个人所受的教育水平及所处的位置高低等无关，而必须借助于强有力的社会监管体系来加以制约与保障。在这里，社会监管体系主要是指由信息渠道畅通、独立媒体监控、司法公正有效、决策过程透明等构成的外部制度环境。

商业信用：危难中见

谈论伦理困境，自然离不开"信用"问题。从环境制约来看，信用的建立实际上所经历的是一个个体与群体的互动过程。显然，在人人守信且信息透明的环境中，谁要是不讲信用，很快就会变得尽人皆知，从而使其很难在这一环境中继续生存。而在一个信用缺失且信息不畅的环境中，一方面，曾经失信的企业能够做到对新的交往对象隐瞒这种对自己不利的过往信息，另一方面，公众对失信也只能表示宽容，因为此时既无法真正弄清一个企业的信用状况，更不可能找到"信用"过硬的企业。所以，在这种情况下，即使企业不守信，也照样能生存。这样看来，对于一个守信的企业来说，是否其信用就变得毫无价值了呢？其实不然，"信用"二字意味着有"信"才有"用"，而"有信"在于长期的日积月累，"有用"在于危难之中见援手。正是由于平时的守信，才使得企业在面临危机考验时，能够得到他人的支持以摆脱困境。从严格意义上看，现实经济活动中，只要买卖双方钱物交易存在着不同时性、信息不对称、经营风险性、认知局限性，则在这种交易中就能发现"信用"的影子。据此判断，有商业活动就有信用存在，但考虑到商业行为本身存在着不确定性，各种变动着的主客观因素都会对人们之间的信用关系产生影响，可见，个人或企业的信用状况并不一定具有连续性。所以，对个体来说，要讲信用，但需采取措施防止他人对己的失信；对群体来说，需加强制度建设，以保障各个体之间的信用联系，防止整个商业信用体系因单一环节的断裂而崩溃。

战略决策的伦理准则*

面对动态变化的不确定环境，在战略决策上，不宜太过武断或随意地使用伦理准则来强行划分人、事、物的是非对错。更为合适与可行的做法是，注意加强企业内部战略决策者之间的意见沟通，以便在充分交流与相互理解的基础上达成战略共识。

企业战略决策的思考主体是人，而每个人在对企业的外部环境、使命目标、自身实力等做出判断选择时，都会自觉不自觉地受到其主观价值观念的影响。从深层看，主观价值观的核心就是个人看问题时所采用的伦理道德准则[注：以下讨论，在思路上受到了约瑟夫·巴达拉克《界定时刻——两难境地的选择》（经济日报出版社、哈佛商学院出版社，1998年）一书的启发]。这意味着，人们在回答企业战略中心命题所涉及的"做什么、如何做、由谁做"这三个问题时，总会或多或少地涉及伦理价值判断，战略决策在很大程度上体现了人们外显或内隐的伦理价值观要求。

例如，对于企业业务进一步发展所涉及的需"做什么"的决策，假设有甲、乙两个项目可供选择。甲项目存在着环境污染问题，所需的短期投资较少，但会对生态环境造成长期不良影响。乙项目则有绿

---

* 本文根据项保华发表于《企业管理》2002年第8期的文章修订而成。

色环保效应,尽管所需的短期投资较大,但对生态环境具有长期保护作用。对于这样的两个项目,如果暂时撇开其获利性不谈,只是抽象地提出这样的问题:到底是有环境污染的甲项目好?还是有绿色环保作用的乙项目好?可能大多数人都会回答乙项目好。此时,所遵循的实际上就是"道义伦理"的准则。道义伦理从企业责任义务、过程合理、权利平等的角度出发,试图实现公平、公正、公开这个所谓的"三公"原则。

必须看到,仅仅根据"道义伦理"所提供的如此抽象的回答,在解决战略决策实践问题时往往会面临难题。因为,一个企业要考虑生存,其项目选择必然涉及投入费用与产出回报之间的比较问题。如果以上两个项目都有一定程度的盈利,但相对于乙项目而言,甲项目的费用更低、回报更高。此时若问,从项目直接投资者的角度看,到底该选哪个项目?则可能大多数人都会认为甲项目好。这里所使用的就是"功利伦理"的准则。功利伦理从经济价值、企业目的、实用可行的角度出发,追求效率、效益、结果的最佳。显见,在这里,根据"功利伦理"准则所导出的关于甲、乙两项目的选择判断与根据"道义伦理"得出的结论是矛盾的。

撇开决策所涉问题与决策者个人情感的内在联系,也就是忽视决策者对于决策项目的个人感受,抽象讨论项目的选择问题,最终所得出的结论可能与决策者的实际抉择大相径庭。例如,将前述项目决策问题稍微复杂化,假设甲、乙两个项目投资的选址,就位于决策者长期生活居住地的附近,项目的环境效应将直接影响到决策者的亲朋乡邻乃至子孙后代的生活质量。此时若再问,对于甲、乙两个项目,到底选哪个为好?对许多人来说,如果仅仅为了多赚钱就选甲项目,其内心可能就会感到些许不安;如果因为选了乙项目而少赚钱,至少内心可能会更坦然些,至少觉得自己这么做是对得起亲朋乡邻的。在这里,影响人们选择的是"直觉伦理"准则。

"直觉伦理"涉及许多潜意识或无意识层面的东西,与通常人们所说的"天理良心"相近。所谓的"为人不做亏心事，半夜敲门心不惊"，就是直觉伦理所说的"睡眠测试"，即自己做了事后，晚上躺到床上是否睡得着、睡得稳？是否会感到些许后悔，甚至良心受折磨？如果回答是否定的，则就可以认为所做的事是符合决策者的本能直觉要求的。这里需要指出，符合当事者个人的直觉判断并不一定就意味着符合他人甚至社会的公认伦理标准。显然，一个自我要求严格的人，会为自己无意之中的一点小疏忽而自责，结果睡不好觉；而一个极端独来独往的人，故意干出了明显损人利己的事，仍然可以睡得很踏实。由此可见，直觉伦理也不一定可靠。

以上关于道义、功利、直觉的三方面伦理，几乎无一例外都存在于每个决策者的心中，时常在人们内心深处引发矛盾冲突。这里的问题在于，每一种伦理准则所提供的似乎都是"正确"的建议，但这些建议却是相互矛盾的。由人、事、物的多样性，决定了现实中所存在的观点与看法的多角度。显见，战略决策的难点不在于根据同一种伦理准则，做出"对与错"这样的极容易判断的简单选择，而在于要从按不同伦理准则衡量存在着互为消长关系的众多事件中做出选择。人们将现实中存在的这种各有对错、顾此失彼的两难选择困境，在伦理学上称为"脏手"问题。在这种情境中，只要做事就会弄脏手，但不做事又不可能。

战略决策伦理准则选择上的"脏手"问题的存在，意味着战略决策者所面对的常常是对与对、错与错、大善伴小恶、长短期对错冲突的选择。这也许正是许多企业高层决策者，在战略选择问题上产生重大分歧的根本原因之所在。考虑到人的伦理价值观对于决策的影响，可见，由伦理准则的多元性所决定，做一个决策甚至做任何一件事，希望同时符合所有的伦理准则是不可能也是不现实的。因而，在管理上有"想使人人满意，结果将是人人不满意"的说法。但问题在于，现实环境中，如果一种行为忽视了某些伦理准则，通常就会被这些准则的赞成者认为"不道德"；而实际上，关键不在于这种所谓的"不道德"行为该不该做，而常常是必须做。

试图选择能够满足所有伦理准则的方案，结果可能会发现根本找不到这样的方案。这是战略决策者所必须正视的现实，并需要在这种情况下找出适当的应对化解措施。那么，在现实环境中，人们到底该如何行事呢？能够真正做到人人机会平等、过程没有歧视、结果大家受益，这自然很好。但万一这些方面无法兼顾而需要作权衡取舍时，到底该怎么办？有人主张采取这样的准则：不为不道德的目的做不道德的事。这里不妨将此准则称为"政治伦理"。根据"政治伦理"，在充满竞争压力的环境中，似乎只要目标高尚，不择手段也应允许。这里的难题在于，一个不符合道德标准的手段，在被使用来达成所谓的道德目标过程中，人们又如何判断最终这是为了高尚的公众目标，还是为了卑劣的个人野心。

显然，在以上"政治伦理"准则指导下，如果个人放弃道德自律，则有可能变得无所不用其极。所以，有人认为，只有道德高尚者才能做出高尚行为，看一个人的品德，不是看他在人面前做了什么，而是看他在没有人看见的时候做了什么。但这一说法是很难考察与验证的。例如：宣传中常见的让人们向先进学习，做好事当"无名英雄"，但真正的无名英雄肯定是没有留下任何踪迹的，这又怎么让其他人学习呢？现实中，人们更易判断的是手段的道德性。马丁·路德·金认为："手段代表了在形成之中的理想和在进行之中的目的，人们无法通过邪恶的手段来达到美好的目的，因为手段是种子，目的是树。"

战略伦理选择的难题还表现在，以上所讨论的各种伦理标准，其现实界限是模糊不清、动态变化的。通常所说的"入乡随俗"，实际上所涉及的就是伦理层面的融入问题。这里的关键是，如果不融入，就会与当地的文化价值观产生严重的冲突，并可能导致外来者在当地根本无法立足，此时，融入就成为了"功利准则"的必然选择。但是，如果不融入，外来者也可以正常生存，当地文化价值观对新的做法具有极大的包容性，也许就没有必要一定要考虑融入问题，此时，对于融入决策的考虑就可能涉及"道义准则"。目前许多跨国公司在进行全球化发展，讨论战略上的本地化对策时，事实上正是涉及到了这样的战略判定与选择问题。

由伦理准则选择的主观性所决定，战略决策上的分歧意见背后，除了人们各自所掌握与感知的信息不同外，还隐藏着深层的道德标准的差异。更何况，就伦理准则本身而言，如何把握道德尺度也是困难的。因为伦理准则具有鲜明的时代特征，有许多当时被人们看成是离经叛道并受当政者惩处的观念与做法，在后来却成为了被公众及社会所接受的通行准则或行为典范。有鉴于此，面对动态变化的不确定环境，在战略决策上，不宜太过武断或随意地使用伦理准则来强行划分人、事、物的是非对错。更为合适与可行的做法是，注意加强企业内部战略决策者之间的意见沟通，以便在充分交流与相互理解的基础上达成战略共识。

综上所述，作为战略决策的伦理准则，可以从两个方面来考虑。一方面，对于个人而言，作为人格自律，必须追求过程与程序公正，即使目标高尚也不能不择手段。应该明确，经商靠人，为人有道，道德高尚为个人长期成功与幸福之本。另一方面，对于企业来说，作为环境营造，必须尽量用制度来保障高尚的道德行为，而不是仅仅依赖于人们的觉悟。应该明确，营造高尚道德行为滋生繁衍的环境，是社会组织对于其成员义不容辞的责任。而且，越来越多的资料证明，从长期来看，关注伦理道德的企业要比忽视伦理道德的企业具有更好的经营效益，这意味着，当前采取的可能牺牲短期利益的道义做法，能够给行为者带来更好的长期功利后果。

2 自我超越

要点提示

弄清管理之理，需要探索因果关系，这会受到归因偏差的潜在影响，只有加强心智修炼，不断超越自我，才能真正实现管理实践上的创新突破。超越自我，打破在有意或无意间建立起来的心理预设，不仅需要胸怀与勇气，更需要建设性的沟通技巧。

自我超越 16 字[*]

管理者的自我超越需要从认识自我、接收信息、改变自我入手，以实现自身能力与人格的提升。这里所体现的是一种不断升华的有恒循环，经历的是一个态度转变、观念更新、方案完善、实践摸索、群体互动的连续演化过程。

考虑到每个企业都有着不同的环境、使命、实力，很难通过简单地借鉴其他企业的经验而获得成功。所以，企业管理成功的关键在于不断地自我超越，特别是对于行业中的领先企业来说，情况就更是如此。对于行业中的一般企业来说，通过采用高标定位等方法，考察比自己发展得更好的企业在做些什么，通常还能得到一些启发，借此改善自己的经营水平，而对于行业中的龙头企业来说，就不像其他企业一样可以依靠借鉴他人经验而发展，此时更为需要的是依靠自身的力量去探索出新的经营诀窍，踏出一条前人没有走过的路。要做到这一点，在心智模式上必须突破自我设限的定势，重视由以下四句话所组成的自我超越 16 字建议。

---

[*] 本文根据项保华发表于《企业管理》2003 年第 11 期的文章修订而成。

改变假设——变通心智

自我超越的第一句话是"改变假设",以变通心智、开创战略思考的新途径。万事观念先行,而观念受假设影响。只有改变假设,转换思考角度,才有可能清除内心的成见,实现真正的观念转变。在自然科学上,人们通过不断地提出假设,证伪假设,再提出新假设,证伪新假设,这样不断地加深对于客观规律的认识,推动科学的进步与繁荣。在人文科学上,也同样可以借鉴这种自然科学的研究思路。正因为如此,自我超越也可以从改变假设开始,只不过这里的假设所涉及的主要是对于人和事的判断,而不仅仅局限在对于客观自然规律的把握与解释上。

在管理领域,由于涉及到人,而人与人之间存在着相互作用的关系,对于人与事的假设的改变,自然会导致相关人员心态与行为的改变,并最终带来人际互动关系与经营业绩的改变。教育学与心理学中的"皮格马利翁效应"与"人际自我实现预言"表明:一个人对另一个人行为的善意预期会导致所预期结果的真正产生,这主要是由于人们的预期本身就是一种影响与决定他人及自身行为的重要因素。例如:一个营销员若觉得某顾客不好相处,相对来说,就更可能对其比较冷淡,爱理不理;而该顾客也肯定会感受到这一点,并更有可能报之以故意找茬。这样,双方就真的处不好了。反之,如果另有一位营销员觉得该顾客很好相处,对其真诚接待,顾客也感受到这一点,就有可能以感激之情回报。这样,双方也就真的比较容易相处了。

以上提到的一个人对他人行为的预期,在很大程度上只是一种基于人们主观心理的假设。它自觉不自觉地受人们过去经历及经验背景的影响,从而对人们的自我超越产生不可低估的影响。例如:一个总认为自己想法高明的人,是绝对听不到好想法的,因为主观上他是不会认真去听的。管理上关于是否可以给人提供劝告的说法是,"听得进劝告的人也是不用劝告的人"。事实上,正是由于听得进劝告,表明此人具有较强的环境自我调适能力,不管是否得到他人的提示,都会十分注意不断学习、改进提高，所以，相对来说也是最不需要他人劝告的人。当然，在此还必须提及的是，在现实企业中存在的潜规则，如核心理念、价值观等，也会在无意之中影响人们的心理假设，给人戴上有色变形眼镜，让人似乎看什么都走样，结果失去对人、事、物本来面目的真正了解，并进而对管理决策与行为产生不良影响。

从拓宽管理思维的视角看，作为企业经营决策者，改变假设有必要提及孔子的"三人行，必有我师焉：择其善者而从之，其不善者而改之"。特别是其中的"其不善者而改之"，是人们容易忽视的。许多人在看到他人不足的时候，更多的只是将其作为自己比他人好的一种证明，而比较容易忽视自己在无意中也可能会犯类似的错误，从而注意提醒与反思自己的言行，加以积极改进。另外，改变假设还需关注孟子的一句话"人之患在好为人师"。只有这样，才有可能听得进不同意见，真正做到人贵有自知之明。从这个角度看，如果说掌握人生"学问"的关键是学会提问，那么首先需要的就是改变假设，在内心深处觉得有必要并且也值得去问，然后才是如何掌握提问技巧，通过有效倾听，从他人的回答中获得自己所需的信息。也只有如此，才有可能打开更为广泛的学习渠道。

观察倾听——接受信息

自我超越的第二句话是"观察倾听"，通过广泛接受源自各种不同途径的信息，以拓宽管理视野。"兼听则明，偏听则暗"，实际上还可以在后面再加上一句"不听则迷"。成功的企业家往往更习惯于发号施令，而相对忽视观察倾听。这样，长此以往，其身边愿意提建议的人必将越来越少，结果就会使得企业的发展潜力完全受制于企业家的个人能力。令人庆幸的是，从理智上看，真正不愿观察倾听的企业家是很少的，而根本的问题可能在于，一方面人们很难完全排除自己心中存在的各种内隐的主观假设，结果在有意或无意之中干扰了有效的观察倾听；另一方面是由于真的不知道如何正确引导，以使他人更愿意提出各种不同的看法。

  曾有某企业的老总谈到，他每次召开公司中层干部会议前，都反复提醒自己，要特别注意多听各方面的不同意见，只是觉得实际上与会者似乎并没有提出什么好想法。但其与会的下属却反映，该老总一点也听不进人家的意见。之所以产生这种认知上的反差，其根源就在于这位老总的习惯做法——在会议中一听到谁提出了不同意见，他的本能反应往往就是与其争论，希望借此弄清到底谁对谁错。这种做法的后果并不理想，一方面由其所处的企业老总的位置所决定，下属一般不太愿意与其争论太多。刚开始，由于不明就里，还有人会与老总争论，而一旦发现老总有点认"死理"，就会表面上"服输"，再后来遇上类似情况，就以沉默回应。另一方面，受人们观察角度与思维假设的影响，在许多情况下这种观点争论是分不出对错的，如果一定要辩出个是非，表面上就总是老总对、下属错，这样在人们内心深处就会觉得老总听不进不同意见了。

  还有位民营企业的老总谈到，他很想听下属员工的意见，可这其中有些人似乎故意与其作对，就是不愿谈他所希望听的内容。他举例说，有一次专门召开公司中层干部会议，计划围绕员工如何以企业为家这一主题展开讨论，以便提升员工对于企业的向心力。但是，刚一开始讨论，马上就有干部发言，提出"要让员工以企业为家，首先企业要像个家"。他一听，就觉得这个干部是因为心中有意见而故意借机捣乱，于是马上接着说，今天先不讨论企业如何像个家的问题。此话一出，一下子就使原本设计良好的讨论会陷入了僵局。事实上，在这里，只要该老总适当地启发一下，问一句："你觉得企业应该怎样才像个家？"也许讨论所得到的最终结果，对于回答老总提出的"员工如何以企业为家"的问题并不矛盾。

  要真正做到有效倾听，除了需要注意"学问"两字所要求的是学会提问而不是总想"解答"外，还需要领导有一定的自知之明与自我约束精神。为了听到尽可能多的不同意见，作为核心领导，如果召开讨论会，关键是要有雅量与耐心，任凭各种不同意见发表，并做到不听完其他人意见之前，决不先发言。反之，如果领导先发言，可能会被下属看成是上级已做出决定，从而觉得自己此时如果再谈不同看法，似乎有点不识时务，这样，结果就有可能使得原本设想的讨论会，最终演化成为下属表态或表决心的会。

当然，领导能否注意观察倾听，做到从善如流，关键不在于其如何说而在于其如何做，也就是其真实行为所传递的信息。现实中，作为领导往往更愿意"说"而不是"听"。有的领导征求下属对某事的看法，而一听到不同意见，往往下属才讲一句，他却用几十句话来解释自己观点的正确性，试图以此来说明下属意见的不正确。这给下属所传递的信号就是，领导内心不是来征求意见（倾听）的，而是来提供指导（说教）的。还有的领导当下属找他谈问题时，一方面故做姿态，嘴里说着："请讲！请讲！"另一方面，目不正视，心不在焉，用肢体语言向人发出了强烈的不想听的信号。当然，还有一些领导可能属于不懂沟通技巧，从而造成倾听困难。例如：有位领导想找员工交流思想，以了解他们的真正想法是什么，但当他实际面对员工时，却先是自己不着边际地就公司未来发展构想等高谈阔论一番，然后，请与会员工发表意见，也就是谈一谈对自己刚才所发表的"长篇宏论"的看法。显然，以上做法都是有碍倾听的。

感悟运用——个体力行

自我超越的第三句话是"感悟运用"，将借助于改变假设、观察倾听所接收到的真知灼见与自己面对的具体情况结合，通过个体力行、付诸实践，以切实行动提升工作业绩。这里的"感悟"，要求的是用心去体会，用脑去思考。"业精于勤而荒于嬉，行成于思而毁于随"，其意在于说明，学业要靠勤奋而精进，会因嬉游而荒废；德行要靠深思熟虑而成就，会因随俗而毁败。更进一步，有人认为，业"神于好、精于勤、成于悟"，认识到这一点，对于业务经营来说，同样十分重要。在这里，喜好决定了能够专注投入，才有可能做得出神入化；勤奋决定了能够工作深入，才有可能做得熟练精通；悟性决定了能够选准方向，才是影响最终能否取得成功的关键。所以，对于企业管理突破来说，自我超越需要借助基于长期经验的积累与基于直觉创意的感悟，以便对观察倾听到的东西加以有效的分析、综合、归类与筛选。

显然，作为管理突破的实践，仅仅停留在改变假设、观察倾听以及感悟上还是不够的，毕竟经营业绩的取得还需要有坚持不懈的行动。古语说："听过易忘，看过易记，做过易懂。"听过、看过、做过，则可理解、记住、难忘。从这个意义上看，管理是行胜于言，心动不如行动。现实中，好想法的供给并不稀缺，稀缺的是将好想法转变成为人们可接受的实践的能力。许多情况下人们不愿行动，问题在于觉得管理突破太玄或者太难，让人似乎有点无从下手。对此，可引老子的一段话，以作为解决之道，这就是："图难于其易，为大于其细。天下难事必作于易，天下大事必作于细。"这种"千里之行始于足下"的小步前进思想，可以方便地解决企业管理行动中万事开头难的自我激励与投入启动问题。

交流提高——群体互动

自我超越的第四句话是"交流提高"，通过群体互动，分享各自通过个体感悟所得到的经验教训，从而加速团队或组织的学习提高。如果说管理突破的前三句话主要涉及的是独立个体的自我超越，那么这最后一句话所关注的则是社会组织作为整体的自我超越。最近几年，关于学习型组织的讨论非常多，而建立学习型组织的关键就在于，能否在组织内部的各成员之间形成真正的信息交流、知识共享、群体提高机制。这里尤其需要注意的是，防止由于组织中个别人员特别擅长发表"高见"，结果在无意中将多向沟通变成了实际上的单向发布或传播。必须看到，任何个人的体验与经历总是有限的，个人的学习也有局限性，再加上网络时代的信息爆炸与泛滥，大大增加原本就是管理突破之瓶颈的信息识别与加工处理环节的压力，让人感受到有如面对信息真空时类似的困惑与无助，也许积极的群体互动交流，可以有效地缓解个人及组织的这种瓶颈压力，从而提升组织的整体管理创新与突破能力。

从交流提高的方法看，重点在于增进人际沟通能力；从交流提高的内容看，核心在于加强组织内意会性知识的共享。从增强沟通能力考虑，在读书、知事、识人三个层次上，更多地需要加强对人与事的了解。不仅要学会读懂有字书——编码化知识，如：关于是什么与为什么的科学与事实，更要学会读懂无字书——非编码化知识，如：关于如何做事和知人的意会性技能与艺术。在此需要培养的是，对于语言、文字、事物、人类的敏感性，特别是提升识别他人情感与情绪的能力，以形成良好的人际互动关系。从这个角度看，如果撇开目标动机的价值是非之判断不论，仅就"见人说人话，见鬼说鬼话"的做法本身而言，实际上就体现了一种高超的沟通技巧，因为如果反其道而行之，见人说鬼话、见鬼说人话，则可能就会谁也听不懂，说了等于没有说。这里的问题在于，这样做的目的是什么，依据的原则是什么，是为了让对方更容易听清，从而有助于沟通，还是为了让对方更放松警惕，从而为自己谋利。

必须看到，企业经营优势的构建，在很大程度上依赖于对非编码化、意会性知识的开发利用。俗话所说的"世事洞明皆学问，人情练达即文章"，实际上就涉及了非编码化、意会性知识的掌握与运用，这更多地是通过"干中学"的途径形成的。事实上，在信息时代，如何选择相关信息，摒弃不相关信息，如何识别信息，解读信息，如何学习新的忘掉旧的技艺，都需要意会性知识的指导。现有信息技术的发展，主要是为了满足处理编码化知识的需要，它推动了知识编码化的进程和编码化知识的传播，但如何将意会性知识转化为编码化知识并使之更好地用来指导实践，进而发展出新的意会性知识，这是在落实交流提高中所需要给予特别关注的。更何况按照现代生物演化论的观点，注意建立群体交流机制的组织，可以加速个体及整体的适应性进化，形成更强的动态创新能力。

归因偏差与因果探源[*]

探寻事物发展的内在逻辑,关键在于弄清各种相关要素之间的因果联系,特别是在客观上存在着事实规律的情况下,防止掉入主观上的归因偏差陷阱。

对于国内一些企业的快速发展,有人认为"台风来了猪都会飞",也有人津津乐道于自身的胆识和英明,在各种论坛侃侃而谈,充当大学生、职场人士、创业者的"导师"。这就是典型的归因偏差,倒果为因,以成败论英雄。

所谓归因,即执果索因。一般说来,影响人们行为及其后果的因素有两类:一是外在情景及其心理投射;二是人的个性特征,如有主张曰"性格决定命运"。

从理性决策的角度看,可通过关注共同性(此情景下,个体行为是否总是如此)、区别性(情景变化,个体行为是否会变)、一致性(所有人在此情景下是否均如此)来分析结果是外部情景还是内在个性引致的。在实际决策中,人们受到以偏概全、推己及人、信而忘疑的影响,对客观事物的认知存有极大的主观性;在厘清各个变量、利益主体间的关系时,更是受到关系模糊、非完全信息、有限计算能力、不确定性等的渗透。因此,在因果分析时,会出现主观判断偏离客观规

---

[*] 本文根据项保华发表于《管理学家》2012 年第 4 期的文章修订而成。

律的倾向，即归因偏差。

归因偏差有三种类型。一是主客归因，将行为及结果更多地归结为个体特征使然，相对忽视群体共性、独特环境、关键时刻等情景因素的作用；二是人我归因，对于自我行为更多地看到环境的制约，对他人行为则更为关注其个性特征，常常觉得他人没有自己宽容、开放、积极等；三是正负归因，由于自我服务倾向，把正面行为视为自己个体特征的表现，而把负面行为归咎于所处环境的不友好等。

受归因偏差的影响，人们会觉得成功了是自身的能力超强，失败了则是遭遇的时运不佳。这样，结果就使得成功者易过度自信、低估风险，失败者易悲观自卑、高估风险；企业组织往往会把前者提升至高位，手握权柄，发号施令，而后者则会被边缘化。基于相互参照、相互嫉妒的原因，某个集团的胜利有时就意味着另一集团的失败。所以，对于同样的成果，到底该被判为成还是败，有时还会取决于是己方群体取得，还是与己方竞争的群体取得。从政治上看，归因分析还具有揭示规律与落实责任的双重作用。究竟是为了明确责任以便适当奖惩，还是为了总结教训便于学习提高；是往后看，还是往前看，不同的目的和动机，可能会导致大相径庭的归因态度与结论：若以奖惩为要务，则易陷入争权夺利、相互推诿的组织内斗之中；若朝前看，聚焦于工作改进，则会有利于大家齐心协力、想方设法。

当然，归因偏差的形成也可能是由于人们认知能力有限，无法洞察事物真相。这种并非刻意为之或无意形成的归因偏差，如，由于人们的注意力稀缺，在一定时间内所关注的重点只能"聚焦"在少数几个或一两个关键点上而无暇旁顾，结果就会在不经意间忽视那些非聚焦的事务，也就是不可能有充分的时间、资源、精力去追根究底，以掌握决策相关的更为全面准确的信息，只能依据片面的、有限的、局部的经验和知识来做决定。

归因偏差的出现，还有时是迫于情境压力。例如，问题本身太过复杂、受众多不确定因素影响、事情紧迫来不及细思，此时也许根本找不到清晰的事物内在因果联系，而只能凭借决策者的本能、直觉或组织的惯例去行动。但即使如此，面对不同的情境，也还是可以考虑采取相应不同的决策方式，例如，以随机对随机，以确定对确定，这有如人们常说的"农民种啥得啥，牧民养啥得啥，渔民遇啥捕啥，猎人见啥打啥"。显然，出海打鱼，若非某某鱼不可，可能空手而归；若在水池养鱼，毫无规划，恐"年年无鱼"。面对不确定而快速变化的环境，与其依赖个人觉悟，让控制欲强、过度自信或者过度保守的领导"朝纲独断"，可能还不如占卜算卦有效，毕竟后者带有不确定性，更少路径依赖和思维定势。

面对不确定情况，若不清楚其真正的因果关系，人们一般会表现出这样的归因倾向：对于偶发事件，无论成功或失败，一旦经历过，就会高估其再次出现的概率，如，杯弓蛇影，守株待兔；对于频发事件，若情况一直很好，则会低估其出问题的概率，最终因主观重视不够而引发问题，反之，若情况一直很差，则会高估其出问题的概率，结果因放弃努力而导致问题。对于整个企业来说，低估问题、高估能力易导致过度自信，高估问题、低估能力易导致悲观失望。现实中常见的企业经营兴衰交替的现象，在一定程度上就是受到此类归因倾向的影响，这就如古人所说"数战数胜，主骄民疲，败象隐现"。

考虑到环境、机遇、能力等众多因素的不确定影响，有时还会出现事先难以预料的"为事在人、成事在天"情况，这就是表现为类似均值回归的随机波动，即祸福相依、成败轮回，特别好运或特别倒霉的事件均不可能持续出现。例如，达到人生顶峰、取得辉煌业绩等，往往需要机缘巧合，一旦遇上，接着要想复制佳绩，通常并不容易。研究表明，现实中存在着受"均值回归"作用的"明星CEO诅咒"现象，那些因过往业绩超群而获得过大奖的CEO，如特别成功的明星企业家、经营大师等，从股票收益率和资产投资回报率看，相对于同类企业、同等能力的其他CEO来说，其所打理的公司的表现均欠佳，尤其是在获奖之后的三年中，情况就更是如此。明白了这一点，就不难理解，明星CEO的继任者会面临更大挑战，而糟糕CEO的接任者自然更易迎来业绩改善，花大钱请成名职业经理人可能不一定划算。

战略思考三层面[*]

企业战略思考需具备三层面特性:"视角多元性"以拓宽与提升"当下"战略分析的角度与维度,"影响跨期性"以考虑战略管理过程的"时序"关联,"层级互适性"以阐明现实战略"建构"需兼顾的解构与综合这两方面的要求。

企业战略主要研究面对市场竞争,企业经营优势或实力的构建问题,试图弄清造成不同企业之间经营业绩差异的影响因素,解答企业"做什么、如何做、由谁做"这一战略中心命题,通过个人与组织的"当下"主观努力,把握企业"此前"与"此后"的内在演化关系。根据这一要求,进行有效全面的战略思考,既要立足当下,注意视角多元性;又要兼顾时序,重视影响跨期性;还需关注建构,满足层级互适性。在这里,"视角多元性"有助于拓宽与提升"当下"战略分析的角度与维度,"影响跨期性"注重战略管理过程的"时序"关联分析,"层级互适性"则阐明现实战略"建构"需兼顾的解构与综合这两方面的要求。

---

[*] 本文根据项保华发表于《企业管理》2003 年第 7 期的文章修订而成。

视角多元性

视角多元性要求在探讨战略管理时，能够注意从不同角度与维度考察问题。显然，一个没有建立在多元视角思考基础上的战略，在思路上很容易出现这样的问题：要么管中窥天，以偏概全，自以为是；要么不知变通，一叶障目，不见泰山。这样，在旁观者看来，就会显得似乎有点固守己见，执迷不悟。为实现多角度观察，必须先分清视角与见解的关系。考虑到不同的个体受其人生经历与环境等因素的综合影响，很容易基于各自不同的观察角度，对同一事物得出不同的观察结论。在进行战略分析时，尽管几乎所有的人都声称要客观，但考虑到客观事物千变万化，到底该如何加以解释以及选择哪些信息作为制定战略的依据，最终很大程度上还是由人来主观决定的。注意到现实中存在的这种个人观察角度的主观性，在处理人们之间所存在的不同观点的分歧时，关键在于弄清各自观察角度与出发点的差异，也就是导出结论的前提假设有些什么不同，而不要对基于不同前提所导出的互异结论，随意地进行简单武断的直接对错划分。

许多事物都是可以从多个角度观察的，这些角度以及相应所得到的局部观察结论之间，实际上不存在所谓的优劣对错之分，它们相互补充才可描绘出事物的完整特征。在现实战略决策中，每个参与者实际上都具有自身特色，代表着一个不同的观察角度，如果不允许不同看法的存在，或者强行对这些不同看法做出对与错的划分，就很容易在决策者内部形成互不服气甚至相互冲突的情绪。俗话说："此人之肉，彼人之毒。仁者见仁，智者见智。"战略思考上倡导多角度观察，就是要突破局部、个别的角度之局限，将其转变到全局、整体的观点上来，惟此才有可能考察组织的全面发展问题。显见，这种观察角度的变换，尽管实际上并没有改变客观事实及企业资源本身，但是却能改变人们对事实及资源的认识与看法，并由此引发工作态度、思路、行为甚至结果的变化。

战略的多角度观察，不仅要站得高、看得远，更要看得透、想得清。站得高，但是如果看不清或看得稀里糊涂，也还是无助于战略问题的解决的。而要做到看透、想清，必须提升战略思考的维度。战略管理涉及整个企业、内外环境等多种因素的作用，除非能够站在更高的层次上，否则可能连"到底问题是什么"也弄不清。在这里，如果将企业战略比喻为"大象"，仅仅采取盲人摸象的办法，试图利用解剖刀去了解大象的结构，从而获得大象的整体认识，是根本不可能的。显然，认识作为生命过程的整体大象，仅靠两维的触觉或者三维的解剖，而不对大象的功能进行整体的动态跟踪考察，也就是缺乏时间维度信息，是不可能从功能与结构两个层面真正把握大象的本质特征的。

当然，很多情况下，人们看不清企业战略这头"大象"的本质，其原因主要不在于眼力问题，而在于所处的位置与所站的地方有问题。正如作为假想的一维空间中的动物，由于受自身一维认知能力的局限，是不可能看到也难以理解二维空间的现象的。如果人们事先不知大象为何物，只凭两维的触觉，要想形成立体大象的完整概念，这也是不太可能的，因为不睁开眼睛，人们很难判定是否真的摸到了大象，还是压根儿就只是一头健硕的水牛。所以，突破认识论上的局限，必须采用高维度的分析视角与方法，以跳出原有观念的局限。人们经常说"位置决定脑子"，"吃哪家饭说哪家话"，就是受到了职位观念与部门利益的严重制约。坐井观天，视角局限，是由于人们坐在井底，而不是站到井圈上，或者干脆跳出井圈，爬上山顶，登高远望。

在现实中，妨碍战略决策者正确观察的原因还有很多。例如，许多人戴着有色变形眼镜，无法有效破除情感上所存在的烦恼障与理智上所存在的所知障，从而限制了自身对于内在心理及外部现象的观察感知能力（郑石岩，《清凉心·菩提行》，文化艺术出版社，1998年，第32~55页）。在这里，所谓的"烦恼障"，主要是指受个人情绪与情感的主观影响，妨碍了对于不同观点和信息的有效理解；"所知障"是指将一己之见看成是绝对真理，从而导致无意之中的抗拒学习，在理智与知识上难以突破现状束缚。必须看到，强调战略思考的视角多元性，其主要目的在于认清战略制定的高度时空与情境依赖性，以突破情、理两方面的认知障碍，获得关于战略所涉人、事、物的更为全面适当的知识。

影响跨期性

企业战略思考的第二方面是需要关注"影响跨期性"，也就是平衡处理时间过程中的眼前生存与未来发展的关系。如果将企业看成是一个生命有机体，则所谓的影响跨期性，就是指不仅需要考虑"当下"能够活，而且需要关注"此后"也要活，从而实现当下与此后皆活。任何今天的战略行为都必须在关注一时一地有效运作的同时，顾及其对于企业此后运作的潜在影响。对于战略思考的影响跨期性所提出的这种平衡兼顾长期与短期生存之关系的要求，有一个形象的比喻，这就是医院对于危急病人的救治处理。一方面，为从根本上医治好该病人，医院需要设计周全的手术抢救方案；另一方面，不能放弃常规的治标紧急抢救工作，以确保患者病情稳定与恢复，最终能够经受得住可能的治本手术过程。而一旦紧急抢救工作失败，则进一步的手术方案也就自然失去了其存在的意义。

许多企业重视新产品开发，并将其看作是一项长期的战略性任务。但在实际操作上，由于过分强调产品创新，将摊子铺得太大，致使短期内实力消耗过甚，结果没有等到新产品开发成功那一天的到来，企业就已支撑不下去了。这里的关键是，在考虑进行新产品开发时，必须同时关注企业现有的产品组合有没有能力与实力支撑到新产品成功的那一刻，因为新产品开发成功并得到市场认可，需要经历一定的时间过程，其中所考验的是企业的耐久力。实际上，尽管加强人才培训、提升市场占有率、改善顾客服务等措施对企业的发展可能具有长效影响，但却都会对企业的短期减支增收形成一定的负面压力。也正是从这种意义上看，可以认为企业战略真正体现的是一种耐久力。

当然，对于战略思考的这种跨越不同时期的考虑，其中提到的耐久力所涉及的时间跨度到底有多长，这是一个见仁见智的问题。显然，关于什么是长期，人们对它的理解是模糊的，其含义会因人、因环境等情况的不同而异。例如：在制定企业战略时，对于一位任期只有两年的经理，如果要求其在任期内有显著的业绩表现，则他所能做的最长期的打算也许不会超过两年。而对于一个刚刚创业的年轻企业家来说，长期的含义可能至少会涉及十多年。但不管怎样，作为企业战略，如果丝毫不考虑影响跨期性，就有可能导致企业时序行为的混乱，其中最为极端的例子就是，只顾眼前、不顾未来，缺乏前瞻、恣意妄为，结果导致企业经营朝兴暮衰、大起大落。

正是由于对长短期时间跨度的界定存在着不确定性，在判定一个行动是否具有战略影响跨期性特点时，可以采用这样的观点。这就是只要人们在采取"当下"行动时，考虑了这种行动对于"此后"的影响，就可大致认为这种行动设计隐含兼顾了影响跨期性，具有某种事实上的战略特性，而不管这里提到的"当下"与"此后"之间的实际时间跨度到底有多长。对于这一点，正如梅纳德·凯恩斯最著名的格言所指出的那样："在长期里，我们大家都必死无疑。"显然，如果个人或企业生命都已终止，又有什么战略可言呢？从这个角度看，似乎再长期的战略思考也难以超越人的生命，毕竟情随事迁、人走茶凉，战略自然也就需要重新考虑了。当然，企业组织不同于纯粹的个人，其生存具有一定的超越个人的前赴后继的性质，只是需要解决好不同经营者之间的代际传承问题而已。为了突破个人生命的有限性对于人类行为短期化的影响，各种宗教都提出了自己的有关来世的信仰体系，试图建立更为长期连续的人生行为模式。显然，对此如果引导得当，是有可能进一步拓宽人类战略思考的时间跨度，从而使其行为更具长期合理性的。

关于战略的影响跨期性，在此还需指出，既不是考虑的时间跨度越长就越好，也不是想长期就一定能够做到长期。特别是在面临不确定环境时，战略更多地只能是走一步看一步，也就是事先只需确定大致的方向，然后再在实施过程中随时根据变化了的情况进行动态调整，这意味着此时的战略考虑的时间跨度，相对来说是比较短的。企业所面临的环境越是不确定,就越需要高层领导共同参与战略决策的制定,而不能仅由专设的战略发展部门例行公事般地制定了事。对于极度动荡的环境,有人甚至认为不可能制定战略。严格地说,在环境多变、剧变的情况下,战略重点将更多地转到企业内部对于外部环境的动态学习、适应、调整能力的培养上。

层级互适性

现实企业经营所面临的常常是不断变化的环境,所以,除了"视角多元性"与"影响跨期性"外,战略思考还必须兼顾"层级互适性",这是战略思考需要注意的第三方面因素。这里的"层级"是指组织体系中所存在的等级层次,"互适"指的是同层次各主体以及不同层次各主体之间所存在的功能与结构的内在联系。根据"层级互适性"的要求,有效的战略必须能够应对复杂性,具备从局部看整体的洞察力,切实解决好现实管理中所面临的内外部多层次关系处理问题。首先,企业作为整体存在,在其内部既需要对战略中心命题进行逐级分解,又能同时保持各层次间的纵向与横向的相互匹配性。第二,企业作为社会整体的构成细胞,需要与外部大环境保持稳定的良性互动关系,以真正做到稳者生存、适者生存。第三,互适性实际上所反映的是企业对于内外部各种要素变化的敏感性与响应性,这是企业应对不确定变动的生存法宝。

考虑到战略的层级互适性要求,需特别注意处理好做事与做人的关系。从企业生命周期来看,在其发展的初期,往往是企业家身先士卒,领着全体员工做事。而当发展到一定规模后,就会开始出现职能分工,企业家需考虑如何用人、如何授权、如何激励等问题,此时决定企业成败的关键将是能否培养一支优秀的干部与员工队伍,也就是从做人入手,通过做好人的工作,实现做好事的目的。所以,体现层级互适性的要求,企业战略必须将人看作是一个能动主体,注意做好一个个带有自身特色的人的工作,这种以人为中心的战略,与以制造产品或提供产品及服务为中心的见物不见人的做事战略相比，显然有着本质上的区别。

将人看作是一个能动主体，有必要思考企业与人生的根本存在价值与意义，关注人的心态及其对于行为从而对于业绩的影响。积极的心态，坚定的信念，如果坚持不懈地做下去，结果将有可能创造出非凡的业绩。因为，人的不断努力的投入精神可能会改变环境，并在努力探索中增强自身实力，凸显出更具雄心壮志的使命目标，最终在无形之中为自身及企业拓展出更大的发展空间。如何营造能够促进这种良性互动的氛围，破解事关企业生存的战略密码，以便开发这种与人的意志力相关的心理潜能，为企业发展提供持续的创新动力，这是考虑企业战略的层级互适性要求所必须关注的重点之所在。

综合以上讨论，可以认为：一个能够付诸实践操作的战略，如果不满足以上三层面的要求，至少不能称为一个真正的战略，因为它在思考逻辑上存在着漏洞，因而也就更容易出现忽视构成有效战略分析基础的一个或多个方面要素的情况。当然，考虑到以上三方面要求的体现，往往带有个人主观选择的色彩，基于不同决策者的不同主观选择，有可能导出不同的战略结论。所以，不同的战略研究或决策者之间，在进行相互交流时，关键是要先弄清楚各自的陈述都是基于怎样的主观前提假设。否则的话，只是就事论事地讨论各自结论的是非对错之不同，可能会引发许多无谓的争论。因为引起分歧看法与争议的真正根源，常常在于隐含的主观假设而不在结论乃至结论的推导过程。为此，进行战略研究必须弄清并凸显出此类主观假设，寻求切实有效的途径，通过战略研究与决策者的自我超越，突破此类假设对于战略思考的局限。

顺势而为话"打假"

对于屡受造假危害的名牌企业来说，运用顺势而为、因势利导、借力打力的思路，通过采取改造收编其中的部分强势造假者的这种化不利为有利的做法，既有助于起到《孙子兵法》所言的"胜敌而益强"的作用，更有可能实现良好的社会与企业效果。

2003年夏季，面对淮河流域的洪灾，我国采取了"破垸行洪"的做法，与1998年长江流域抗洪采取的"严防死守"相比，前者为顺水势的"疏"，后者为逆水势的"堵"。顺势、逆势本身只是手段，无简单优劣之分，需视拟解决的问题性质与所面对的时间情境而定。顺势而为的水性管理思想，可溯源至我国古代老子所言的"上善若水，水善利万物而不争"。借鉴这一思想，企业在处理与各方市场力量的关系时，除了逆势抗争，以削弱对手，增强自身竞争力量外，还存在着另一种因势利导、借力打力的互惠共生战略之可能，需要人们去创新性地加以探索。

例如，就近年出现的令许多名企挠头的"打假"问题而言，几乎是哪里有着为市场所认可的"品牌"商品，哪里就会如影随形地出现形形色色、足可乱真的"假冒"商品，并伴随着会有许多似乎是自愿"上当受骗"的购买者。对于这种现象，尽管不能认为"存在的就是合理的"，但却不容否认，"存在的必有其理由"。在没有真正弄清假冒行为的成因的情况下，只是一味简单地逆势而动，采取"堵"的办法——"打假"，可能反而会造成"不打不假，越打越假"的不良后果。毕竟打假行动在试图消灭造假者的同时，也会消耗名企自身的资源并对其自身的市场产生伤害。

事实上，认真分析"假冒"现象屡禁难止的原因，可以看到有这样几个方面的因素在起作用。首先，存在相当规模的市场需求；第二，存在着想赚钱的动机；第三，存在有制假经营能力的市场参与者。对于这三个因素，显然并不是通过法律等打假措施就能杜绝的。至少从理论上看，名企如果能够看到自身在原有假冒品需求市场的渗透力量的不足，顺势而为，采取类似于"疏"的办法——"改造"，这就是"收编"有较强制假经营能力者，通过晓之以利害关系，将其改造成为品牌企业产品的合法经营者，并以此来制约甚至消灭其他实力较弱的制假者，就可在合理利用前述三个因素的基础上，发展与壮大企业自身的市场竞争力。

基于以上分析，进一步考虑到打假诉讼过程的漫长，对于那些产品更新很快的产品来说，可能官司还没打完，产品市场寿命早已终结。更何况，如果没有消除产生造假现象的前述三个因素，则在查处一家造假工厂的同时，可能很快就会有新的造假工厂出现。有鉴于此，现实中就有公司采取了改造制假者的做法，以回避耗费心力的打假行动，例如，曾受廉价仿冒品而苦恼的某国外品牌公司，因屡次打假而难见效，最后采取了与生产仿制品的主要公司合作的方式；某国内著名服装企业，在打假中将假冒店改造成为了自己品牌的专卖店。这种化不利为有利的做法，体现了《孙子兵法》的"胜敌而益强"思想，能起到更好的社会与企业效果。

当然，这里需要说明，采取这种改造造假厂商的做法，品牌企业必须谨慎选择可能的收编对象，并制定严格的管理制度，在完成收编后，加强产业链各环节的可控性，防止被改造过来的曾经造假的企业"挂羊头卖狗肉"，在正规渠道中走假冒货，结果损害自己的正宗品牌形象。同时不要忘记，与收编改造部分相对有实力的强势假冒者的做法并行，还须同时采取切实有效的措施，加强对于"假冒"产品的打击力度,这样才有可能更好地防止被收编改造者可能出现的变幻反复。

大企业衰退 未必是坏事*

以下《解放日报》记者与笔者就诺基亚问题的对话表明：一旦对行业发展的市场需求与技术方向判断失误，纵使研发投入再多也无济于事。企业大未必佳，只是现实经营中，人们很容易忽视这一点。

解放观点：市场份额萎缩、退出日本市场、裁员数以千计、高层纷纷离职……诺基亚，这个昔日全球手机业老大、北欧小国芬兰创新力象征的著名品牌，如今正陷入尴尬境地。以至于美国著名财经新闻网站"华尔街24/7"最近大胆预测：诺基亚将在2012年消失！从曾经的业内霸主到如今的"等待被收购"，诺基亚衰退之快几乎是在一夕之间，为什么会这样？

项保华：这个可能和它所处的行业有很大关系。信息产业这几年发展非常快，未来趋势如何，其实很难预测。尤其像诺基亚这样的企业，在产品功能还很强、市场还占据明显优势的时候，更容易形成思维定势与历史依赖，不易舍弃原先优势领域与资源，进行突破性创新，结果导致企业战略转型困难。

许多研究表明，真正创造性的、突破性的、颠覆性的创新，在原

---

* 本文根据《解放日报》记者支玲琳对笔者的采访文章修订整理而成，原文见"对话：诺基亚明年会消失吗——大企业衰退，未必是坏事"，《解放日报》，2011年8月16日第7版。

有业务成功的大公司中，通常很难实现。所以，对于企业长期发展来说，在未来情况不明、看不清行业走势的情况下，越是处于行业领先地位、达到市场巅峰的企业，越是应该采取适度多元化的做法，通过产品、业务、经营模式等方面的创新，为应对未来非预期变化做好准备。此时，试图借助精确预测、通过事先规划，应对不确定未来竞争，其实是很难见效的。显然，与苹果、谷歌相比，诺基亚在创新性探索与储备方面做得还不够。

作为一个有着140多年悠久历史的企业，诺基亚并非一日炼成。过去它一跃成为手机业王者，得归功于上世纪90年代初，它实现了从造纸、轮胎、电缆等传统行业脱胎的完美转型。现在它之所以陷入困境，却是由于未能实现从原有成功中的两次超越。

解放观点：诺基亚对研发的投入并不少。据报道，2010年诺基亚的研发投入是行业第一，是苹果的数倍。问题是，为何投了这么多钱不见成效呢？

项保华：在我看来，诺基亚转型难其实是个共性的问题。比如美国的500强公司，真正经过时光洗礼，能够一直停留在榜单上的，其实少之又少。再看国内，做大的公司不少，但做强的大公司并不多。央视标王的"前仆后继"，足以说明这一点。所以，人在成功的顺境中可能无意识中会变得自以为是，企业也如此。企业一旦做大，就容易陷入一种不可救药的过度自信。

事实上，公司做大甚至成为行业领先者后，在原有业务基础上的进一步规模拓展，并不会对公司效益提升及未来生存产生显著的影响，而一旦出现非预期的新情况，则可能危及企业的整体生存。很多公司都是栽在这上面。比如在金融危机中倒闭的那些投资公司，大多没有考虑到市场可能出现特别负面因素时的影响。

就诺基亚而言，尽管每年都投入了大量研发资金，但它更多关注的还是原有业务基础上的渐进式的改进和创新，而忽略了市场上可能出现的"最坏的情况"，即其他企业颠覆性地重新定义了手机的概念：

通话功能沦为手机的附属性能，娱乐性、智能化变成了主流。在这种情况下，手机已经不仅仅是一个通讯工具，而是变成了一个综合了信息平台、商务平台、娱乐平台的生态服务系统。对于这些变化，诺基亚显然准备不足。方向错了，纵使研发投入再多也无济于事。

解放观点：公司越大，目标市场也越大。而要锁定那么大的目标顾客群，将消费者的兴趣都稳定在自己的产品上，显然是非常困难的。从某种程度上说，无论企业做多大，最后总是会遇到瓶颈的。所以，转型是所有企业都不能回避的一课。

项保华：企业在制定战略的时候，规模定在什么位置、锁定怎样的目标市场，非常重要。面对多元化的消费需求，想用单一的功能锁定整个市场，并且以为企业锁定的目标市场可以一直无限增长，这是不可能的。特别是在企业成为行业老大的时候，其所面对的挑战也将是最大的，其占领的市场总是会被新的竞争对手蚕食。这个时候，能否正确判断市场趋势是一方面，而在知道趋势走向以后，能否适时转型又是更为重要的另一方面。问题在于，如果市场趋势与企业原有优势不匹配，或者说与企业的"基因"不相符，转型就会显得非常困难，柯达公司的败落就是很好的例证。

当前诺基亚的痛苦在于，到底选择做多大的市场。目标的设定，决定了企业的战略和做法。如果企业并不执着于老大的"江湖地位"，继续专注于功能性领域，那么尽管市场份额可能会萎缩，但最终还是会沉淀下部分稳定的消费群体，比如对时尚不那么敏感、上了点年纪的消费者。即便它最后变成了一个规模小点的企业，不在行业当老大了，但继续盈利并在市场占有一席之地，也并非不可能。但如果此时企业仍想维持老大的地位，就有可能遭遇更为剧烈的市场争夺战，结果大家拼命抢市场，最终也许产量是维持住了，但盈利却下降了。要知道，一旦开始走上了降价路线，对原有品牌溢价的伤害将是无法修复的。

解放观点：诺基亚的转型之困，再一次挑战了"强者恒强"这个传统观点。对于国内不少正面临转型，处在十字路口的企业来说，也有现实的借鉴和启示。

项保华：这需根据不同行业的情况做判别。像信息行业这几年发展很快、竞争激烈，很多网络公司都在做多样化，一会搞这个，一会搞那个，就怕市场风向突变而自己错过机会。而对于相对稳定成熟的行业，尽管产品变化并不是很大，可市场竞争依旧激烈，主要是因为信息透明，大家学习仿效很快，"你能做，我也能做"。结果同质化严重，山寨现象蔓延，企业竞争压力也越来越大。面对以上情况，企业首先要想的，是如何做出自身特色，锁定特定顾客群，而不应该将做大规模当成企业发展的首要目标。因为在同质化严重的情况下，如果大家都想做规模，成为行业老大，那么肯定会陷入价格战。这样的结果，是谁都想做大，但谁都做不大；谁都想赚多，但谁都赚不多。大未必佳，一部现代企业史，早已昭示这个真理。但在现实的市场经济中，人们往往会忘记这一点。

所以，像诺基亚这样的企业，即便不做老大了，变小了，其实也未必是坏事。更何况，真正能够活得久的，其实不一定是大企业，而是适者生存。有人研究日本长寿企业，发现"年龄"最大的是一个有着1400多年历史的企业——大阪寺庙建筑企业金刚组，它做的是一个非常专、非常小的局部市场。但可惜后来，它也想做大，结果被购并了。在我看来，从整个国家的角度看，持续发展应该靠众多企业，而非依赖少数大企业，这样的经济结构才是最稳定的。因为从生物演化的规律来看，巨大的物种、最顶端的物种，往往会因为食物稀缺而消亡。市场也是如此，做得无限大的企业，终会面临因资源供给、市场需求、管控能力之制约所带来的现实危机。

真正的经济和谐应该是多样化共生：有众多的小企业、少数的大企业，这样的格局才是稳定的。像美国，这几年动不动就闹经济危机，其实就是因为社会资源越来越过度集中到了大企业的手里，导致了社会经济结构的失衡。此时，一旦这些大企业出了问题，为了当前的稳定，政府就不敢袖手旁观，只能一次又一次地去救助，结果治标不治本，在缓解了当前危机的同时却为未来埋下了更大的危机祸根。显然，这种过度关注大企业、一味追求增长的社会经济运行模式，是不可能持续的。

建设性对话：管理者的必备技能*

开展建设性对话，关键是对事实依据、推理逻辑等谈话的前提进行探询式提问，以帮助人们弄清真相，自行导出适当的结论，而绝不能直接武断地在谈话中对相关结论或推论做出是非对错的评判。

在管理实践中，能够掌握建设性对话技巧的企业领导，更有可能通过对话过程，帮助他人理清管理迷宫，突破思维定势，从而实现边思维创新、边付诸行动的目的。在这里，开展建设性对话，可以借鉴运用苏格拉底的反诘法，只当思想的"催产婆"，也就是对事实依据、推理逻辑等谈话的前提进行探询式提问，以帮助人们弄清真相，自行导出适当的结论，而绝不能直接武断地在谈话中对相关结论或推论做出是非对错的评判。为讨论方便，在以下三则对话中，以"提问"为主的一方均用"傻帽"代替，以"回答"为主的一方均用"睿智"代表。当然，这里的"傻帽"或"睿智"只是一种符号，并不涉及任何主观判断，如果一定要赋予某种意义，那么可以认为，"傻帽"表示的是一种追根究底式的发问，它是弄清前提假设的真正"学问"之所在；"睿智"表示的则是一种开诚布公式的陈述，它是把握事实依据的真正"作答"之技法。

---

* 本文根据项保华发表于《企业管理》2002 年第 6 期的文章修订而成。

对话 1：如何突破思维定势？

背景：某企业集团有许多下属公司的产品市场占有率在其相应的细分市场中实际上已超过 50%，但这些公司的老总等高管人员在谈到市场占有率时，却认为最好不要超过 25%。为弄清原因并改变这一与实际不符的认识，才引出以下对话。

睿智：目前我们公司产品的市场占有率似乎太高了。

傻帽：你觉得这是为什么？
睿智：我认为一个产品的市场占有率最好不要超过 25%。

傻帽：就贵公司产品而言，你认为最好不要超过 25%，是否因为超过后，在现有产品价格水平下，市场会卖不动？
睿智：不是，我们的产品目前在市场上仍供不应求。

傻帽：是因为经销渠道不通畅，制约了市场占有率的提高？
睿智：不是，我们对许多经销商采取了限量供应的方式。

傻帽：是因为伴随着市场占有率的提高，经销商会要求进一步提高销售返点，从而引起公司利润率水平下降？
睿智：不是，按照现有返点，仍有许多经销商希望加盟我们公司的产品销售队伍。

傻帽：是因为销售回款的情况会随着占有率的提升而恶化？
睿智：不是，我们产品的经销商通常需要先付款再拿货。

傻帽：是因为你们公司的生产能力不足，无法满足市场占有率提升的要求？

睿智：不是，目前我们公司的设备能力仍有潜力可挖？

傻帽：是因为你们公司一旦开足生产能力，就会引发采购、制造、管理等方面的成本增加压力，从而使得增产不增收？

睿智：也不是，如果真的能够提升产品的销售量，有可能进一步降低单位产品的成本。

……

傻帽：既然如此，那么到底为什么你觉得你们公司的产品的市场占有率不能超过25%呢？

睿智：……，耶？似乎看起来是可以超过的嘛！

傻帽：是啊，那么就你对自己公司的了解，觉得可以采取哪些措施来提升产品的市场占有率？

睿智：……。

提示：以上对话，首先，根据该公司的实际情况，将"不能超"的所有可能前提假设，通过逐一提问的方式让对方在回答中加以否定，从而自然导出"可以超"的逻辑结论。实际上，在企业的上下级对话中或者咨询公司的访谈中，如果能够按以上例子的做法达到这一点，则后面的行动就有可能成为水到渠成的事了。这就是德鲁克在管理咨询中所做的，将人们所熟知的东西，经过重新总结，然后再返还给人们。让人们觉得，原来是这样的，为什么我们平常没有行动呢？这样，离实际行动就不远了。以上对话的最后，将话题很自然地引到了"如何超"上，从而为对策的制定做好了准备。

说明：后来，当对话双方非常了解后，"傻帽"曾直接问"睿智"，为什么面对公司产品市场占有率实际上已长期超过 25%的现实，还有许多高管人员认为市场占有率最好不要超过 25%？得到的回答竟然是，这些高管人员集体参加过一个外部管理培训班，而在这个班上曾经讨论过的一个典型案例，就有"市场占有率一般不宜超过 25%"的结论。有趣的是，那个案例所涉及的是完全不同的行业背景。显见，这种不对前提假设做充分交代，而只谈所谓结论的教条式培训，实际上比没有培训更害人。

对话 2：如何变换提问角度？

背景：某私营企业的老板，希望增强员工对于企业的向心力，召开了一次有公司高层管理人员参加的会议，会议的重点是讨论"员工如何以企业为家"的问题。会上有高管人员提出一个似乎有点对立的说法，"要让员工以企业为家，首先企业要像个家"。以下是该老板主持会议的大致对话过程。

傻帽：今天我们开个会，讨论的主题是"如何让员工以企业为家？"希望大家畅所欲言，直抒己见。

睿智：好的，我先谈点看法。我觉得，如何让员工以企业为家，这一问题本身的提法就不妥。要使员工能以企业为家，关键在于要将企业办得像个家……

（显然，这一发言有点情绪化，带着很浓的火药味，如果应对不当，就非常容易将雇员与老板的关系引向对立。）

傻帽：你的观点很有新意，那么你觉得我们怎样才能将企业办得像个家？

睿智：（受到鼓舞，积极响应）我觉得，第一，……；第二，……

……

傻帽：刚才大家从企业的角度出发，提出了许多有关如何使企业办得像个家的建议，对此，我们将在认真研究的基础上，采取切实有效的措施，逐一加以落实。现在，让我们从员工的角度出发，再谈谈各自的高见，看看怎样才能让员工真正做到诚心地"以企业为家"？

睿智：我想，这是否可从这样几个方面来考虑。首先，……；其次，……；再次，……

……

提示：以上对话表明，如果遇到这样的情况，你提出甲问题，希望得出 A 答案，而人家回答的却似乎是针对乙问题的 B 答案。此时，最好的做法是问一句，"B 答案很好，请问你是从什么角度得出这一结论的？"或者"B 答案很好，但我不太清楚你是如何得出这一结论的，你能给我们介绍一下吗？"这样就有可能引导对话进入良性互动。

说明：在现实对话中，经常碰到这样的情况，许多领导提出一个问题让人们讨论，尽管事先表示，大家可以敞开思想，自由发表意见。但实际上，自己心中往往有一个预设的 A 答案，而一旦发现人家提出的 B 答案与自己预设的不一致，就马上觉得，"可能自己没有说清楚，需要再补充几句"，以便让人家也能导出 A 结论；或者直接指出"B 答案不对，应该这样、这样、这样才对……"；或者干脆说"今天暂不讨论 B 答案，而只讨论对甲问题的解答"。这种做法，自然会让对话陷入双方对立的僵局，使会议不欢而散。长此以往，员工就会形成习惯性预期，认为领导名义上是组织讨论以便集思广益，实际上是希望大家把思想统一到他自己的意见上去。结果就会出现这样的情况，每次开会人们都不太愿意发言，而倾向于等着老板作指示。而老板却又进一步据此做出判断，认为这些人就是没水平，根本提不出什么好想法。现实中，这种现象并不少见，需要引起管理者的高度重视。

对话3：如何提升层次、走出困境？

背景：在某个由许多公司高层管理人员参加的培训班上，我曾经碰到过这样一件事。在谈到改变假设以拓宽思路时，我以一个流传甚广、听讲者十分熟悉的情境为例，让大家思考与此相关的测试题"如何将木梳卖进寺院？"结果有位学员的当众大声回答，其答案出人预料，但却是从一个非常奇特的角度出发，提出了一个较为敏感的特别方案，只是其表达方式与当时的课堂氛围不甚相符，让人感到有点唐突无措。

傻帽：改变观察与思考的角度，有助于突破思维定势，找到原本似乎并不存在的解答。下面我们来讨论一个为大家所熟知的问题，假设你的企业是生产木梳的，请问怎样才能将产品卖进寺院？

（众人发言踊跃，有人提出，可向寺院住持提出建议，在寺院内备些木梳，以方便香客在跪拜佛像前，能够梳理一下自己可能散乱的头发，从而表示对佛祖的虔敬。这样，也许可以卖出一些木梳。另有人提出，在木梳上刻些带有祝福之类的字句，从而可将木梳作为纪念品出售给香客……这些都是从寺院的服务对象出发，以提升木梳的市场需求。）

睿智：（突然大声地）让和尚找小老婆，这样就有需求了。

（显然，这一说法，转移了命题，不是发现需求，而是要改变人们的宗教信仰与习俗。更不要说，在正式的课堂上，作此类话题的直接讨论，必然会陷入令人尴尬的境地。）

傻帽：你的观点很特别。但从思路上看，这不是发现顾客的潜在需求，而是希望通过改变人们的价值选择，试图创造市场需求。现代社会中的一些大公司，就经常借助各种传媒，影响顾客偏好，试图营造自身产品的需求环境。而就本例来说，采取让和尚还俗的做法，实际上是要改变他人的宗教信仰。请大家谈谈，这样做将会产生哪些后果？

（将"找小老婆"变成"还俗"，进而谈及宗教信仰，再讨论这种做法的后果，从而引入商业伦理问题的思考，让人看到，大公司对于顾客需求的潜在影响作用以及对于社会环境所应承担的责任。这就摆脱了在此论题上的任何就事论事的争议所可能产生的媚俗后果。）

睿智：噢，这一点我倒没想到，是有可能引发各种争议的，如：……

……

提示：以上对话发生在有组织的讨论中，这是一种"一对多"的对话情境。面对这样的有时是带有一点故意恶作剧的回答，作为提出问题的一方，既无法选择回避进一步继续对话的做法，又不宜直接对回答者的建议置评。此时，如果不注意提升层次，就完全有可能会令自己或对话的另一方当众陷入十分窘迫的境地。在这种情况下，出路只有提升对话层次，方有可能引导对话进入正常的雅俗共赏的局面。

说明：面对以上对话中的情况，有些对话的主持者可能主张这样的做法，这就是采取有点针锋相对的以毒攻毒招法。只是这样做的结果，一方面会使部分讨论参加者产生反感，另一方面也可能会使讨论偏离真正的启发人思考的主题。

创新项目的论证之难*

  创新项目的论证存在悖论，根据知识经验可以事先论证的，通常就只是激进式的变革而不是根本性的创新。所以，对于根本性创新，与其花费时间在组织众多的论证会上，还不如创造良好的组织环境，给创新者以充分的信任与支持，使其能够更为集中精力，专注于创新过程本身的投入。

  谈起创新，总会让人想起各类项目的开题会、论证会、汇报会、鉴定会等。这些名目繁多的会，通常都被认为是加强创新管理的必要环节。在这些会上，创新方案的提出与执行者，往往是挺有朝气与冲劲的年轻人，而创新方案的论证者，则是一些有点岁数与头衔的所谓资深专家。尽管会议主办单位希望，通过这样的会来提高创新成功率，实际上却只是更多地浪费了各方面的精力。

  首先，真正的创新方案不是靠旁人论证出来的，而是靠创新者的专注投入做出来的。更何况越是资深的专家，越容易有成见，因为出于对自身领域的熟悉与长期经验的自信，容易在有意无意间对创新的东西产生排斥，这也正是创新障碍之一——路径依赖、思维定势的形成原因。

  第二，通常在这种会上，因为专家不可能对将要论证的项目，事

---

* 本文根据项保华发表于《企业管理》2003年第5期的文章修订而成。

先作全面深入的研究，这样相对于方案提出者而言，实际上专家并不太"专"。所以，专家在实际发表意见时，更容易采取模棱两可的说法，更多地提出可能存在的不足，而不是给出如何完善的可行操作建议。

第三，如果项目主办单位的负责人特别相信这些临时专家的话，并以此要求项目提出者与执行者改进完善，将会使真正的项目实施者十分为难。因为，蜻蜓点水式的专家意见，往往貌似正确，实则无法操作；再加许多情况下，众多专家观点各异，且均自认为正确，让人顾此失彼，无所适从。

以上情况表明，如果与会者所掌握的信息各不相同、互不对称，那么在这种会议系统中，是论证不出真正的创新方案的。若一定想要借助这种系统提升创新能力，则在与会专家的选择上，一定要慎重考虑，不同的专家组成会产生不同的结果方案；在请专家提建议时，必须要求给出建设性的改进对策，而非纯粹批判性的负面指责，以利切实推进创新工作。事实上，创新项目的论证存在悖论，根据知识经验可以事先论证的，通常就只是激进式的变革而不是根本性的创新。所以，对于根本性创新，与其花费时间在组织众多的论证会上，还不如创造良好的组织环境，给创新者以充分的信任与支持，使其能够更为集中精力，专注于创新过程本身的投入。

3 人际互动

要点提示

管理必须见物更见人，人的行为受态度影响，不同的态度会导致不同的互动后果。"人际假设，信者则灵"，性善或性恶，竞争或合作，忠诚或背叛，初始的假设会影响态度，从而影响行为，最终产生假设所预期的结果。对此人际乃至代际互动过程，管理者需慎加注意。

忠诚关系之本质[*]

对企业来说，关注顾客及员工的忠诚等，应该是战略选择的结果，而不是预设的价值目标。在顾客群体相对稳定的情况下，顾客"忠诚"能为企业带来长期持续的回报，而在顾客群体变化迅速的情况下，重视每一个"当下"交易行为的互惠互利，也不失为一种有效的长久生存之道。

一

企业管理中，人们经常提到顾客及员工等"忠诚度"建设问题。在这里，"忠诚"涉及对企业的尽心尽力，这相当于是一种无形的承诺，会使相关各方在道义、情感、利益等方面产生互赖，从而在降低交易成本的同时，给各方的个性独立与自由带来限制。

对于企业来说，培养"忠诚"顾客及员工，这本身并不是目标，它实际上只是一种选择，其中隐含了这样做有助于企业发展的假设，但这是有前提的。"忠诚"作为一种心理或社会契约，会增加双方对于共同的事或物的投入，并造成退出障碍或机会成本。

"忠诚"可以成为一种思维定势，引发对于特定人、事、物的偏爱或排斥，使人及企业在面对内外环境变化时，显得不知或惰于变通，

---

[*] 本文根据项保华发表于《企业管理》2003年第3期的文章修订而成。

难以放弃现有的技术、产品、市场或顾客等,从而妨碍对于企业技术、产品、市场或顾客等方面的创新开拓。

二

在"忠诚"关系中,往往存在着一方对于另一方的信任投入,而另一方则会在其后给予对方适当的回报。这种投入付出与回报获得之间的不同步,决定了双方关系的时间延续性。而在环境多变的情况下,正是由于这种对"延续性"的依赖,可能成为企业社会关系重构的阻力。

实际上,"忠诚"作为一种价值选择,其对应的是责任与义务的承诺。放弃承诺通常意味着背叛,这会让人感受到无形的压力,从而受其牵累而产生路径依赖。而若能将承诺只限于人们的"当下"平等互惠行为,则"此后"互不相干,做出重新选择也就较为容易。

在现实中,如果甲方为乙方做了事,乙方马上给予公平回报,则双方谁也不欠谁,都不必对未来做承诺;如果甲方为乙方做了事,乙方没有马上给予回报,则下次万一甲方要求乙方帮助,乙方就不太好意思拒绝,这在客观上就影响了乙方此后的自由选择。

三

"忠诚"作为对未来的一种投资选择,就是部分地锁定未来,所以,应以双方关系互惠持续为前提。这意味着,在双方互惠关系不再或没有必要持续的情况下,"忠诚"并非不可或缺。现实中企业与顾客之间的关系,通常就是以下两种极端情况的某种适当组合。

一种极端情况是,企业面对的顾客群体随机变化、不可把握,此时企业的盈利模式不可能建立在顾客忠诚基础上,企业需在不断变换交易对象的过程中求发展。在这里,要求将交易行为按时间分解成一个个的"当下"片段,在每个片段中做到互利互惠。

另一种极端情况是,企业的目标顾客群体亘古不变、可以把握,此时企业的盈利模式必须建立在顾客忠诚的基础上，谁能长期抓住顾客谁就可能成为赢家。在这里，交易行为的时间序列需作为一个整体来考虑，不能过分计较于一时一刻或一城一池的得失。

四

人以他人承认而活着，以个性独立而自由。自由选择的权利来自于无承诺，更何况企业竞争优势的取得也并不一定非得"忠诚"不可。例如：人们决定购买某一公司的产品或服务，如果更多地出自于对其不可替代的独特功能的需求，显然就与是否忠诚无关。

产品或服务的难以替代的独特性，可使顾客对其产生不可或缺的依赖性，离开这一点，奢谈"忠诚"也是无效的。因为"忠诚"关系所涉及的承诺，必然会面临竞争者降价等因素的冲击，一旦这种冲击大到一定程度，"忠诚"关系的解体也就在所难免。

当然，在许多情况下，离开长期互惠互赖的"忠诚"关系，在获得了"当下"的不受牵累的选择自由的同时，也就自然增加了各方在每次交易中寻求"当下"多赢方案的搜索及谈判成本，更何况有时多赢方案的取得，往往是以某一方的短期谦让为前提的。

五

由此可见，人们常说西方以市场交易关系代替了人际关系，相互之间的人情比较冷漠。实际上，在这种冷漠背后所体现的时时刻刻谁也不欠谁的关系，正是每个人在法律与规则框架中可以独立自由选择的基础，它为个体的多元发展提供了保障。

我国所存在的更为看重人际关系的情况，体现了相互之间的长期心理与社会契约，有时甚至会有意无意地凌驾于法律与规则之上，使得每个人都成为了某种关系网中的一个节点，这在增强社群意识的同时，也使个体丧失了许多特立独行的做事能力。

实际上，市场交易重视"当下"互惠，"忠诚"关系重视"跨期"

（注：指跨越眼前与未来的较长时期）互惠，这两者相互补充、适当配合，成为协调"当下"与"此后"关系的有效手段。问题的关键不在于孰优孰劣的取舍，而在于权变、平衡的兼顾考虑。

六

综上所述，对每个人来说，不选择"忠诚"，并不就意味着背叛、欺骗、谎言等。在不损人的前提下，没有很多的相互承诺，以正直独立的品性，追求人际交往的随缘，重视过程愉快体验而又不让人产生依赖，这也可作为人们的一种正常选择。

对社会群体来说，考虑到其存在的时间都不可能是真正瞬间概念上的"当下"。此时，以"忠诚"为纽带，在相互承诺的基础上，更有助于形成长期和谐合作的人际关系，从而减少处处设防的制度建设与交易摩擦的成本。这一点，也正是"忠诚"的真正意义之所在。

对企业来说，关注顾客及员工的忠诚等，应该是战略选择的结果，而不是预设的价值目标。在顾客群体相对稳定的情况下，顾客"忠诚"能为企业带来长期持续的回报，而在顾客群体变化迅速的情况下，重视每一个"当下"交易行为的互惠互利，也不失为一种有效的长久生存之道。

以貌取人、信者则灵[*]

信念会在一定程度上作用于人们的行为,并产生"自我实现"或"自我否定"的结果。如何关注人性、加强沟通,促进企业内外部的良性互动,为企业的健康发展营造良好的环境,必须引起每个管理者的高度重视。

曾有企业界朋友在闲谈中说起,自己的直觉很灵验,例如:觉得某事会成,则尽管好事多磨,结果总还是成功的;而觉得某事不成,则无论开始多么顺利,最后总会砸锅的。还有老总提到,在招聘员工过程中,对那些经过履历、笔试等初选合格的应聘者作最后面试时,主要采取的就是看面相的办法,看上去顺眼的就录用,不顺眼的就放弃,结果还发现自己采用这种办法选中的人,在实际使用过程中个个都非常得心应手。

在实践中,对于以上所举的例子,许多管理者都曾有着类似的感受。事实上,之所以会出现上述这种看似"迷信"的情况,在这些貌似神秘的现象背后,所体现的心理与社会机制其实并不神秘。由于管理涉及到人,而人与人之间存在着相互作用、相互影响的互动、互赖关系。教育学与心理学中著名的"皮格马利翁效应"与"人际自我实现预言"表明:一个人对另一个人行为的善意预期,会真的产生其所

---

[*] 本文根据项保华发表于《企业管理》2002 年第 4 期的文章修订而成。

预期的结果。这里的关键在于，人们的预期本身会成为决定他人及自身行为的一种因素。

例如，对一位营销员来说，如果心里觉得某顾客不好相处，在行为上就会对其表现冷淡，爱理不理；当然，该顾客也肯定会感受到这一点，从而报之以故意找茬。这样，结果双方就真的处不好了。反之，如果心里觉得该顾客很好相处，在行为上就会对其真诚相待，顾客自然也就感受到这一点，从而以感激之情回报。这样，双方就会真的很好相处了。这里的关键是，人们的行为之间存在着互动性，即人们各自态度的改变会导致相应行为的改变，而行为的改变又会带来人际互动关系的改变，最终导致相互作用结果的改变。

俗话说"人言可畏、三人成虎"，就是因为任何一种说法，无论其本身是否真实，只要听者相信并据此采取行动，就会产生相应的后果。例如，对于一个资产质量与经营情况均非常良好的企业来说，如果由于竞争对手的恶意中伤，再加不明就里的新闻媒体及小道消息的添油加醋扩散，结果真的在社会公众的心目中形成了即将倒闭的印象。在这种情况下，如果该企业本身毫无知觉或者有所察觉但应付不当，就有可能出现这样的情况：企业的欠款者拖着不想还，而企业应付款的债主则上门催逼。显然，面对这种情况，即使该企业实力雄厚，最终也有可能出现现金流枯竭的危机。

与上例略有不同的另一种情况是"上有政策、下有对策"。这就是一项出发点良好的政策，往往会在实施中走形变样，使得最终执行下来的结果，与事先设想的目标出现严重背离。这里的原因可能就在于政策出台以后，人们对于政策的互动响应行为，改变了政策设计者原先所考虑的情况，从而导致了最终政策执行的失效。在这里，"人言可畏、三人成虎"所描述的是一种"自我实现"预言，而"上有政策、下有对策"所描述的是一种"自我否定"预言。

由上讨论可知，信念会在一定程度上作用于人们的行为，并产生"自我实现"或"自我否定"的结果，人性假设的"信者则灵、疑者易败"就是其中的一例。如何关注人性、加强沟通，促进企业内外部的良性互动，为企业的健康发展营造良好的环境，必须引起每个管理者的高度重视。特别是在用人上，那种认为"用人有疑、疑人也用"的思想，如果把握不好，就很有可能陷入"疑人偷斧"境地，结果变得即使是原先无辜的人也会越看越像，最终掉入初始判断的"自我实现"陷阱而无法自拔！

制度设计与人性假设[*]

> 制度设计重在调整人们对于各类事物重要性评估的权重或排序，在本质上无关乎人性假设。制度设计的关键在于，为人们"愉快、高效地做正确的事"提供保障。

在企业制度设计中，常常听到有议论说，最为关键的是其中所涉及的人性假设。若对人作"性本恶"的假设，以怀疑的态度看待，则在制定制度时，就会更多地体现严格管理、积极防范的思想，以免人们故意违背纪律、消极怠工。若对人作"性本善"的假设，以信任的态度看待，则在制定制度时，就会更多地体现大胆放手、发挥潜能的思想，致使人们主动投入、积极开拓。实际上，从人际互动的角度来看，不作先入为主假设，以人"性本无善恶"作指导也许更为恰当。

首先，从总体上看，人性的划分不太符合简单的两分法，并不是非善即恶，实际上是一体多面。即使是同一个人，也会在某些情形、时间、侧面表现为自觉、自为，而在另一些情形、时间、侧面表现为被动、消极。更何况，不同的个体对于同样的情形、时间、侧面还会有不同的反应。这意味着，使用那种类似非黑即白的简单二分法人性假设，与现实中人性表现的复杂多面性不符，若以此作为制度设计的指导思想，往往有害无益。

---

[*] 本文根据项保华发表于《企业管理》2002年第2期的文章修订而成。

第二，制度设计关键是弄清目标。如果目标是为了保证工作的顺利完成，那么个人与组织应该是有共同语言的。例如，在做大企业"整个饼"，从而为相关各方能从中分到更大的"一块饼"提供可能上，各方利益主体之间就存在着共同利益关系。由此可见，制度设计的根本不是为了防人，而是为做事。显然，在合作做事上，人们之间不存在根本的利益及人性冲突，所涉及的只是如何更好决策的问题。所以，制度作为一种手段，应体现在如何为人们"愉快、高效地做正确的事"提供保障上，其本身不涉及疑人与否的问题，更不应故意作疑人设计。

第三，在有人参与的系统中，制度设计的思想会产生"自我实现"或"自我否认"的后果。事实上，无论是从"性善"还是"性恶"出发，都会使人们在内心深处对他人做出某种先入为主的假设，而在这种假设的影响下，人们对于他人的心态与行为都将产生变化，而这种变化又会反过来影响到他人的假设、心态与行为。这种人际的互动、互赖作用，最终往往会导致"相信什么就有什么"或者"担心什么就没什么"的后果。

第四，在制度设计过程中，考虑对某些方面加强监管或控制，从本质上看，这只是改变了人们对于各种事件的权重考虑。现实中，每个人的时间、精力总是有限的，所以，会在自觉或不自觉中对日常各种事务做出轻重缓急的排序，而当某项政策或制度设计，对工作的某方面的导向加强时，借助于人们有意或无意的理性选择，自然会使人们将更多的精力或权重向这些方面倾斜。这意味着，基于对事不对人的考虑，制度设计只是调整了人们心目中对于各类事物重要性评估的权重或排序，在本质上并不涉及对于人性本身的假设，所以，不应将人性假说看作是制度设计的基础。

将"狼"变成人*

入世在引发新的市场竞争的同时，也会伴生新的合作机会，千万不要在无意之中将可能出现的合作伙伴赶走，甚至将其变成竞争对手。"与狼共舞"需懂"狼性"，要学"驭狼术"，但不一定要把自己变成"狼"，如果能将"狼"变成人，也许结果会更妙。

"入世"这一谈了多年的话题终于变成了现实，但对于如何应对入世，一方面作为战略考虑在许多企业领导心目中还十分模糊，以致笔者的一些企业界朋友经常问起，你能否帮助分析一下入世对于我们企业将会产生怎样的影响？未来业态将如何演变？我们该如何应对？另一方面，在实战中，许多企业已对经营做出了调整，如有些贸易类企业为了实现大进大出，取消了专设的国际贸易部门，而将国内与国际经营打通，以便更好地实现国内外供货渠道及目标顾客的互补整合。

实际上，作为商业经营，不管是否加入WTO，关键在于业务模式的创新，在于合作伙伴关系的建立。正因为如此，哈佛大学商学院的迈克尔·波特教授就曾给出了"经济全球化悖论"的概念，认为：要想在全球经济中占有长期竞争优势，会越来越依赖于某些区域性的东西，即那些竞争对手难以匹敌的知识、关系和动机。所以，在思考应

---

* 本文根据项保华发表于《企业管理》2002年第1期的文章修订而成。

对战略时，可以重点关注这样的问题，也就是哪些要素能为企业赢得持久竞争优势。事实上，只要抓住了这些关键要素，也就能够为企业的长久生存与发展奠定基础。

曾有某企业老总问起，他的企业在入世后将会受到什么冲击？我反过来问他，入世后，你的企业的目前的顾客是否会离去？目前的供应商是否还会与你们的企业做生意？如果国外公司进来想做中国市场，你是否能够成为其首选的合作伙伴？在得到肯定回答后，我再问他，既然如此，那么入世到底会对你产生什么冲击呢？他终于清楚，实际上体现在目前经营活动背后的这种建立在忠诚、信赖基础上的合作伙伴关系，正是其迎接入世挑战的坚实基础。因为，任何国际上的大公司，尽管可以有资金、技术、产品等各种优势，但是要想在我国市场上建立经营联系网络，还是需要有中国的合作伙伴，这也正是中国企业迎战跨国公司进入的王牌力量。

根据上述讨论，中国企业在迎接入世挑战上，从长期看除了需要加强技术开发、产品创新等工作外，最终能够真正与外资企业抗衡或形成双赢合作关系的基础是本地化的市场网络资源。尽管入世可能带来的变化是，游戏规则改写了，游戏范围扩大了，但在中国加入后，有更多的人参与的游戏到底该怎么玩，结果将会如何演变，事实上这是谁也不清楚的。许多事只能在干中学，在竞争中学会竞争，在合作中学会合作。必须看到，入世在引发新的市场竞争的同时，也会伴生新的合作机会，千万不要在无意之中将可能出现的合作伙伴赶走，甚至将其变成竞争对手。在此，有必要提醒的是，要防止受当前某些媒体的片面宣传影响，认为入世就是"狼来了"，然后不分青红皂白，见了谁都举起棍棒瞎打一气。"与狼共舞"需懂"狼性"，要学"驭狼术"，但不一定要把自己变成"狼"，如果能将"狼"变成人，也许结果会更妙。显见，换一种思考的方式，定会有不同的感悟。

人际互动陷阱：负面暗示[*]

考虑到管理所涉及的人、事、物都是通过人的能动性去产生作用的，所以在提出一种管理思路时，必须考虑人们情感上的可接受性，否则将无助于员工由衷的心理认同与持久工作动力的产生，也更不可能营造出真正和谐、充满活力的企业工作环境。

心理学与社会学的研究表明，人在很大程度上是活在他人的预期之中的，或者说人的行为在很大程度上会受到他人对其预期的影响，而且这种预期常常是通过各种媒介的作用，在无形之中通过潜移默化的方式施加的，也就是通过各种公开或隐含的暗示形式传递的。要想成为有效的管理者，必须注意对此类"暗示"加以积极的引导，以免在无意之中受到负面暗示的影响，结果掉入人际互动的陷阱，从而引发非预期的行为后果。以下所列举的，就是一些常见的负面暗示例子：

例证 1：某公司在其有关企业文化的宣传中声称，"将容易的事情坚持不断地做下去就是件不容易的事"。这样说的本意也许只是想说明"有恒做事"的重要性，但不曾想却在无意之中传递了这样一个信息，要做到这一点是很难的。这种信息无疑会使人们觉得半途而废是很自然的事，从而对人们的做事信心与毅力产生消极作用，应该说，

---

[*] 本文根据项保华发表于《企业管理》2002 年第 2 期的文章修订而成。

缺乏锲而不舍的决心与坚持不懈的毅力，正是许多人做事失败的根源所在。也许更积极的提法是，既然这是件容易的事，我们今天能做，明天能做，后天也能做，从而就一定能够坚持不断地做好它。每天做点容易的小事，日积月累终成大事，这里所体现的就是老子《道德经》的"图难于其易，为大于其细"的精神，如此引导，或许更能增强人们的信心与勇气。

例证 2：面对不断加剧的市场竞争，有企业提出了"赢者通吃，惟我独尊"、"快鱼吃慢鱼"的战略思路。从生物进化的角度看，如果乙物种能被甲物种吃掉，就意味着甲物种对乙物种存在着食物依赖关系。在这种情况下，如果甲物种一味地采取只顾吃而不顾养的做法，则一旦乙物种由于过度消耗而消亡，甲物种自身的生存也就难以为继了。这意味着，在产业链上下游的各利益主体之间，本质上所存在的是一种多赢的互惠共生关系。从长期的角度看，作为一个大企业，在考虑吃的同时，还必须注意手下留情，至少要让下游物种得到一定的休养生息机会，以此保证自己食物的持续可获。对于一些特别强势的企业来说，尽管有可能凭借自身一时的实力，吃了同行、吃顾客，吃了上游、吃下游，吃了本地、吃外地，只是如此作为，长此以往必然导致企业生态环境的恶化，从而反过来危及企业自身的持久经营。

例证 3：入世了，国内有企业将国际公司的可能进入称为"狼来了"，并且认为，要想能够成功地"与狼共舞"，首先要将自己变成狼。如果说这只是一种哗众取宠的宣传，或是让人们对未来竞争的冷酷性在心理上有所准备，则还有可以让人理解之处，但如果真的是以这种观点作为入世后企业经营的指导思想，并按此采取行动，则完全有可能使得企业陷入广泛树敌的思维定势之中，从而最终带来两败俱伤的市场竞争结局。让人犯迷糊的是，既然自己原本就是人，为什么仅仅为了"与狼共舞"就一定要将自己变成"狼"？难道就不能通过了解"狼性"，采取措施来对狼加以驯化，甚至索性将狼变成人吗？

试想，将人家看成狼时，自己的态度与行为是否会发生变化？结果是否真有可能将他人变成"狼"？而如果自己真心将他人看成是人时，不知最终的行为结果又会怎样？

例证 4：有企业家熟读《孙子兵法》，将写有"知己知彼，百战不殆"八个大字的横幅，挂在了自己办公室的墙上，这给进入其办公室的人所带来的感觉是，我与你交流沟通，就是为了摸清你的底细，从而战胜或打垮你。无独有偶，据说厦门走私案主犯赖昌星，在其红楼中挂有一幅鱼鹰图，图上有着"天下唯我"的题词，显然这在无意之中向人传递了目空一切的思想。还有许多人推崇《孙子兵法》中的"不战而屈人"的提法，将其借鉴到商界经营，作为处理竞合关系的最上策，这也是值得商榷的。显然，如果只做一次性生意，赚到手算数，那么对于那些惟利是图者来说，也可以算是最上策；但如果企业要在特定的环境中长期经营下去，就必须处理好与各方面主体的关系，以免那些一时被你所屈的人，日后有机会时倒过来偷偷地屈你一把，从而上演出一幕幕"冤冤相报"的活报剧。由此可见，即使是在"胜者为王败者为寇"的战争中可以算作上策的"不战屈人"提法，在用于处理商场经营的平等人际关系时，也还是存在着可能妨碍长期诚信关系建立的弊端。

例证 5：在企业内部用人上，有些企业家觉得观念上需创新，针对"用人不疑，疑人不用"的说法，提出了"用人有疑，疑人也用"的观点。尽管从理性上看，与原有提法相比，新提法似乎进一步拓宽了用人的思路，但从感性上看，实际上新提法不但不具有可操作性，而且还会导致人际关系中的相互猜忌。现实中，要想准确回答到底该怀疑谁、信任谁这一问题，并不十分容易。所以，为了回避逐一进行人性是否可信判定的困难，而又不放过可疑之人，在进行制度设计时，管理者就会更倾向于对所有的人都采取怀疑态度的做法，这样的结果就会使许多人觉得自己没有受到应有的信任。应该说，对企业来说，确定制度、政策、程序等管理要求时，关键是为了保障做好顾客价值创造工作，尽量对事不对人；更何况人的行为在很大程度上受制于其所在的工作环境，从疑谁、信谁出发考虑用人对策，必然会导致自我实现预言的结局。

综上所述，考虑到管理所涉及的人、事、物都是通过人的能动性去产生作用的，所以在提出一种管理思路时，必须考虑人们情感上的可接受性，否则将无助于员工由衷的心理认同与持久工作动力的产生，也更不可能营造出真正和谐、充满活力的企业工作环境。

购并悖论与启示*

购并不同于外包、结盟等，通常涉及长期战略考量，除了常规的尽职调查外，还应特别关注：被购并对象愿卖的根本原因是什么？他们所不能解决的难题是什么？对于这些原因及难题，自身企业是否有激情、有能力、有耐心去逐一消解？弄清这些问题，将有助于防止购并前的错位估值，做好购并后的协同整合，减少购并成功签约即失败的"悖论"情况的出现。

尽管受众多因素的影响，从绩效提升的角度看，现实购并案例中真正成功的比例并不高，但购并作为实现企业产能、业务、市场等快速扩张的一种可选手段，仍为许多企业家所喜爱。购并总是涉及买卖双方，看似各方均出于自愿，但实际上涉及利益博弈，其过程中充满着陷阱。俗话说"只有买错没有卖错"，所指的就是这样一种情况，除非卖家真的犯了糊涂，黄金当成废铜卖，否则的话，对于买家来说，就有可能遭受"赢即是输"的所谓"赢家诅咒"，也就是在购并成功签约、挣到了面子的同时，接手的却是一个麻烦多多或者因出价太高而并不合算的"烫手山芋"。

---

* 本文根据项保华发表于《企业管理》2008年第11期的文章修订而成，其中对于表3-1的测试结果的资料已更新至2011年。

一个关于购并倾向的调查

现实购并过程中,为什么较易出现类似"赢了交易却输了金钱"的"赢家诅咒"结局,这可从分析买卖各方对于购并所涉标的物的心态差异入手,以便从中得到一些启示,找到买卖双方的决策者在个人内隐偏好方面可能出现错位的根源。有鉴于此,在阅读本文的后面内容前,不妨先请做一个关于购并业务买卖一般态度的自我测试(见表3-1),对自己在两种不同情形下的选择倾向进行一下比较,看看是否存在着如本文后面的分析所指出的态度差异。

表 3-1　购并买卖一般态度测试

对于以下情形,请问你的选择是什么?

情形 1:你的公司需要资金用于新项目开发,拟从目前经营的业务中选出部分以供出售。

　A. 出售盈利状况与前景很好的业务,这样可以卖出更高的价钱。

　B. 出售盈利状况与前景欠佳的业务,这样可以摆脱经营的困境。

情形 2:你的公司准备从市场上选择合适的业务作为投资购并的对象。

　A. 甲企业拟出售的业务,盈利状况与前景很好,只是出价较高。

　B. 乙企业拟出售的业务,盈利状况与前景欠佳,但是价格较低。

如果没有猜错的话,在表 3-1 的测试中,估计你的选择倾向会与大部分人的相同,这就是:在情形 1 中会选 B,而在情形 2 中会选 A。自 2007 年以来,笔者曾先后给复旦大学、浙江大学、对外经济贸易大学等多个 EMBA 或者 MBA 班的 942 名学生做过如表 3-1 所示的测试,结果表明:在情形 1 有超过 89.2%的参试者选 B(卖劣),而在情形 2 中有超过 85.9%的参试者选 A(买优)。这意味着,对于购并所涉及的

业务买卖，绝大多数人心中所秉持而自己并不一定觉察到的内隐态度为"买优卖劣"。注意到这些参试学生，均有着多年的工作经验，且其中的许多人还担任着企业的中高层管理职务，可见这种态度在现实中具有相当的代表性。

更令人感到有点不可思议的是，笔者所进行的表 3-1 测试，采取的是播放幻灯投影片的形式，即对同一组参试人群，先打出情形 1，让他们完成选择后，隐去情形 1 的描述与选项，紧接着再打出情形 2 的描述与选项，让他们再做出选择。就是在这样接续着两种情形判断中，仅仅因为测试题中涉及的买卖思考角度的不同，就产生了如此严重的反差选择倾向：更多的卖者主张卖出劣质业务，而更多的买者希望买到优质业务。显然，对于购并交易的双方来说，如果真的都清楚人们是按此态度行动的，则实际中是不应该产生能够令买卖双方都满意的交易的。

"买优卖劣"心态的博弈

理性上"买优卖劣"态度的存在，是否就意味着现实中出现的许多购并事件，从一开始就不该发生？它们都只是竞争对抗、争抢面子、贪大求快等非理性行为的后果？而较高的购并失败率是否也是因此而来？对于现实发生而最终失败的购并事件，一种可能的解释是，事先买卖双方至少有一方存在着判断错误，将自己看走了眼当成了独具慧眼。例如，卖方将优质误判成劣质，或者买方将劣质误看成优质，否则的话，买卖双方就不可能成交。另一种可能的解释是，1986 年 Roll 提出的"傲慢假说"，认为购并方通常会低估被购并公司经理的能力，而高估自身对于被购并业务的控制能力，也就是觉得自己购并后可以将业务做比原先好，结果在无意中为购并支付了过高的溢价，致使最终的购并交易变得不合算。

理性分析难以解释的"买优卖劣"倾向，从情感角度看，却很容易说明。事实上，买卖双方因为立场差异，对于同样的购并标的物，有着完全不同的心态。"卖"者原先一直持有标的物，对其有着相当的了解，容易产生情感依赖，这样，在做出卖掉该资产的决定时，情感上会经受"失去"的痛苦，通常会显得有点不太情愿，特别是对于优质业务来说，情况就更是如此，所以，相对来说更愿放弃的是自认为"劣质"些的业务。"买"者尽管也需付出金钱代价，但可获得一种实在的业务，在心理及面子上更有一种成功的感觉，此时情感上会产生一种"得到"的喜悦，特别是在购并"优质"业务时，与购并"劣质"业务相比，情况更是如此。

购并双方所涉的得失评价的感受不同，决定了"买优卖劣"的内隐态度差异。就任何一个购并标的而言，卖出时的要价往往会高于买入时的出价。认识到这一点，若排除可能存在的双方误判，理性上看，任何一个购并合约，至少对其中的一方来说，会是不合算或非情愿的！这意味着，购并行为从一开始就潜伏着危机，以购并求扩张，其结果必然导致效益损失，不妨将此现象称为"购并悖论"。现实发生的诸多购并案，达成协议的签约过程，一时风光无限，挣足面子；双方的实际整合过程，长期矛盾冲突，痛苦无比！先天不足、磨合困难，最终导致盈利受损，就是"购并悖论"的明证。更何况对于卖方来说，即使是放弃一个经营状况较差的业务，也常常需克服众多阻力，因为每一个业务的卖出，直接关系到与此业务相关的经营者与决策者的情感、位置、面子等，在真正做出卖出决定前，总是会受到当事者的反对，需要经历痛苦的挣扎过程的。

进一步考虑到，人们在最终做出卖出决定之前，会有意无意地受到"承诺升级"心理倾向的影响，也就是说，对于自己曾经亲手创立的业务，如果状况不佳，总会先考虑追加投入，想方设法加以挽救，直至实在回天无力，才会决定放弃；对于自己接手的前任或他人留下的业务，如果情况不佳，更易做出理性判断，及早抽身而退。这意味着，作为买方，在做出购并决策前，了解一下购并所涉及的业务，到底是卖方决策者自己当初一手创立的，还是从前任手中接手的，可能会更有助于判断该业务是否属于"鸡肋"！基于心理上情感割舍的考虑，在处理从前任接手的业务时，卖方更易做出放弃相对来说好一些的业务的决定，此时卖方的出价也许对买方来说也会更有利些。

　　最后需要说明，购并悖论与赢家诅咒现象的存在，并不绝对排除现实中仍存在着购并成功的可能。例如，通过购并双方的资源、技术、市场互补共享，借助购并促进公司治理结构的优化，实现管理协同、风险共担，达成购并双方整体效益的提升。只是在做出购并决定前，必须注意看到，购并不同于外包、结盟等，通常涉及长期战略考量，除了常规的尽职调查外，还应特别关注：被购并对象愿卖的根本原因是什么？他们所不能解决的难题是什么？对于这些原因及难题，自身企业是否有激情、有能力、有耐心去逐一消解？弄清这些问题，将有助于防止购并前的错位估值，做好购并后的协同整合，减少购并成功签约即失败的"悖论"情况的出现。

企业战略与环境*
——五力竞争还是六力互动？

探讨企业战略与环境的关系，若不注意考察企业内外环境中社会人的成长与交往历史，就不可能了解这其中的行为主体，尤其是关键决策者，对于决策相关的事实判断与价值选择是如何形成的，从而也就不可能对企业及其行为主体的未来行为做出相对准确的判断，并就其未来该如何行动提出较为适当的建议。

对于企业战略与环境的关系，存在着两种最基本的分析思路：一是解构还原，这有如将一台机器拆分，以弄清各部件的功能本质；二是综合建构，这有如将相关要素拼装，以获得能运行的整台机器。现实企业问题的解决，由于其中涉及到人的因素，所以，不仅需要解构，更需要综合。令人遗憾的是，在管理理论研究与实践探索中，常见的都只是一些重解构而轻综合的工具，企业战略领域的情况也不例外。为此，本文拟在评析以哈佛大学波特教授提出的五力竞争模型为代表

---

* 本文根据项保华发表于《北大商业评论》2005 年第 11 期的文章修订而成。笔者关于六力互动模型的初步框架，构建于 1998 年，此后，经不断修改完善、反复分析论证而成。有关波特的五力模型与本人所提出的六力模型之关系，经过我所指导的博士生之手已有多篇合作论文发表，但相较而言，本文最能反映笔者目前的认识水平。

的解构工具基础上，给出用于企业环境探讨的六力互动模型，以作为指导企业战略实践的综合构架。

波特模型的局限

如图 3-1 所示的波特五力竞争模型，是作为用于分析行业竞争驱动力量的工具提出的。通过它可以帮助企业了解自己所在行业的竞争状况，如：竞争力量的来源、强度、影响因素等。该模型所遵循的基本逻辑为：企业行为主要受其所在行业的市场竞争强度的影响，竞争强度取决于市场上存在的五种基本力量，而正是这五种力量的联合强度，影响和决定了企业在行业中的最终盈利潜力。所以，研究企业战略，就是通过行业结构分析，对其所处的经营环境进行解构，了解企业所面临的五种竞争力量情况，以采取相应的竞争性行动，削弱五种竞争力量的影响，增强自身的竞争实力与地位，确保企业在竞争中获得主动权，最终处于良好的盈利状态。

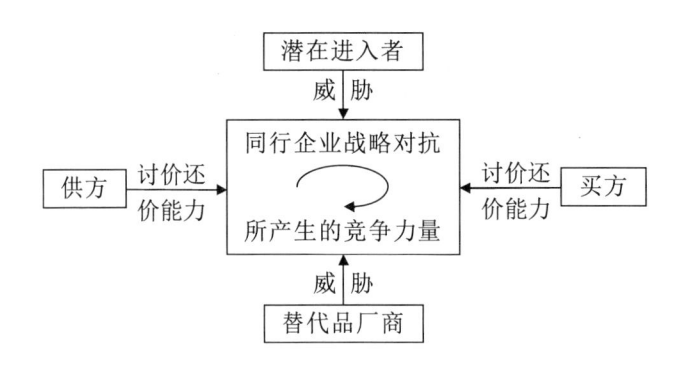

图 3-1 波特五力竞争模型

五力竞争模型沿袭产业经济学的行业结构分析思路，实际上面向的是政府与产业，从中得到的有关结论，有助于行业内的所有企业认清所面临的整个行业的市场竞争格局，可以为政府制定产业政策提供依据，但却很难直接用作指导企业构建差异化战略的依据，更难凭此提出对策，以帮助特定企业摆脱全行业竞争趋同或结构恶化的困境。

在五力竞争模型中,所有的箭头均代表了竞争性对抗与威胁,同行业企业、替代品厂商、潜在进入者等市场力量一概被看成是企业的现实或潜在竞争对手,企业的供方与买方也作为企业讨价还价的对象看待,那么这其中到底谁可以作为企业的短期或长期的合作伙伴而存在呢?对于这一问题,尽管波特在其后来发表的论文及出版的著作中有所论述,但显然不是他于1980年提出五力竞争模型时所试图回答的。

事实上,企业所面临的各市场力量之间的关系,既可能竞争也可能合作,还可能"做事时合作、分利时竞争",即竞争与合作两种状况共存。本人曾对企业高管做过大量的课内随机调查,若抽象地进行理念性提问,"对企业生存来说,竞争与合作相比何者更重要?"似乎尚有部分人回答"竞争";而若具体地进行操作性提问,"对企业成功做事来说,更依赖于合作还是更依赖于竞争?"则几乎所有的回答都是"合作"。进一步,从产业链的角度考察,对于存在着直接供求买卖关系的上下游企业来说,一旦都根据五力模型的思路,将自己的行动目标锁定为"增强自身地位,削弱对方力量",则双方之间很容易出现相互冲突的紧张格局;反之,如果都特别关注怎样真诚合作,更好地满足市场上最终顾客的需求,则双方之间更有可能形成互惠共生的和谐局面。

五力竞争模型作为一种工具,对于其分析所涉及的各种市场力量,原本是不应该事先就将其定性为竞争的或合作的。只是由于模型基于经济学的视角,强调了市场力量的"冲突对抗性",从而隐含了以"市场竞争为手段、自身利益为中心"的判断与选择。显然,这种带有主观价值的决策偏好预设,会使人们在进行整个企业的战略探索时的眼光受限,甚至还有可能丧失其原有的相对客观性,结果在无形中妨碍企业对于战略与环境关系的正确认识、思路拓展与行动选择。考虑到市场多种力量之间,可能存在着竞争、合作以及既竞争又合作的复杂联系,在战略判断与选择尚未做出之前的分析中,对这些拟探讨的市场力量关系的性质内涵,须慎做竞争或合作之类的非此即彼的简单定性。为此,有必要从人际互动角度出发,提出更具理论包容性的企业战略与环境关系的讨论框架。

六力模型的提出

由上分析可知，五力竞争模型基于行业的视角，分析企业所在行业的整体市场竞争格局，而并不关心针对特定企业所可能面临的市场环境状况的解构分析，甚至在其如图 3-1 所示的模型中也看不到有关具体企业所处位置的表述。为了立足于企业，特别分析它与市场各利益主体——如供方、买方、替代品厂商、互补品厂商、同行业厂商、潜在进入者这样六种与企业经营直接相关的市场力量——所结成的动态竞争与合作关系，图 3-2 给出了可用于企业战略与环境关系解构与综合的六力互动模型。相对于五力模型而言，在图 3-2 中专门标示出了"本企业"，以作为企业战略分析的基点；新增了源自互补品厂商的力量；更重要的是，其中所涉及的箭头的含义均指产业链各主体之间存在的基于互惠共生的资源注入或现金回报关系，而不是五力模型中所指的抽象竞争关系。

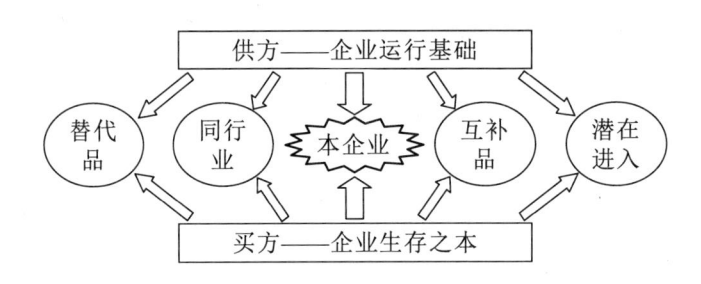

图 3-2 六力互动模型

六力互动模型强调了市场力量的相互作用与相互依赖关系，而不对这些力量事先做竞争或合作的断言。显然，这样做更符合企业经营的现实。应该说，在现实经营中，企业与各相关市场主体之间存在着既竞争又合作的微妙关系，这种关系的动态发展会受相关主体的经验、愿望、态度、行为的影响，并通过各方的相互作用得到推动与强化。

六力互动模型认为，在构建企业战略时，既需要考虑如何增强自身实力，又需要关注怎样运用自身实力，特别是要回答这样的问题，更多地与人竞争对抗，还是更多地与人合作共生？关注各自的短期最大利益，还是寻求各方的长期互惠发展？

既然企业与六力之间的关系不存在预设的竞争性或合作性定论，企业战略与环境关系分析的重点，就将放在这其中可能存在的多元竞合互动互赖关系上，这样做的好处在于，能够更有助于防止出现如下情况，即基于事先的主观臆测，将可能的合作伙伴看成是竞争对手，并对其采取挑衅性的行动，最终导致主观臆测的"自我实现"，真的促成了竞争对手的出现。所以，运用六力互动模型，需特别关注企业与六力之间可能存在的合作机会，积极寻求各方共同发展之道。当然，作为企业战略考虑，其关键在于弄清合作与竞争的前提条件，现实可能及相互转换关系，注意消解存在于合作做事与竞争分利之间的可能矛盾与冲突。为此，借助六力互动模型的分析思路，可从以下几个方面入手进行考虑：

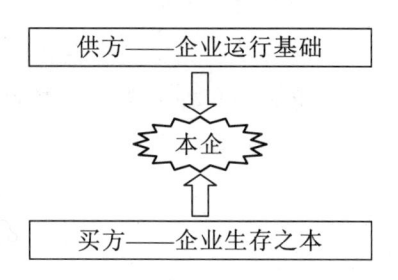

```
┌─────────────────────┐
│  供方——企业运行基础  │
└─────────────────────┘
           ↓
        ╔═════╗
        ║ 本企 ║
        ╚═════╝
           ↑
┌─────────────────────┐
│  买方——企业生存之本  │
└─────────────────────┘
```

图 3-3　六力互动模型：生态互赖

从生态互赖看，在六力模型中，先去掉替代品厂商、同行业厂商、互补品厂商、潜在进入者这几个主体，可以发现剩余部分呈树状结构（见图 3-3），这也就是通常所指的产业链。在这里，树的根部就是企业产品或服务的买方，树的枝叶就是企业的资源供方。从图 3-3 中"本企业"的角度看，根系越发达，即买方队伍越大，企业的生存之本就越稳固；枝叶越茂盛，即供方支撑越强，企业的运行基础就越扎实。

从永续经营的角度看，为使企业之树常青，仅仅关注自身利益壮大，孤军独进是不够的，只有众多企业的多样化共生，才有助于形成森林生态，也就是形成区域经济发展中的所谓企业集群，从而发展出上下游众多企业之间既愉快合作做事又公平竞争分利的长期互惠多赢共生关系。

从合作途径看，具体考察企业与各种市场主体的关系，可以找到多种合作机会，只要适时采取相应的对策，就能发现并成功运作其中存在的多赢共生模式。例如：与互补品厂商合作，通过为顾客提供配套产品或系列服务，更好地满足企业目标顾客的需要；与同行业厂商合作，共同突破行业市场规模性拓展的障碍，争取更多的行业顾客，得到更强的投资支持；与潜在进入者结盟，增强企业自身在行业中的实力地位；与替代品厂商合作，抓住新的市场发展机会。当然，要保证这些合作的成功，其前提在于找到适当的制度安排方式，保证通过合作能够提升参与各方的共同利益，并做到在合作各方之间合理地分配由合作所带来的利益。

从竞争表现看，六力互动模型表明，企业与各种市场主体之间并不存在着直接的面对面对抗联系，竞争更主要体现在以下两个方面。一是，对于资源供方即企业运行基础的争夺，例如：互相挖对方关键经营人才的墙脚，伺机将对方的熟练工人招到自己的企业中来，争取自己的企业能够得到投资者、供应商及当地政府的更大支持等。二是，对于产品或服务的买方即企业生存之本的争夺，例如：采取改善产品质量、降低产品价格、搞好售后服务、树立企业形象等做法，使自身产品或服务相对于其他企业的产品或服务更具顾客所需的特色，从而吸引更多的顾客溢价购买。这意味着，即使考虑竞争战略，企业经营的重点仍在于如何加强与资源供方及产品或服务买方的互惠共生关系，而无须刻意关注如何打压竞争对手或者其他同行企业。

从竞合共生看，在企业与处于产业链同一环节的各市场主体之间，均存在着对于上游资源或下游市场的两两竞争或合作的双重可能。在这里，合作主要表现在对于资源及市场增量的开拓上，例如，其中的任意两家联手，就有可能提升相对于其他主体的经营实力，从而获得更大的资源与市场优势；竞争主要表现在对于资源及市场存量的分割上，例如，各方从共同的投资者那里争夺财务资源，在市场上争取目标顾客更多地购买自己的产品或服务。各主体之间实际上存在的这种既竞争又合作的关系，在新兴市场上，将表现为更大的共同合作以做大整个市场的可能，而在成熟市场上，则隐含着更大的相互争夺现有市场的可能。企业战略需要关注，企业所在局部环境的合作与竞争是否良性，相对于其他环境而言，能否表现出更好的持续发展态势。

从整个经济的角度看，在一定时期内，社会资源与购买力的总量不可能无限扩张，总是处于相对稀缺状态之中，从而使得供方资源与买方预算在总体上受到了制约，不同行业的企业之间很难回避对于资源与顾客的竞争。但从特定行业中的具体企业，或者产业链上下游的关系伙伴角度看，相对于整个经济的规模来说，所受的稀缺性制约似乎并不很强，有时甚至可以看成是资源及市场基本上是无限的。更何况，从长期发展的角度看，借助于人们的创新努力，社会资源与购买力的总量也是有可能扩大的。这表明，在企业及六种市场力量之间，将更多地表现为关系相对融洽的主体间为了长期"做大饼"的对于资源拓展与市场扩大的多赢合作，关系相对紧张的主体间各自为了短期"多分饼"的对于资源及顾客钱袋的抢夺竞争。进一步考虑到，面对基本确定的眼前利益与长期可以做大的共同利益，现实中人们往往更倾向于为自己争取更多的眼前利益，而不愿去等待尚无着落、可能存在的长期利益。有鉴于此，为了实现战略思路与经营模式的创新，尤需注意改变有关竞争或合作的假设，以摆脱此类急功近利的无形心理定势的束缚。

互动战略的运用

考虑到企业做事依靠的是众人合力，六力互动模型特别关注人际互动性，它从支撑企业与环境协调运行的人际网络入手，考察其中存在的经济及非经济联系。例如，在进行市场竞争分析时，如果从人的角度入手，特别关注其中所存在影响因素就可发现，企业进行分析所需的涉及外部的重要第一手资料，往往不是直接从竞争者那里得到的，而更可能是从与企业关系特别好的顾客或供方那里最先反映出来，从直接或间接的朋友处获得的。这意味着，迎接竞争挑战，真正依靠的还是相关主体之间长期以来所建立并形成的较紧密的合作关系。也正因为如此，在企业战略构建中，与其费心劳神地从竞争者入手进行市场分析，还不如注意精心做好与企业经营有关各方的合作共事与利益分享工作。对此，有经验的成功管理者均有清楚的认识，实际上也正是这么决策与行动的。

在各市场力量的竞争与合作关系处理上，六力互动模型不仅关注合作与竞争的可能性，更关注各主体之间竞争或合作关系的演化过程，也就是竞争或合作的前提是什么，如何才能构建一个有效的竞争或合作对策。从合作的角度看（当然，对于竞争问题，可以作对称的反向理解与操作），早有研究表明（罗伯特·艾克斯罗德，《对策中的制胜之道——合作的进化》，上海人民出版社，1996年），在双方关系持续、未来（利益）影响重要的前提下，相互之间才存在着合作的可能性。由此可见，真正影响人们竞合选择与行为的因素，除了各方的历史交往关系，还涉及各方对于自身实力的认识、对于未来关系性质的看法、对于力量运用的方式等情况的整体评判。为了形成真正的合作关系，相对于市场上的其他主体而言，企业最好能为自己的合作伙伴开出更具吸引力的条件。这意味着，合作关系的构建从根本上看还是依赖于企业的战略创新，依赖于自身实力的不断提升与改善。

一般来说，利用六力互动模型，考察企业与互补品厂商的关系，较易发现其中存在着更大、更多的合作可能，因为这两者的配合行动，通常能够更好地满足市场上各方共同买方的需要。对许多企业来说，作为战略考虑，在市场开拓与渠道建设中，可以选择互补品提供商作为合作伙伴。例如：水泥生产企业就可以找沙石料老板、建材供应商等，帮助销售自己的产品，这样做，可在不显著增加这些合作伙伴的运营成本的前提下，增加其业务量与收益。当然，要准确判定各种产品或服务之间，存在的到底是互补品效应还是替代品效应，这其中哪种效应会更显著些，有时是比较困难的。例如：早期人们担心电脑普及可能会推动无纸化办公，从而会在一定程度上减少纸张的消费，即对纸张产生替代品效应，而后来的结果却发现，实际上促进了纸张的消费，反而是作为互补品的效应更大些。当然，无庸讳言，在企业与互补品厂商之间，存在着长期"做大饼"的合作可能，并不排除短期内存在的各自都想"多分饼"的竞争冲突。例如：就家用轿车市场的发展来说，如果车价、油价、上牌、保险、维修、道路、停车、治安等所涉各方面，只关注自身多收费，就会使最终消费者不堪重负，从而导致整个车市的萎缩。

从互补品的角度切入，进行企业战略构思，还可以提出更多的富有创意的设想。例如，小企业在进入新市场时，可以采取为行业中的大企业的顾客提供拾遗补缺服务的做法，也就是通过为市场上大企业已有的顾客提供互补品而盈利；大企业在业务深化与拓展中，可以通过自身产品的系列化或者整合市场上互补品厂商的资源，为目标顾客提供更为完善的一揽子配套解决方案。而若根据六力互动模型，进一步将眼光放到企业经营所涉的人际网络，对其做历史性与社会性探讨，也就是注意了解各相关行为者的个人历史背景与现实交往情况，甚至还有可能超越简单的纯粹经济理性的分析，得出更具情境依赖性、实践操作性与动态演化性的管理建议。通常来说，这些建议必然会涉及相关主体的历史与情感联系的因素，将会是介于一味地竞争对抗与绝对地合作共事之间的某种适当的组合。对此，不妨以一个具体企业的战略构建为例，来加以大致的说明。

假设这个具体的企业所生产的产品是铝合金门窗，并在当地已有相当的发展历史与人脉积累，该企业的老板为张先生；再假设市场上新来了一个替代品厂商，其产品为塑钢门窗，想在当地开拓市场，该企业的负责人为李先生。面对这种情况，张先生通过市场前景调查，进行常规的见物不见人的行业发展格局分析，得到结论是塑钢门窗市场的未来发展很有前途。显然，至此为止，基于这种分析结论，人们是无法从中导出张先生的企业需做什么以及该如何应对的建议的。但在实际的管理过程中，张先生在做出最终战略判断与选择前，必然已经了解或者还需了解，替代品厂商的李先生到底是怎样的一个人。如果发现李先生原来就是自己学生时代的要好朋友，走出校门后，双方在商场上也曾有过非常愉快的合作经历，只是前一时期由于李先生到外地求发展，双方久未联系而已。不容置疑，此时的张先生就更有可能选择主动寻求与李先生合作的做法。反之，如果通过进一步的了解，发现李先生原来就是曾与自己长期交恶者，此时，如果张先生在当地的同行中较有号召力，则也许会采取联合当地的同行企业以共同阻挡或延缓替代品厂商进入的做法。当然，若张先生无法与同行厂商达成联合阻击李先生的意向，或者很难结成真正的协调行动联盟，则在其自身实力许可的情况下，也有可能采取自己投资建厂生产替代品的做法，甚至还有可能采取措施改变当地市场力量的竞争格局，使其更有利于自身的发展。例如：主动出击，从外地寻找一个更有可能与自己合作的替代品厂商进入当地市场，也就是引入李先生的竞争对手来作为自己的合作者。这意味着，现实市场中，对手的对手也可能是伙伴，而伙伴的伙伴也可能成对手。在找不到自己的合作伙伴或发现不了他人的竞争对手时，按此思路就可很容易地发现突破点，对其加以创造或引入。

由此可见，在一个由有灵魂、精神、情感的社会人所组成的企业中，不存在抽象的基于所谓"纯事实"的战略分析；仅仅通过产业结构与竞争状况之类信息的孤立片断解构，不可能获得有关该企业过去及未来行为的准确判断与解读。只有弄清了企业环境中实际行为者个人及其相互之间的交往历史与现实联系，例如，这其中存在的政治、经济、文化、地域、心理等方面的距离与差异情况，也就是各主体之间的亲疏远近关系，才有可能为企业战略的构建提供真正有效的信息，以回答企业战略实践所面临的跟谁合作及同谁竞争、怎样合作及如何竞争等问题。从这个角度看，影响与决定人们实际决策与行为的因素，

3 人际互动

不仅仅是他们的经济角色，例如，到底是属于五力或六力中的哪种力量；更重要是他们与当事者的历史及现实关系的性质，例如，到底是属于亲疏远近的核心层、紧密层、松散层还是流动层。考察现实企业行为，在处理与同行厂商的关系时，对于合作伙伴的选择，人们总更倾向于与自己关系相对较好的核心层或紧密层企业，而对于打击对象的选择，则更倾向于与自己关系相对较差的松散层或流动层企业。人们不可能将所有的外部企业，一视同仁地都看成是合作者或竞争者。

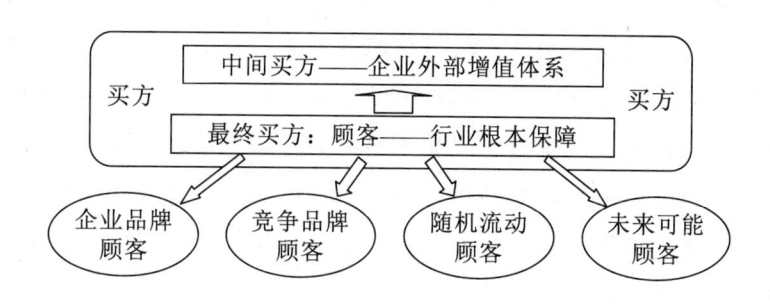

图 3-4　六力互动模型：买方展开

最后，不同于五力模型，在六力模型中，买方是作为企业生存之本来看待的。若对买方做进一步的展开，如图 3-4 所示，将其分成中间买方与最终买方两部分。在这里，中间买方指的是存在于企业外部增值体系之中的企业的买主，甚至是买主的买主；最终买方指的是企业的终端顾客，也就是对于产品或服务的真正消费或使用者。尽管在短期内，对于一个实力较弱的企业来说，也许离不开外部增值体系的支持，而且也没有办法对外部增值体系施加任何影响。但从长期来看，对于一个具备了相当实力的企业来说，如果能够采取切实有效的措施，精简或缩短不必要的外部环节，实际上也就能够在降低产品或服务整体成本的同时，加快企业对于顾客的响应速度，从而提升企业产品或服务的最终买方的价值。

在图 3-4 中，参照舒尔茨等人（舒尔兹、田纳本、劳特朋，《整合营销传播》，内蒙古人民出版社，1998 年，第 81-83 页）的观点，还可以按人们的实际购买行为的不同，对最终买方做"企业品牌"、"竞争品牌"、"随机流动"、"未来可能"这样四类划分，以分别对应于"认准本企业品牌使用"、"认准其他企业品牌使用"、"不偏好于任一特定品牌"、"尚未使用此类产品或服务"四种类型的顾客。根据这种划分，企业在构建战略、考虑经营重点、采取相关措施时，若能特别聚焦于企业品牌顾客与随机流动顾客，通常不会与同行发生显著的冲突；若主要针对的是竞争品牌顾客，或者覆盖了竞争品牌顾客，则较易引起同行的反击；若重点集中在同行并不注意的潜在市场，则更有可能回避竞争冲突，获得更多的未来增长机会。进一步从顾客购买行为及结果角度出发，若将顾客定义为"只有回头客才是真顾客，只有能够向他人引荐本企业产品或服务的顾客才是真顾客，只有对企业盈利有贡献的顾客才是真顾客"，则可以认为，企业战略或者说所有工作的重心就在于，"建设并扩大或稳定使企业盈利的回头及引荐型顾客群体"。

结论：谨防见物不见人

以上讨论表明，探讨企业战略与环境的关系，若不注意考察企业内外环境中社会人的成长与交往历史，就不可能了解这其中的行为主体，尤其是关键决策者，对于决策相关的事实判断与价值选择是如何形成的，从而也就不可能对企业及其行为主体的未来行为做出相对准确的判断，并就其未来该如何行动提出较为适当的建议。从这个角度看，五力竞争模型带有价值预设，倾向于认为所有的市场力量都是竞争性的，这在一定程度上影响甚至剥夺了企业决策者的个人价值判断与选择，本质上排除了企业对于可能存在的多赢共生战略的考虑。六力互动模型由于不带有价值预设，尽量采取历史回顾与客观描述的做法，将战略决策中所涉及的判断与选择问题，从分析者手中解脱出来，重新交给了决策当事人。如果认为，企业战略的中心命题就在于回答"做什么、如何做、由谁做"这个三位一体的问题，那么对于"由谁做"所涉及的行为主体的分析与把握，自然就成了破解企业战略实践难题的关键。

六力互动模型认为，对市场行为主体而言，竞争与合作都只是一种手段，而不是企业战略所追求的目标。手段本身是无所谓优劣之分的，所以，作为战略思考，尤其需要根据具体情况，准确判断到底该采取怎样的竞争或合作措施。有鉴于此，探讨企业战略与环境的关系，不应局限于五力竞争模型的经济理性分析，只关注见物不见人的产业竞争格局，而应关注六力互动模型的管理人性描述，重视人际互动互赖的竞合演化过程，从企业与各市场主体的有机联系中，寻找现实的合作契机，应对潜在的竞争威胁。在具体做法上，需认真考察各市场行为主体的历史关系性质与动态变化过程，例如，各方关系的持续性质以及未来利益的大小分布等情况，以帮助企业战略决策者，针对所涉及的具体竞合关系事件及分步解决方案，形成有关轻重缓急权重或排序的判断，为最终的战略决策与行动措施的逐步依次展开，提供全过程的实践介入的操作指导。

表 3-1 五力模型与六力模型对比

模型\特点	五力竞争模型	六力互动模型
指导思想	产业经济学的理论视角——见物不见人的市场竞争格局	企业管理学的实践视角——见物更见人的市场竞合关系
方法论重心	解构：抽象市场力量或企业群 行业结构、竞争状况、发展潜力	综合：具体行为主体或决策者 人际互动、管理情境、决策过程
研究基点与目标	行业：竞争对抗与潜在威胁 企业整体行为合理性 对策：增强自身优势， 削弱他人力量	企业：人际网络与竞合互动 个人判断与决策行为 对策：融合社会力量， 实现多赢共生

对比五力模型与六力模型，从表 3-1 可见，两者在设计指导思想、

方法论重心、研究基点与构建目标等方面，存在着较大的区别。此外，在图示形式上，六力模型突显了"本企业"，以此作为企业战略分析的基点；新增了源自互补品厂商的力量，拓展了企业战略的思路。当然，六力模型的理论创新性与实践应用性主要表现为：在剖析企业运行环境时，既关心抽象的市场力量，更关心这背后的运作者是谁；在考察市场经营主体时，既重视静态的经济联系，更重视动态的社会网络；在观察各主体行为时，既关注竞争与合作的潜在可能，更关注竞争与合作的互动演化。所以，六力互动模型特别重视体现在企业经营过程背后的人脉联系，如：形成历史、关系现状与未来演变，以及建立在这种人际网络之上的潜规则与做事流程等。

显然，离开了对于支撑企业运作的社会人的历史了解，离开了对于特定的生活社圈与个人知觉的深入把握，所有管理理论的分析结论都有可能脱离丰富多彩、充满生机的企业战略实践，成为教条僵化而只令研究者自我陶醉的文字游戏。那些撇开人性的纯理性结论，尽管有时看起来似乎很优美，好像能够解释与说明许多事情，只是一旦面对企业实践，针对具体的人、事、物及其特别的相互关系网络，马上就会变得毫无意义，因为不可能提供关于未来如何行动的预测结论或指导建议。这一点，在本人接触的 MBA 或 EMBA 学员的学位论文中得到了间接印证。应该说这些论文的撰写者，对五力模型与六力模型都有相当的了解，只是在面对相似的战略选题时，其中的资历较浅、职位较低的学员，更多地使用五力模型进行分析，因为相对来说，他们掌握的企业决策相关信息与人脉资源较少，难以提出真正有操作性的战略建议，只能做一般性的不涉及具体人与事的市场经济力量分析。而其中的资历较深、职位较高的学员，则更多地使用六力模型进行探讨，因为相对来说，他们更了解企业整体特别是高层关系的历史与现实演化，更清楚企业与市场六力的互动演化趋势，也更有可能提出符合企业经营者实际的特色战略建议。这表明，就指导具体企业的管理实践而言，六力互动模型也许需要更深入的信息，具有更强的现实操作性。

企业代际传承与持续发展*
——基于华为"轮值CEO"做法的思考

若将企业看作是生命有机体,则从宏观的生态竞争与演化角度看,其生老病死应该为常态,客观上不可能做到使所有的企业基业长青、永续经营,只要企业群体的新陈代谢机制完善,即使真正长寿的企业不多,也不会影响整个社会经济的正常发展。只是从微观的个体经营与发展角度看,还是会有企业家希望通过完善代际传承机制,使得自己所经营的业务能够持续盈利与发展,以免自己花费心血精心打造的事业因后继乏人而半途而废。

为了实现企业可持续盈利与发展,需要解决其领导人的代际传承问题。前段时间,在《一江春水向东流》一文中,华为的任正非提出了采用"轮值CEO"方式进行集体接班的制度构想,乍一看,这似乎是为企业代际传承提出了新的思路,只是从内在决策机制的角度考虑,轮值制度似乎并未解决代际传承中所遇到的关键问题:接班人如何选拔?意见分歧谁拍板?一个好的决策制度,应该能够做到"谋众断独",这就是出谋划策过程能做到集思广益,方案抉择时有人能够果敢决断。

轮值制度只解决了"谋众"问题,而没有解决"断独"问题,也

---

*本文根据项保华发表于《管理学家》2012年第5期的文章修订而成。

就是并未说明在众人看法不同时，由谁以及如何做出决断。当然，也仍然会遇到轮值 CEO 团队成员本身如何选拔与产生的问题。借鉴世界各国政治制度设计与运行的经验可见，世袭独裁或全民普选均存在根本性的制度缺陷，前者会因不能吸引、利用外部优秀人才而缺乏持续竞争力，后者会因民众急功近利、党派权力纷争而难以达成整体长期共识；也许只有集体领导、轮替接班才能克服世袭或普选之不足，使能干者有机会关注整体长期发展。

轮值制形成：基因转换

就代际传承方式而言，现实中存在着多种不同做法，如子承父业、分业而治、能人治理等，这其中有些做法更多地依靠子弟兵，另有些则更多地依靠空降兵。尽管这些做法形式各有不同，但其本质却是相同的，所关注的重点都只是个体上的新老交替问题，不像轮值 CEO 那样，实际上涉及了从个人治理到团队负责的根本性的类似基因重构式的转换。显然，要想真正实现从创业时的个人英雄主政到精英团队轮值的转换，必将涉及两种显著不同的组织惯例或基因文化的交替，至少需要解决以下两个问题：

（1）"形"的转换：创业者愿意主动引退或者到了非退不可的情况，这是一种有形的"身"退。如果做不到这一点，那种所谓的轮值 CEO，实际上还只是垂帘听政式的牵线木偶，也就只是名义上的主政。例如，去年底，在哥伦比亚广播公司的访谈节目中，年逾 80 岁的巴菲特表示希望儿子霍华德在其死后担任非执行董事会主席，但霍华德却声称，他们父子之间的交接不会很快发生，因为他父亲"不会离开公司，直到被埋进土里"。今年 3 月底，在长和系年度业绩发布会上，面对媒体"您打算退休了吗？"的提问，84 岁的李嘉诚几乎没有思考就冲口而出："找不到退休的理由，我对数字记忆很好，每天有运动，吃得好、睡得好。"

创始人若想做到主动引退，必须要有自知之明，不会太过贪恋权位。有位企业家在电视访谈节目中当被问到为什么这么早就退居二线时就说过，担心自己年纪大了会变得缺乏闯劲，从而在无意中影响企业的发展！尽管从年龄对企业经营的影响来看，可能有些业务的创新更需要基于长期的经验积累，而另有些业务的创新则更需要跨越式的超越，所以，对于年纪大是否就一定不能继续担当决策重任，难有定论，但是就代际交替的真正实现而言，还是需以在位者的有形"身"退为前提。

（2）"神"的更替：创业者能将精力淡出企业经营，形成新的兴趣，这是一种无形的"心"退。如果做不到这一点，身退而心难舍，时不时地对继任者发表点"高见"，提出些"建议"，就会使得继任者左右为难，到底听还是不听前任的"指点"？例如，某公司董事长自称采用了总经理轮值制，很好地解决了接班人问题，且多年来效益一直不错，但打开该公司网站，所见均是关于其董事长个人言行的报道，难有公司管理团队成员的想法或声音。显然，此时由于董事长作为事实上的精神领袖存在，总经理轮值仅仅是徒有其名的形式。

对于"心"退，据说，通用电气的杰克·韦尔奇在2001年退休时曾提到："我退休的原因不是因为我年经大了、身体不好、头发掉光了，而是为了给GE注入新鲜血液和思想。我是拥有智慧的，但我拥有的是昨天的智慧。如果呆在这个职位上，没有新的思想和新的血液出现，对于一个CEO或者一个创始人是最糟糕的情况——该结束的时候就结束！"由此可见，自知之明还需辅以知人之明，能够谦卑地认识到长江后浪推前浪，从而发自内心地主动引退，为继任者才能的发挥腾出空间。

轮值制关键：梯队建设

要真正做到形神、身心的同时退出，对于创业企业家来说，十分不易。毕竟是自己呕心沥血、经过拼搏打下的江山，除非到了别无选择之时，否则，要做到主动引退，将其拱手让给他人管理，在情感上总是或多或少地会存有难以割舍之心的。只是理性地看，对于任何一个企业来说，其持续盈利与发展，肯定离不开管理团队的支撑与人才梯队的建立，毕竟没有梯队，后继乏人，企业必将面临被更强竞争对手所淘汰的结局。对于这一点，即使是采取所谓的轮值CEO做法的企业，也同样需要给予充分的重视。

对于接班人问题，万科董事长王石的看法非常精到，他认为：关键"不是如何培养接班人，而是创始人如何学习退出"。联想的柳传志曾多处宣讲"建班子、定战略、带队伍"的重要性，并认为建班子是第一位的。但2008年，当联想面临业绩下滑的危机时，已经退休的柳传志却重新复出，这若不是老马恋槽，对后人不放心，就只能说明联想后继乏人，并未真正形成发展所需的强大的班子、队伍，只好老将再出马。去年柳传志再次宣布功成而退，但愿他不会、联想也无须其再次出马才好！

李嘉诚认为，成功的管理者都应是伯乐，能够不断地甄选、延揽比自己更聪明的人才。企业人才建设的关键在于，能否建立吸引、使用、培养人才的机制，从而形成一代更比一代强的梯队格局。这样，才有可能保证企业的生存与发展不依赖于天赋异禀的个人，而有多种人才团队的保障。例如，有些企业就明确提出要求，希望通过人才轮岗等多种措施，确保每个领导岗位至少有一个马上可以接班的人，同时还有两个超级替补储备着。尽管这样做短期内可能会增加企业的人才培养成本，但却为企业持续发展所必需。

具体就如何选拔与使用好人才而言，曾任通用汽车总裁的艾尔弗雷德·斯隆认为：世上不存在用人最好的裁判，"只有能做好人事决策的人，和不能做好人事决策的人；前者是长时间换来的，后者则是事发后再来慢慢后悔"。在用人上，要想少犯错误，需凭审慎决策而非个人感觉。他强调，用人第一定律有如一句老话所说，就是"别让现任者指定继承人，否则你得到的将是二等复制品"。毕竟受到情感本能的无意影响，人们即使喜欢人才，也会疏离比自己能干的人才；讨厌奴才，也更愿提拔让自己开心的奴才！

正是为了减少个人情感好恶对于人才选择的影响，企业的创始人或者在位者在考虑梯队建设特别是接班人的安排时，必须遵循一定的制度流程，以免自己在无意之中为企业选出一代不如一代的继任者。例如，前面提到的艾尔弗雷德·斯隆就能做到言行一致，为防止出现"二等复制品"，他在安排接班人时，请高级主管委员会做决定，并且不向委员会透露自己心目中的人选。他表示，假如委员会挑出的人选不够格，自己也会提出意见，但绝不会去主导委员会的决定。据说，最终委员会所选出的人还真的不是斯隆心目中想要的人。

轮值制运作：过程管理

有人认为，代际传承不是一个事件而是一个过程，不仅涉及股权、职务、金钱与权力的交接，更涉及地位、身份、认知与情感的转换。代际传承的过程管理，从理智逻辑上考虑，似乎还比较容易，可以采取谁能干，也就是更能带来企业的盈利发展，就让谁接班的做法；从情感联系上考虑，需要解决创业者的心理割舍、逐渐淡出的问题；从过程体验上考虑，对于有些创业者来说，经营企业是其全部人生意义之所在，这种情况下的传承，也许关键是要做到如何让其觉得退而不休、老有所为。

正因为如此，轮值制的成功运作必须解决其中所存在的决策机制平稳、平和过渡的问题。为了防止代际传承的滥情或无情，企业创始人除了自知之明、知人之明，还需要有先见之明，冷静应对，理性看待，及早做好规划与采取措施。例如，可借助企业流程、制度、文化建设，形成组织整体的目标共识、协同共事、成果共享的运行机制；加强自身及高管团队的德性修炼，以更好地化解或处理因各人的角度不同、看法分歧、价值观差异所可能引发的决策过程矛盾与冲突，避免由此可能造成的内部分裂与战略迷失。

轮值制作为代际传承的一种形式，必然涉及相关各方当事人的名、利、权、面子等，很容易在无意中激发出本能的争斗响应。为此，要求相关各方能够弄清各自的角色定位，调整好自己的心态，从有利于企业整体长期发展的角度出发，加强相互理解，注意顺势而为。例如，创业者要注意自我超越，摆脱超强的自我成就动机与控制欲望，须知"江山代有才人出，各领风骚数百年"，主动做到功成身退；继任者需尊重元老、忍辱负重、踏实做事，要学会努力证明前任的正确性，而不是无意中显摆自己怎么比前任更高明！

就轮值制运作的动态过程管理而言，首先要确保轮值高管团队具有全局观。为了使得原先熟悉分管条块的高管团队成员，在担任轮值CEO时具有整体统筹的思维观念，可以采取类似宝马公司那样的干部轮岗做法，一方面，借此让人们熟悉和了解不同部门的运行特点，另一方面更重要的是，使得在企业内形成有助于跨部门合作与快速响应的非正式工作网络。轮岗的好处还有，既可以避免高管团队的成员因太过熟悉或关注单一业务或部门，结果无意中在情感上更偏向于为自己联系更多也更为了解的领域说话，也有助于发现哪些人是术业有专攻的将才，哪些人可成为统揽全局的帅才。

所以，对于企业整体来说，试图借助于轮值CEO的方式解决代际传承问题，其过程管理的根本就在于如何确保企业的长期持续盈利与稳健发展，关键是要形成一代更比一代强的柔性高管团队。从操作上看，特别需要建立并形成在位者的适时退出机制，以便能够真正腾出岗位与空间，为更能干的后来者提供施展智慧与拳脚的机会。现实中，许多未能有效解决代际传承问题的企业，既没有可马上继任者，更无后备人才，也没有集体决策机制，有时直到企业面临重大危机、创业元老难以招架，才不得不考虑临阵换将，当然，面对不得不这样做的局面时，往往悔之已晚。

结论：持续发展之保障

为确保企业的长期可持续盈利与发展，用于解决代际传承的轮值CEO之类的做法，要想取得预期效果，都需要有相应配套的重大决策集体参与、接班人独立遴选、人才梯队储备等制度的支撑。特别地，就决策机制而言，有时需要能干者说了算，有时需要集体智慧，无论采取怎样的做法，均需明确其出发点是为了改善决策质量。一般地，在涉及事实规律时，以怎样做更有助于弄清情况、将事情做到位为原则；在涉及偏好与价值观选择时，以遵循组织整体的习俗、惯例与共识文化价值观为准。

正是由于重大决策的做出涉及规律认定与价值判断，常常需要面对众人意见分歧、观念不同、利益矛盾等冲突情况，尽管这些冲突有时并不一定涉及重大战略事项，而可能只是多种做法互不相容。此时，轮值 CEO 到底该怎么做？若由一人说了算，可能会慢慢形成类似独裁之治；若由多人说了算，可能会逐渐引发政治派系。所以，对于轮值 CEO 制度运作的挑战在于，怎样形成组织共识、共事、共享的文化价值观，以平衡处理整体和谐性与个性张扬性的关系，减少企业内部政治争斗，真正做到"和而不同"。

要使代际传承真正落实到神传而不只是形变，轮值 CEO 之形式必须辅之以共同文化价值观之内涵，以使相关各方都聚焦于企业整体发展，将德、勤、能、绩作为指导接班人遴选与梯队建设的原则。例如，在新老关系处理上，进入轮值 CEO 系列的职业经理人，需注意做事先做人，放低姿态，融入环境，积极证明创业元老的能干，满足"创二代"的个人成就欲，而非证明自己的成功，致使企业老板的信誉与权威受到无形的挑战。只有这样，才有可能获得企业上下的由衷信任和支持，从而有效防止轮值 CEO 演变成公司内部的多头政治斗争。

最后需要说明的是，考虑企业代际传承与持续发展问题，若将企业看作是生命有机体，则从宏观的生态竞争与演化角度看，其生老病死应该为常态，客观上不可能做到所有的企业都能基业长青、永续经营，甚至一个企业的衰亡才可为其他企业的生存提供更多的机会，所以，只要企业群体的新陈代谢机制完善，即使真正长寿的企业不多，也不会影响整个社会经济的正常发展。只是从微观的个体经营与发展角度看，还是会有企业家希望通过完善代际传承机制，使得自己所经营的业务能够持续盈利与发展，以免自己花费心血精心打造的事业因后继乏人而半途而废。

4 战略构建

要点提示

关于战略,众说纷纭,迷雾重重。简言之,企业战略就是通过有恒持续的取舍决策与活动组合,创造顾客所需的产品或服务之特色。战略管理就是朝着"方向正确、运作高效、心情舒畅"努力的系列行动的集合。当然,厘清概念,还需规避陷阱、行动到位。

中国企业十年战略：成长与困惑[*]

  随着我国市场体制发育的完善，企业规模的不断扩大，企业必将经历从凭机遇挣快钱向着凭实力挣慢钱的转变，如何集中精力，关注研发，稳扎稳打，既不刻意为做大而做大，又不为迅速暴富所心动，一步一个脚印地踏实前行，从而将企业发展的管理控制点牢牢地掌握在自己手中，以真正实现企业做强、做稳、做久之目标，应成为企业管理之重点。

  已经过去的21世纪的第一个10年，我国经济快速发展，许多企业经受了金融危机的考验，销售额不仅超过了百亿，有的甚至还突破了千亿大关。从按营业收入排名进入财富500强的大陆及港澳企业数看，2000年为9家，2001年为12家，2010年达到了46家。面对马上到来的下一个10年，我国许多改革开放以来建立的企业均将进入而立之年，需要考虑伴随着规模的扩大，如何实现心智提升与机制完善？需要探思未来发展之路，是否还能保持原有的扩张速度？清楚回答这些问题，可为我国企业的未来经营提供更好的指导，值得每位战略决策者认真思考。

---

[*] 本文系受《管理学家》杂志社之邀而写，作为年初对上一个10年中国企业战略问题的回顾，最初发表于《管理学家》2011年第1期。该文发表后，曾被国内众多网站及人民大学复印资料"管理科学"2011年第4期等全文转载。此处引用，已经对原文进行了修订。

企业发展：理性与感性

企业发展，基于理性的思考，应该以做强为根本，而做强不可能快速，更不可能什么都做，必须有所聚焦、学会取舍。基于感性的行动，人们更可能为了抓住快速做大的一切机会，而相对忽略稳步积累、逐渐做强的考量。毕竟在当前现实社会环境中，做大对企业当前的名气、地位、利益、影响有可能产生立竿见影的效果。例如，伴随着企业规模的扩大，其企业家的政治地位有可能水涨船高，成为各级政府推举的人大代表、政协委员等，从而更易争取到各种社会资源与政策优惠。尽管从长期看，最终决定企业生存的还是市场而不是市长，依靠的还是做强、做稳、做久，但短期看，做大、做快、做多的确不无好处。

大与强　显然，企业发展的过程始终面临着做大与做强的考量。做大关注的是产能扩张与市场规模，而做强涉及的是产品质量与创新实力。从长期看，企业最好能够同时做到既大又强，只是考察现实，要做到大与强同时兼顾似乎并不容易，在全球金融危机中出现那么多的需要政府救助的大公司就是很好的证明。考虑到受人们精力与企业资源稀缺等制约，不可能同时做到既大又强时，到底应该先强后大，还是先大后强，这值得人们慎重思考与选择。从理性逻辑看，人们心中都清楚，应该先强后大，毕竟强才是生存之根本；但从感性本能看，人们的行为会更偏爱先大后强，因为做大更具可衡量性也看得见些。

快与稳　做大或做强都需要时间，可以用来衡量这一过程进度的指标有速度快慢之分。若只讲企业规模而不论实际效益，则还是有可能做到快速扩张的，只需加大各类资源的投入，不断寻找各种机会进行投资、结盟、并购等即可。但若想实现规模与效益的同步快速提升，这就并不容易做到了，因为此时要求有企业管理能力与效率改善的配套跟进，而这是需要时间过程的不断探索、磨合与积累的，不可能做到快速。对于这一点，冷静思考时人们心中也都清楚，只是面对摆在面前的现实扩张机会的诱惑，若手中又正好不缺投入所需的资源，此时人们无意之中就会产生机不可失、时不我待的紧迫感，结果为追求快速发展而忽略经营稳健性。

取与舍 从企业成长历程看，对于刚创业的小企业来说，毕竟实力不强，只能顺应市场，需要珍惜与争取各种可能的机会，以求自身的更快发展；对于颇具规模的大公司来说，积累了一定实力后，就需考虑自身业务定位，舍弃一些诱惑，集中力量进行特色创新，以引领市场需求。在这里，"取"是对眼前做加法，更多地关注当前机会的争夺；"舍"需要对眼前做减法，更多地聚焦于未来机会的开拓。对大公司来说，若过度关注了"取"而没有学会"舍"，就会在资源、市场、能力等方面与其他同类企业产生直接冲突，容易形成恶性的同质竞争，结果致使盈利水平下降。为此，随着企业的不断发展壮大，需要从努力做加法逐渐转变成为如何学会做减法，也就是能够抗拒诱惑，舍弃一些当前机会而更专注于自身特色建设。

即兴行为：光荣与梦想

由上面分析可见，在处理企业规模与经营效益、发展速度与业务稳健、重视机会与专注特色的关系上，人们在即兴行为上会出于对眼前利益的考虑，更多地关注规模扩张、速度提升、机会把握。这些主要受欲望驱动的行为倾向，会在企业中形成规模、速度、机会至上的绩效观，使得人们无意中变得更为急功近利，试图抓住一切可能机会，不断加快扩张速度，争抢业内规模领先地位。对于机会、速度、规模的过度关注，尽管在短期内也许会给企业带来更多的名气、影响甚至现实利益，但却会在不经意间使得企业相对忽视业务持续改善与创新突破，从而妨碍企业经营特色的构建，影响长期效益与业务稳健性。

现实中，受机会诱惑或主导、只重扩张与速度的企业家，在抓住机会、加速做大的本能冲动主宰下，会忽视甚至忘掉投资、结盟、并购等扩张行动可能存在的潜在风险与陷阱，结果更易一意孤行，听不进不同意见或劝告，从而导致严重不良的决策后果。例如，据相关媒体的采访报道，2004年TCL并购法国汤姆逊彩电业务时，曾聘请摩根斯坦利为投资顾问，波士顿为咨询顾问。摩根斯坦利对并购持中性看法，波士顿持反对意见，认为风险偏大；TCL内部的两位元老级人物对并购投反对票，并奉劝李东生不要签并购协议。只是当时的李东生，做大的愿望压倒了一切，他从并购中更多地看到的是一个国际化的难得机会。事后的实践表明，这一并购不仅没有成为机会，而更多的只是一种拖累。

类似地，在2005年明基并购德国西门子手机案中，当时靠代工起家的明基，一直在寻找做大规模、创出品牌的机会。对此，董事长李焜耀有着很强的时间紧迫感，做梦都想着为明基的未来发展添加新的引擎——手机，以完善明基的产业布局。他甚至觉得："错失并购西门子，恐怕七八年之内明基手机再也不会有大出息。"正是出于"并购西门子手机就能给明基插上品牌国际化的翅膀，让速度加快10年"的梦想，他认为，尽管投资会带来风险，但不投资的风险或许更大。所以，在论及并购的最坏猜想时，他说强迫自己不往这方面去想，并且认为他人所犯的并购失败错误自己是可以避免的。

最终的结果表明，尽管李焜耀当初为并购准备了2亿欧元，但是，一年后，砸进去6亿多欧元，仍没有停止德国西门子手机的亏损，还使明基的其他业务也受到了拖累。不得已，明基最后只好断臂求生，对在德国的公司申请破产保护。在亲身经历过惨痛教训后，李焜耀发出了由衷的感叹，"企业的发展，有些是无法跨越的"。从TCL并购法国汤姆逊彩电、明基并购德国西门子手机这两个例子中，都可以看到决策者即兴冲动的行为特征，无意中忽略或误判了项目的潜在风险。为做大机会所诱惑，为增长欲望所主导，在仓促之中，缺少了冷静的理性思考，过高地估计了自身的经营能力，自然无法取得效率与效益的真正改善。

快速扩张：机会与陷阱

对于企业发展来说，实现快速扩张的最为便捷的方法就是并购。采取并购的做法，表面上看兼具上规模、抢速度、抓机会的特点，能够一举多得，是一种帮助企业攻城略地、满足增长冲动、实现版图扩张的有效途径，只是实际上其中潜藏着许多易被人们忽视的陷阱。首先，从并购方的角度看，目标公司的选择就是一个难题。若是目标公司的业务发展前景良好，结果就有可能会因为并购出价太高而不划算；而若业务发展前景不好，则并购后又有可能成为拖累。这一点，已被大量的并购实例所证明。问题在于，既然如此，为什么现实中仍有这么多的并购案发生？这除了并购能够满足主要决策者个人利益驱动或政治企图外，还有一个重要原因就是存在所谓的"傲慢假说"，也就是说，并购企业的管理者认为自己会比被并购企业的管理者更能干、更有眼光，更有可能化腐朽为神奇，而实际上这一判断并不靠谱。

第二，从消灭竞争的角度看，在市场饱和、供过于求的情况下，并购同行企业后，表面上看似乎可以减轻竞争压力、稳定市场价格，而实际上如果企业所追求的目标没有改变，还是希望不断扩大销售规模，那么并购前的同行争抢顾客行为，在并购后就会演变成公司内部多部门、跨区域的争抢顾客情况，结果仍然会带来市场秩序的混乱。例如，在国内水泥产业中，基于整合行业市场秩序、缓解价格竞争压力的考虑，就曾有业内巨头花大价钱并购了众多同行企业，只是问题在于，完成并购后集团领导的骨子里还是希望扩大自己企业的产品销量与市场份额，最后由于整个水泥市场需求基本饱和、行业总体产能过剩，集团下属各企业之间为完成业务考核指标、出现了竞相促销的市场抢夺战。

第三，从业务运行的角度看，为了应对更大规模、更快速度、更多机会的挑战，必然要求企业具备更强的能力。只是问题在于，对于任何企业来说，做事的能力往往都是体现在其人才队伍身上的，而人才素质的提升必须经历一个不断实战积累的过程，不可能一蹴而就。

所以，因并购而导致的企业快速变大所提出的人才队伍要求，是绝大多数公司所不可能满足的，结果伴随着并购而来的快速做大，自然就会出现品牌、声誉、管理稀释的现象，甚至引发更为严重的产品质量与安全危机，从而导致企业经营效益与人均盈利水平的下降。例如，中国乳业最近十年来，伴随着央视广告等营销拉动、同业公司间的并购重组、轻资产的品牌快速扩张，行业巨头规模越来越大，而产品质量、恶性竞争丑闻却越来越多，可见其中的各大企业对于自身内部管理与行业整体良性互动已经完全失控。

第四，就并购行动本身来看，通常是签约容易整合难。并购后的整合之难，关键在于其中涉及人性冲突，人们对于名利权的追求，若各方都想当第一，都想多得益，都想占高位，这其中的每一抉择均事关面子得失、涉及个人情感，并非简单的理性分析就能妥善解决，此时到底该怎么办？并购整合后的企业决策到底由谁说了算？当因价值观等不一导致看法分歧时该如何化解？原先各自不同的企业内部制度、规程、惯例该如何融合调整？若人们事先对此没有充分的考虑，并购后就会面临艰难的磨合问题。例如，最近见诸报端的有关吉利集团李书福与沃尔沃分歧的扑朔迷离报道背后，至少让人看到了并购后各方当事人在由谁说了算、怎么做更好上的争议，而协调或化解此类争议的修炼则正是目前人类整体所缺乏的。

未来之路：反思与启示

在临近 2010 年的年末时，有消息报道，万科提前 4 年实现销售额破千亿元。显然，随着中国经济整体规模的发展，就营业收入与业务规模上看，未来必然会有越来越多的企业进入 100 亿、1000 亿俱乐部，出现在财富 500 强的排行榜单上。但若注意到过去 10 年先后出现的众多类似达能与娃哈哈、蒙牛与伊利、360 与 QQ、国美黄光裕与陈晓的江湖恩怨纷争，又不免让人担忧，在企业做大之后，人们将如何进一步提升内涵，逐渐学会与人分享、实现业态共生，在这方面，环顾全球化时代各国争端不断,似乎本位利益至上仍在政治精英与业内大佬内心深深扎根,显见物质文明未能自然伴生精神文明,未来形势不容乐观,那种不惜鱼死网破的恶性竞争歪招,甚至杀敌三千自损一万的偏执傻招,也仍将会出现!

从防止恶性竞争、实现利益分享的角度看,任何企业都不能规模至上,相互之间应该形成业态共生机制。必须看到,作为一般规律,企业做大的过程总是先受规模经济性的作用,随着规模变大而出现人均盈利递增的情况,但在超过某一临界点后,再受到收益递减规律的作用,也就是随着规模做大后瓶颈制约的显现,会出现随着规模扩大收益减少、效率下降,从而引发人均盈利反而递减的情况。这主要是由于进一步做大后,总会面临同业市场竞争加剧、资源供应紧张、管理能力不足等挑战,从而引发人均或资产报酬率下降的后果。所以,如何在企业产能相对稀缺时确保质量,在市场相对垄断时约束产能,从而做到将产业链上下游经营的主动权,也就是瓶颈约束点牢牢地掌控在自己手中,这是当下盈利良好的企业在不断做大过程中需要未雨绸缪给予特别关注的问题。

要防止仅凭个人激情与本能冲动而进行大规模的投资决策,从而引发行业整体为做大而做大的无序盲动。企业经营须以安全盈利、管理可控为根本,要坚守的底线是"宁可盈利不做大,不要做大不盈利!"特别需要防止的是,因为一时头脑发热,为当前机会所诱惑,结果"努力做大企业,使得管理复杂化,而终致自己无法掌控!"从长期的角度看,企业经营是长跑,不可能持续赚快钱。要认识到世界上聪明的人很多,不只是你一个人特别聪明,所以,仅凭机遇盈利不可能重复,单靠天赋赚钱很难持续,关注运营机制完善、专注长期积累很重要。为此,时间太短、速度太快容易出泡沫,需要经营者有步步为营、持续专注、长期投入的精神,以利在市场上积累口碑信誉,实现真正的特色创新、多元共存。

基于以上考虑,企业经营必须平衡专注与舍弃之关系,特别要防止企业在做大的过程中，逐渐变得管理复杂，如机构膨胀、流程繁琐、文牍主义等，致使企业内部各种华而不实的活动剧增，却相对忽视了为顾客所提供的真正价值是什么。考虑到人性贪婪、欲望无限之局限，长期指数增长不可能持续，特别对于那些在过去快速发展中积累了相当实力的企业来说，必须看到昨天的辉煌增长很难在明天重复，未来发展需注意重大决策的议事规程建设，以防范无意中可能产生的财大气粗、自以为是，以减少因个人激情冲动而可能引发的盲目投资。未来之路，随着我国市场体制发育的完善，企业规模的不断扩大，企业必将经历从凭机遇挣快钱向着凭实力挣慢钱的转变，如何集中精力，关注研发，稳扎稳打，既不刻意为做大而做大，又不为迅速暴富所心动，一步一个脚印地踏实前行，从而将企业发展的管理控制点牢牢地掌握在自己手中，以真正实现企业做强、做稳、做久之目标，应成为企业管理之重点。

企业战略管理构架*
——三问题、三假设、三出路

企业战略就是通过有恒持续的取舍决策与活动组合以创造顾客所需的产品或服务之特色，战略管理就是朝着"方向正确、运作高效、心情舒畅"努力的系列行动的集合，它所涉及的是一个围绕战略中心命题"做什么、如何做、由谁做"展开的"疑、思、解"循环发展过程。

"战略"一词的涵义，在理论家眼中不无争议，但在实践者心中却是清楚的，它至少涉及"做什么、如何做、由谁做"这样三个层面，并由此构成"战略管理"的互为补充与加强的完整体系。任何忽视这其中一个或几个层面的做法，最终都会使得战略成为写在纸上、贴在墙上、说在嘴上的花架子，从而很难产生实效。

许多现实战略方案表现为"理论上的巨人，行动上的矮子"，战略"规划"有如看不懂、做不来、没人做的"鬼话"，主要就是因为只抽象讨论战略的"做什么"，而忽视战略的"如何做、由谁做"。从这一意义上看，一个无法实施的战略不是好战略，甚至根本不能称其为战略，而仅仅是企业自挖的一个浪费时间、精力与财务资源的陷

---

* 本文根据项保华发表于《企业管理》2002年第3期的文章修订而成。

如果将"做什么、如何做、由谁做"作为战略构思与运作的中心命题,显然,其中的"做什么"涉及经营方向抉择,"如何做"涉及运作方式遴选,"由谁做"涉及行为主体确定。战略中心命题作为一个整体,所解决的就是企业经营中所遇到的最根本的方向正确、运作高效、主体投入的有机结合问题。这既是战略管理的出发点,也是其最终归宿之所在。

这样,若将战略看成是企业整体运行的指导思想,看成是对处于动态变化的内外部环境之中的企业在当前及未来将如何行动的一种总体表述,则如图4-1所示,战略管理将围绕战略中心命题展开,并可分解成逻辑上紧密联系的三部分——"质疑"、"探思"、"求解"(简称"疑、思、解")。正是"疑、思、解"的互动、互赖循环,推动着战略中心命题的解决。

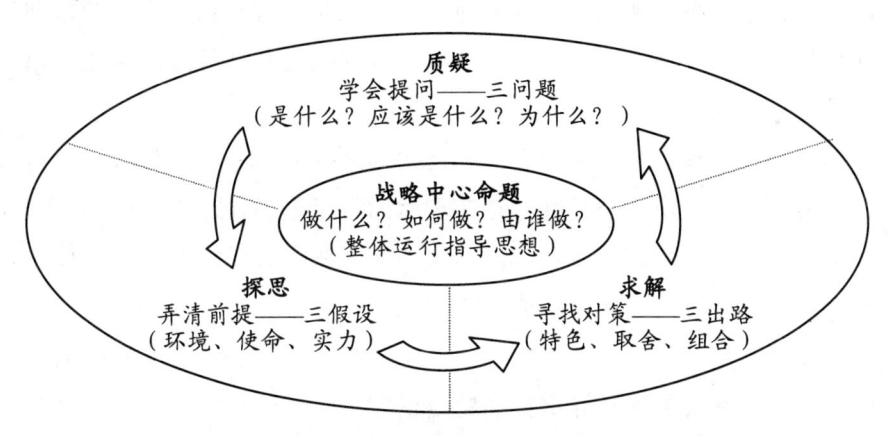

图 4-1　三问题、三假设、三出路战略管理构架

疑:学会提问——三问题

战略问题通过质疑提出,而质疑的关键在于学会如何正确地提问,

以抓住人、事、物的本质，揭示其中所存在的内涵。在许多情况下，解决问题可以采用苏格拉底的反诘法，通过提出类似"是什么"、"应该是什么"、"为什么"这样的事关人、事、物存在的根本性问题，来帮助人们厘清对于现状、目标、依据等方面的认识。

就战略管理而言，如果一般地使用"业务"一词来泛指企业乃至各类组织所开展的运行活动，则可将"三问题"——企业的业务"是什么"、"应该是什么"、"为什么"——就作为战略质疑的切入点。事实上，"三问题"也是人际沟通中最常使用的提问方式。如：人们经常相互询问的"最近你在做什么？""你觉得怎么做更好？""为什么要这样做？"

剖析战略三问题可以发现，业务"是什么"涉及现状描述，"应该是什么"事关目标定位，"为什么"引出选择依据。显然，认清现状是企业制订战略的出发点，明确目标是企业制订战略的指南针。在没有真正弄清企业现状与目标之前，实际上是很难给出关于企业拟做什么的建议的，更不要说为企业的未来发展确定具体行进的路线与日程了。

三问题的核心是"为什么"之问。连续巧问多个"为什么"，可以引发人们对于现状及目标的存在理由的真正思考。例如：在现实中，许多人为"赚钱"而办企业，而结果却有人赚有人赔。对此，如果能够学会正确地发问，在办企业时特别思考一下"为什么能赚钱"这一问题，而不是仅仅停留在"为什么办企业"——"赚钱"这样的简单问答上，也许会更容易导出正确的结论。

回答企业"为什么能赚钱"或者说"为什么能生存"，也就是要阐明企业存在的根本理由。现实中，能对企业的存在产生影响的不仅有企业的顾客，还有股东、员工、供应商及社会团体等，这可用含义更为广泛的"权利要求者"一词来描述。准确把握"权利要求者"的目前与未来需要，实现与各方面主体的良性互动，将是企业长期生存发展的根本之所在。

思：弄清前提——三假设

战略分析从探思入手，而探思的核心在于弄清前提。考虑到人是借助感知来理解与评判现实的，而从本质上看，感知只是各种主客观因素在人们头脑中的反映，它的构成基础就只是各种外显与内隐的假设。显见，对于战略三问题的回答，所代表的也就是此类基于有限信息与主观判断做出的假设。所以，弄清前提的要点就在于，对假设所依据的各种信息进行论证。

以生产铅笔的企业为例，若问业务是什么？应该是什么？可能获得的直接回答都是"生产铅笔"。若再问"铅笔是什么？"也许回答是"写字工具"；再继续问"写字做什么？"回答是"记录信息"……显然，到底该如何定义其"业务"，不同的企业会有不同的选择。但若接着问，"为什么？"此时要求回答的就将是做出判断与选择的依据。

就"为什么觉得业务是或应该是生产铅笔"而言，可能得到的回答是"能赚钱"。但若接着问"为什么？"也许会回答"铅笔有市场"（环境假设）。再问"芯片也有市场，为什么要做铅笔而不做芯片？"可能会回答"我们做不了芯片"（实力假设）。再继续问"有市场也能做的还有很多，为什么选择铅笔？"或许能得到回答"做铅笔已成为我们生活的一部分"（使命假设）。

以上分析表明，回答战略三问题所涉及的是外部环境、使命目标、内部实力三假设（Peter F. Drucker, "The Theory of the Business", *Harvard Business Review*, 1994, 5）。考虑到人们对于现实的认识是由各种假设构成的，假设决定认知，认知影响决策与行动。为此，在战略分析中，需特别关注，提出战略三假设的最终依据到底是什么，这是战略决策的真正前提。对于这些前提的错误判断，是导致许多企业的战略决策失误的最根本原因。

首先，就环境假设而言，可以泛指企业对于外部的社会、市场、顾客、技术等因素的认识与把握。如，1985 年，当时美国电话电报公司的贝尔实验室发明了蜂窝电话技术，专门请外部咨询公司做顾客调查，结果被认为没有市场。为此，公司决定暂缓考虑这一项目。但在 8 年后，为赶上蜂窝电话发展的潮流，美国电话电报公司只好通过购并进入蜂窝电话业务领域（Louisa Wah, "The Almighty Customer", *Management Review,* 1999, 2）。

第二，就使命假设而言，涉及了对于企业长短期发展前景与目标定位等方面的考虑。这里的关键不在于该使命目标是否一定能够达到，而在于要让企业经营相关各方对此达成共识，使得人们愿意为此积极投入。如：国内某公司的创业者提出，公司要在 30 年内进入世界 500 强，而其员工私下议论时却认为这是吹牛，这种缺乏上下共识的使命目标表述，显然无助于企业战略的推进。

第三，就实力假设而言，它与企业对于自身内部实力的正确认识相关。如：国内有企业在短短的 5 年时间内从 3000 元发展到 3000 万元，因而提出在未来的 5 年时间内再从 3000 万元发展到 3000 亿元。这一提法，除了需考虑市场容量支撑外，实际上就涉及了对于企业自身实力能否简单地实现无限同步增长的判断。

应该说明，对于战略三假设，既要考虑符合实际、相互匹配，更应注意动态调整、适时修正，以形成上下共识、积极投入、灵活适应的企业生态。例如：就前述企业提出的进入世界 500 强的目标而言，若能在企业内部达成共识，激发起人们的积极投入精神，则最终经过努力即使没有进入世界 500 强，而只是进入国内的前 10 强；但也应看到，若不提此目标，可能连国内前 50 强也进不了。

解：寻找对策——三出路

战略操作就是一个寻找对策的求解过程。最终导出的对策，应该符合战略三假设，能为企业从"现状"向"目标"过渡提供思路、方法与途径的指导。考虑到现实中不可能存在两家具有完全相同战略三假设的企业，如，对甲乙两家企业来说，甲企业与乙企业互为环境，其使命、实力与其中的经营者相关，更不可能完全相同。所以，寻找对策必须根据各企业的情况量身定制。

国内外理论界，经常一阵风地介绍与推广某种所谓的先进理论或技法，让所有的企业都去学习，结果常常能把许多企业忽悠得晕头转向、无所适从。事实上，根据战略三假设来判别，许多离开具体企业实际而提出的貌似先进的东西，常常是老话新说、无话强说、空话实说、假话真说、胡话乱说，听起来新鲜、瞧起来时髦、做起来热闹，至于真正实施效果如何，则谁都难预料！

走出以上战略操作的误区，关键在于根据不同企业各自的战略三假设，导出切实可行的战略三出路——特色、取舍、组合。在这里，特色是指以独特性赢得顾客，也就是做与竞争对手不同的活动或以不同于对手的方式完成类似的活动，以特别的活动能力为基础创造独特的有价值的地位。具体来说，创造特色可从产品或服务、顾客群体、满足顾客途径三方面展开（Michael E. Porter, "What is Strategy?" *Harvard Business Review*, 1996, 6）。

采取特色做法的关键，是要做别人所没有做的事，有所创新，有所不同，并让顾客切切实实感觉到其所需的主观及客观特色。我国加入WTO了，放到世界上去考虑，许多企业都只能算是小企业，而对于小企业来说，要与大企业竞争，不可能正面硬打死拼，只能尽量做到与众不同，依靠特色取胜。当然，要做到与众不同，不仅需要勇气，更需要专注投入，以真正把握顾客的需求。

战略三出路的第二个方面是取舍，即权衡利弊得失做出抉择。战略取舍基于这样三点：一是，决策者及企业的资源、能力、时间有限，只能结合特色建设做出选择，有所为有所不为。二是，只有围绕自身特色做出取舍，才有可能使竞争对手欲学不能，若想仿效就会鱼和熊掌难兼得。三是，让人活，自己才能活，取舍在为他人留有生机的同时，可为自身长期发展奠定更好的基础。

取舍问题不仅仅办企业会碰到，甚至在每个人职业生涯的设计与选择上也会遇到。例如：每个人在做事时，至少都需平衡考虑"当下"

与"此后"影响的关系。为做出取舍抉择，必须回答：什么是可做、该做、能做、想做、敢做与可选择的？什么是不可做、不该做、不能做、不想做、不敢做与别无选择的？对于这些问题的正确界定，是决定取舍战略能否成功的关键。

战略三出路的第三个方面是组合，这就是使多个环节配合默契。通常情况下，企业的顾客服务及生产任务活动都是由多个环节构成的，采取加强各环节有机组合的做法，有可能做到以普通员工构建优秀的团队，用平凡的工作创造非凡的业绩，从而为企业带来整体的战略优势。组合可以从群体力量、市场网络、竞合资源三方面的各自内部与相互之间的协同入手展开。

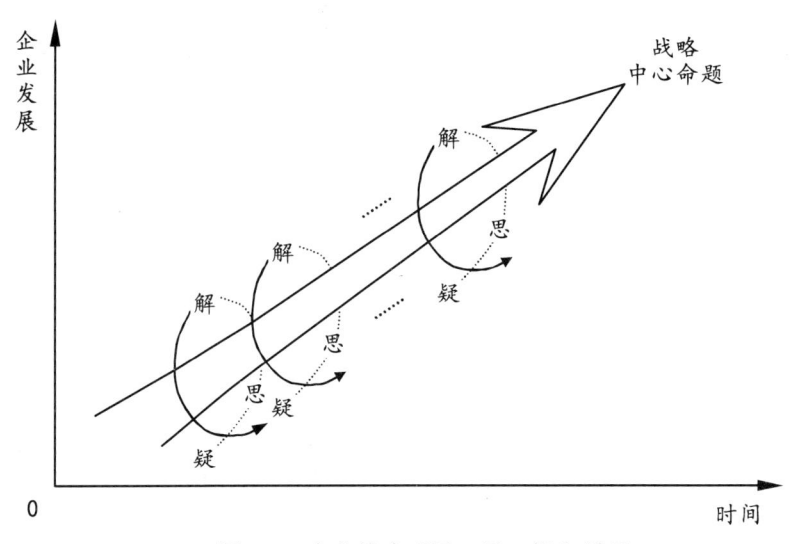

图 4-2　企业战略"疑、思、解"循环

现实中，企业综合优势的发挥，在很大程度上就涉及了战略组合的问题。在谈到企业发展时，经常听人说："我们人与技术都不缺，就缺资金。"或者："我们资金与人才都不缺，就缺好项目。"实际上，这里缺的就是战略组合能力。当前谈论较多的网上经营，其发展所依靠的无形的网上信息、资金交易平台与有形的网下商品、商人、商场，也需要经过战略组合才能充分发挥作用。

小结

如图 4-2 所示，战略管理所涉及的是一个围绕战略中心命题展开的"疑、思、解"循环发展的过程。这一过程具有这样几个方面的特征：一是，"疑、思、解"，无始无终，相互交织，不断升华，与时俱进。二是，作为思维方式，若以改变假设为核心形成习惯，可使自我超越与企业创新成为人们的自觉行动。三是，过程只提供企业自行导出战略建议的方法，并未直接给出战略建议。

综合以上考虑，可以认为，企业战略就是通过有恒持续的取舍决策与活动组合以创造顾客所需的产品或服务之特色，战略管理就是朝着"方向正确、运作高效、心情舒畅"努力的系列行动的集合。开展战略"疑、思、解"活动，关键就在于找到适当的思维工具与操作方法，有效回答三假设如何探思、三出路怎样构建等问题，以最终解决企业所面临的持续竞争优势构建、业务发展演化选择、市场竞合互动对策三大战略实践主题。

战略：精心设计？机缘巧合？*
——兼评明茨伯格的"匠构战略"

探讨企业战略问题，要对理论少一点迷信，对实践多一份敬重，关注精心设计而又灵活顺变，珍惜机缘巧合而又积极有为，以"建设并扩大或稳定使企业盈利的回头及引荐型顾客群"为中心任务，保持"三心二意一平衡"。在这里，"三心"是指"平常心"为人、"敬畏心"做事、"进取心"修行；"二意"是指"顾客得益"、"企业获利"；"一平衡"是指关注现金流稳定、长短期兼顾、产业链共生！

对于企业战略到底是怎么来的，有人认为是事先设计、有意而为得到的，也有人认为是歪打正着、事后总结出来的。明茨伯格的"匠构战略"（Crafting Strategy）一文，以制陶艺人的作品创造过程做比喻，对此给出了更为贴切的描述——战略是精心设计与机缘巧合的复合。

---

* 本文根据项保华发表于哈佛《商业评论》（中文版）2006年第4期的文章修订而成。

战略从何来——明茨伯格之贡献

考察现实管理过程，如果将战略看成是事先有意构想、事后如意做成的东西，可能没有几个企业敢称自己有战略；而如果将战略看成是事先有所构想、事后自然生成的东西，可能所有的企业都会说自己有战略。这里的关键在于，是事前完全设定，事后照单执行，然后根据实际结果看所设想的与所做成的是否吻合，以此判定有战略或无战略；还是简单地事后承认现实，将企业的整个所作所为的行动过程就看成是战略。在这里，若将前者称为精心设计的战略，那么后者就可称为机缘巧合的战略。

精心设计的战略，关键在于事先能看清未来的一切，行动能不折不扣，事后结果真的能印证事先构想，这适用于完全可控、相对稳定的环境。或者说要求企业的认知能力可以洞察不确定的未来，企业的响应能力可超越环境变化，适时做出调整。机缘巧合的战略，承认谋事在人、成事在天，企业的认知及响应能力有限，而未来环境、机遇等不可抗力因素的变化，既可能使得人们的努力彻底泡汤，也可能让人们的付出得到出乎预料的回报。

现实中，企业战略既不可能完全凭借精心设计，也不会是完全地听天由命，可能更多地需要事前适当考虑，事中边干边学，事后总结提高以利再战，其中所体现的是一个顺势而为的动态学习调适过程。这也正是明茨伯格"匠构战略"一文的根本思想之所在。根据这一思想，从时间过程考察企业战略，显然其中涉及了对于事前（过去）、当下（此刻）、事后（未来）行动关系模式的评判，也就是对于这些序次行动之间所存在的因果链的认识。

如果事前精心设计的战略，通过企业采取有效的行动，事后达成了预想的结果，就会使人产生这样的想法，战略是可以预先规划出来的。如果因信息不全、环境多变、人为失误等众多原因，事前未能明确战略方向，事中碰过不少钉子，结果是在无意的摸索中取得成功，就会让人形成这样的看法，战略只能随缘自适。这样，若将预先规划、精心设计当作是一个完全主动可控的极端，而将机缘巧合、听天由命看成是另一个完全被动适应的极端，则真正的战略将更多地是一种处于这两者之间的适当组合。

既然如此，到底是什么因素的作用，才会给许多人留下这样的错觉——战略是可以规划或设计出来的？这里的关键在于，现实中人们通常会自觉或不自觉地表现出这样几种认知倾向：一是无意中存在着后验之明谬误，这就是对于逐步展现出来的事后成功的现实，总觉得自己当初就是这样设想并通过努力做出来的；二是主观上有意迎合大众，更倾向于对他人展示自己成功与美好的一面，而不愿暴露自己的愚蠢与失误；三是习惯中存在着归因偏见，过分看高自己的个人奋斗对企业成功所起的作用；四是人们接触到的例子本身，存在着样本选择上的代表性偏差，因为失败者往往不太愿意公开承认，或者承认了也不会引起人们的关注，而成功者却更愿向他人展示所谓的经验，其经历也更能满足人们寻求榜样的需要，结果使得人们更易看到更多的、生动的成功案例。

由以上原因所决定，能够通过当事者及媒体等传达出来的，往往是一些所谓成功人士的辉煌经历，其中常常隐含着这样的模式化的"英雄神话"，这就是这些人士如何有先见之明，如何从小立志做大事，如何锲而不舍咬住青山不松口，直至最终如何成大业。这些事后总结出来的"神话"，给人们留下了企业成功全是精心设计出来的幻觉，带给人们的是不切实际的虚幻希望，既然这么多的企业能成功，为什么自己不行？从而以为只要自己有雄心壮志并积极努力，就一定能够取得同样的成功，而实际上这种希望带来的更多是失望。质疑这些神话到底有多少真实性及可复制性，只要看一看严酷的客观事实——真正"基业长青"的企业总是极少数，"富不过三代"的企业却占大多数，自然也就可以得出正确结论了。

战略之根基——肯证否证之拷问

　　战略能够事前精心设计的想法，可以带给人对于企业运作的控制感，不管现实情况是否真的可控，但这种感觉却至少能够让人放心大胆、充满信心地去行动。战略只是机缘巧合的想法，会给人以渺小无助感，它会让人时时感受到危机，需要不断地保持警觉心，有恒地去学习与去调适，从而只能在摸索中前行。如果认为管理从人的行为入手，而行为常常会受到情绪冲动与理性思考的矛盾影响，则排除天灾人祸等不可抗力因素的作用，可见完全可控与完全摸索的情况均比较少见，现实企业战略的探索必须平衡兼顾精心设计与机缘巧合的双重作用。

　　将企业看作是一个类似生命的有机组织，显见，了解一个企业的战略，不能只是听其言，看人们说了什么，而且还要观其行，看人们做了什么。从战略时序过程的展开模式看，既涉及动脑思考，也涉及动手做事；战略实践行动既需要事先流程预设控制，也需要学习调适创新。战略分析的关键在于，通过解构还原，了解这其中每一组成要素的作用，这有如将一台机器拆分，以弄清各部件的局部功能；借助综合建构，认清这些要素如何超越局部功能，表现出组织的整体特性，这有如将相关要素拼装，以获得能运行的整台机器。战略理论的难题在于，尽管对于企业这样的有机组织，人们有可能进行不完全的解构，但却几乎不可能借由这样的直接解构，导出能够指导综合建构的完备对策。

　　在企业战略实践中，尽管不容否认局部解构分析的重要性，但更为需要的则是整体综合建构的创造性方案的提出。如果说解构还原回答的只是成功及失败企业都有哪些特征的问题，那么综合建构需要回答的则是哪些特征的共同作用，才决定了企业运作的最终成功或失败。这意味着，解构可以是回顾性的，考虑不全面也不会出操作性的问题；而综合必须是前瞻性的，考虑不全面就会出操作性的问题。现实企业战略问题的解决，不仅需要解构，更需要综合，而综合创造之难，应该是所有理论与实践的焦点之所在。明茨伯格早在1987年就看到了这一点,并在"匠构战略"一文中提醒人们,不能将战略制定中的解构与实施中的综合割裂开来,要处理好战略展开过程中所涉及的诸如稳定与变革、守成与创新、继承与发展的平衡兼顾问题。

从理论上看,颇为令人遗憾的是,在有人参与、时间依赖的管理系统中,带有生命演化性质的情境,如各种行为、事态的序次展开,在历史长河中都只是一种不可重复的片断,都只具有事态过程的描述性,而不具严格的因果关联性。因此,仅凭手中有关过去的历史资料,很难得出关于未来应如何综合建构的确切结论。正是由于事件的产生与发展存在着一定程度的时序、情境依赖性,难以进行严格意义上的科学证实及证伪检验,从而也就动摇了战略理论之根基。有鉴于此,面对管理实践难题,任何理论批判的本身,如果隐含着能够给出"包治百病"建议的假设,也就自然会掉进综合建构不可能完善的陷阱,从而很容易受到批判之批判的诅咒。在这一点上,明茨伯格对于战略理论及管理教育的诸多批判也不例外。

例如,在其《战略规划兴衰录》一书中,明茨伯格希望通过对计划过程的全面解构,对计划制定的复杂性做出更为清楚的描述,从而指导人们更好地制订计划,而实际上却更增加了人们对于综合建构的迷茫性,因为面对更多的判断选择,很容易让人变得更加无所适从,甚至严重到陷入决策瘫痪的境地,最后回复到只凭直觉行事的地步。在其《管理者而非MBA》一书中,在批判当前管理教育所存在的不足的同时,明茨伯格提出了许多改进建议,这里的问题在于,这些建议到底是因为人们不懂,不能,还是不愿做,此前才没有引起广泛的重视,还是受具体社会情境影响,人们认为这些建议根本不具备前提条件,以作为综合建构方案提出并加以运作。这些方面的争论,都是很难经受科学的证实或证伪检验的。

应该说,对于任何管理理论来说,从丰富多彩的管理实践中选取适当的例子,以证明其正确或错误,都是很有可能的。问题在于,这种证实(肯证)或证伪(否证)本身都具有很强的情境依赖性,因而无法进行科学的重复试验。例如：通过对各商学院毕业生的抽样调查，可以证明某些商学院培养的学生相对于其他商学院而言具有更高（或更低）的质量，但却无法证明同样的这些学生如果不经这些商学院培养而让其他商学院培养就一定会有更低（或更高）的质量。所以，战略或管理理论建议的关键，是要说清楚在什么情境下，可以得出什么结论，其重点不在结论本身，而在于对导出结论的前提及逻辑有清楚的描述。

战略实践观——三心二意一平衡

注意到企业战略所面对的现实是，经营成败受到众多因素的影响，如：先天禀赋、后天积累、环境机遇等，这些既不完全可控，也不全赖学习调适。更进一步考虑到市场竞争的存在，物竞天择，即使所有企业都做得很好，仍然会有企业最终被淘汰。例如，在不同人类个体、社群、国家之间始终存在着实力比拼、优势博弈，尽管具体衡量实力优势的标准可能存在争议，有时短期最佳并不一定意味着长期最好，但优胜劣汰、适者生存的丛林法则仍在很大程度上起作用。即使再怎么好的理论，如果大家都知道了，而且也都做到了，在竞争环境中，仍然不能保证这些企业都能很好地生存，毕竟，真正的战略生存法则，必然是通过各自创新的差异化、多样化错位共存，而不是同质化、归一化的赢者通吃。

从理论角度看，指导创新的战略综合建构对策显然是很难清晰言说的，而只能从实践的视角出发，提出一整套有序操作的方法，以作为企业战略行动的依据，这也是人们在处理内涵难以界定的学科问题时通常所采用的做法。这样提出的操作方法，应该同时包括战略方向指导与行为指南两层意思，至于运用这样的方法，企业到底能走多远，将与行动者的意志、毅力、远见、耐心等相关，受环境变化与机遇挑战等众多因素的影响。从实践的角度看，战略需要回答"做什么、如何做、由谁做"，以及与此相关的时间过程与空间安排的何时、何地、顺序等问题，作为前瞻方向与行为指南，它所体现的就是朝着"方向正确、运作高效、心情舒畅"努力的系列行动的集合。

战略是系列判断与选择行动的集合，而不是一次性选择的结果，当然，这其中某些关键点的选择会起到更大的路径确定作用，历史必然性寓于偶然性之中。综合考察各类企业的现实经营，可以认为，建设并扩大或稳定使企业盈利的回头及引荐型顾客群，可以作为企业战略的中心任务。在具体操作上，围绕这一中心任务，企业既要重视现有顾客，又要关注潜在顾客，不断积累力量以跟上不断变化的趋势。此外，考虑持续经营涉及的是一个时间过程，这其中每个阶段的流量平衡，特别是动态现金流的维持，对于企业战略也非常关键。这有如一个人要在社会中活得健康一样，需正确处理好长短期利益的平衡兼顾关系，不能为了挣到更多的能够满足今后消费用的钱，就过度超支而牺牲掉今天的健康，结果使得自己根本支撑不到未来，更不可能真正享受今天所挣并储存下来的钱。

这意味着，通过系列行动所进行的战略综合建构，重在过程持续，也就是有助于做成事的保障体系的建立。至于这种保障体系的运作，必须根据不同企业所面临的具体情境，平衡兼顾多方面的要求。诚如明茨伯格所说，有时在规划上花太多的精力，反而会禁锢自己的思维，做计划需要分析，而制定战略则需要合成。对于战略该如何做？有时太超前，前景不明，精心设计根本没有可能，即使想破头也无济于事，硬当先驱可能反而成为先烈；又有时太滞后，时过境迁，再补救也是徒劳无益，盲目跟风即使随效率再高也难见成效。事实上，难题在于如何把握好变化的节奏与步速，太快太慢都不好，这正如达尔文所说："能够生存下来的，既不是最健壮的，也不是最聪明的，而是最能够适应变化的物种。"

综上所述，探讨企业战略问题，要对理论少一点迷信，对实践多一份敬重，关注精心设计而又灵活顺变，珍惜机缘巧合而又积极有为。若能返璞归真，企业战略应该可以很简单，这就是以"建设并扩大或稳定使企业盈利的回头及引荐型顾客群"为中心任务，保持"三心二意一平衡",从而做到离相无执,不囿成规,创新探索,奉献社会!具体地说,在这里,"三心"是指"平常心"为人,不固执己见,以排除思维定势,得失不惊,轻装上阵;"敬畏心"做事,关注未来变数,防患于未然,激情专注,梦想成真;"进取心"修行,注意经验可能过时,不断更新做事能力,享受过程,结果自生!"二意"是指重视"顾客得益",把握当前及潜在顾客的需求与欲望变化;保证"企业获利",做好自身使命与愿景定位,以达成顾客与企业的互惠共生。"一平衡"是指关注现金流稳定、长短期兼顾、产业链共生,处理好时间过程的跨期流量分配问题,注意到人生过程既不能在今天提前预支明天的时间,也不能在明天再来消费今天的时间,为永葆企业青春活力,必须加强现金流的统筹,确保各项资源在不同时期的收、付、存有一个合理的配置与分布。

企业发展的价值观定位*

保持组织价值观定位的清晰性，就是明确给出多目标冲突时的轻重缓急或优先排序的处理原则，并以此作为制定企业绩效考核指标体系的依据，以保证员工行为在考核指标的制约下，能够真正符合企业所倡导的价值观准则，使得企业运行始终受到良好思想的指引。

企业发展涉及多种目标，如销量、盈利、品质、规模、速度、市占等，若能同时改善，则皆大欢喜，但在受各种资源条件或客观规律制约难以同时兼顾时，到底该如何处理这些多目标追求之间的长短期取舍关系，也就是怎样区别轻重缓急、给出优先排序的指导原则，这就是企业价值观定位的核心之所在。

具体地，就通常所提的多快好省要求而言，考虑到资源、时间、精力等制约，若在较长时间内分阶段逐步推进"多"品种计划，也许还能够做到；但要想在"多"的同时做到"快"，也就是实现多个计划的齐头并进，可能就会出现顾此失彼的情况；若进一步加上"好"与"省"的要求，通常就更难同步兼顾了。

显然，对于任何业务的开拓来说，要想不经过技术、工艺、人员等的充分积累与时间磨合，就同时做到"多"与"快"、达到"好"

---

* 本文根据项保华发表于《企业管理》2012年第7期的文章修订而成。

与"省",恐怕是不可能的。这意味着,从客观规律看,许多表面上看起来好像被"多快好省"完成的工作,实际上只是表面文章而已,其内涵、本质可能并非真的如此。

现实中,一些赶工期、抢进度完成的所谓优质工程,事后发现往往是金玉其外、败絮其中。俗话说"欲速则不达",快速成长更易导致快速灭亡,正好指出了"快"与"好"之间所存在的内在矛盾性。在几乎所有的危机中,均可见到因过分强调速度、规模提升,而最终所引发的系统失衡、管理失当情况。

处理内在冲突、难以兼顾的多目标取舍的决策问题,必须明确企业的价值观定位,以便为企业的绩效考核及员工的行为引导提供明确的方向。例如,几乎每个企业都想做大、做强,若再加上无意中还隐含着的"快速"要求,那么除非假设企业是超人,具有无限的资源与能力,否则就根本不可能同时满足大、强、快的要求。

为了应对以上情况,企业需要明晰其价值观定位原则,即清楚界定大、强、快的轻重缓急、优先排序。一般地,若考虑最简单的只涉及两个目标属性 X 与 Y 的情形,如安全与盈利、质量与成本、规模与灵活等,显然,从长期看,有可能做到兼顾两个目标的改善,但短期内要想快速同步改善,则易出现顾此失彼的情况。

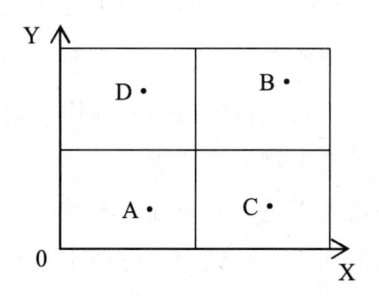

图 4-3 多目标追求与价值观定位

如图 4-3 所示,从现状 A 出发,向 B 发展,表示多指标兼顾改善型方案;向 C 或向 D 发展,主要代表单一指标改善型方案。现实决策中,若能找到 B 方案,则决策比较简单,而若只找到 C 或 D 方案,且必须在 C 或 D 中二选一，则此时的决策就会涉及艰难的优先考虑 X 改善还是优先考虑 Y 改善的价值观定位问题。

类似地，要想针对 X 与 Y 这种涉及两个甚至更多个指标冲突的情形，给出明确清晰的轻重缓急排序原则，现实操作中并不容易，因为在类似 C、D 的方案之间，可能存在着更多个涉及 X 与 Y 取舍的比较方案，即使对于类似选桔子还是选苹果的方案尚能做出抉择，而对于类似选桔子还是选大象的方案似乎就很难排序了。

正是由于方案众多与比较排序的困难，使得人们在价值观定位上表现出了更多的随意性，从而隐含着传递了事实上混乱甚至矛盾的价值观表述。考虑到企业清晰价值观表述的缺失，笔者在一些 EMBA、MBA 学生中的调查表明，在面对实际上矛盾冲突的价值观判断与选择时，员工最后更多的只是凭自己的个人感觉行事。

例如，在一些公司的使命陈述中，不乏"顾客第一"、"股东至上"、"员工为主"、"社会责任"等提法，甚至有"实现股东与员工利益的最大化"的宣言，但却少有说明，在顾客、股东、员工、社会等发生冲突、无法兼顾时，到底应遵循怎样的先后排序处理原则。这意味着，以上陈述并未给出组织的价值观原则。

再如，有些大公司在其使命及文化价值观陈述中，声称"客户第一、员工第二、股东第三……"，公司作为整体不强调盈利目标，希望以此促使员工更加关注客户需求，实现企业发展的良性循环，却在其对于员工个人的考核中仍将报酬与绩效挂钩，结果使得员工的实际行为更为关注短期绩效而不是客户需求。

类似上述这种使命观表述与绩效观考核的内在价值观冲突，也体现在许多全球领导人的观念中。试想一方面希望绿色可持续发展，而另一方面又希望不断提升人们的生活水平，难道真的以为人类有无限创意、世上有免费午餐、地球有无尽资源？事实上，除非人类能够自律，放弃过度消费，否则，绿色可持续都只是空谈。

以上讨论表明，在企业决策中，一旦涉及众多指标，必须区别对待能够同时兼顾与不可兼顾这两种不同情况，特别是对于那些受事物客观规律制约无法兼顾而必须进行先后排序处理的指标，如果没有清楚界定在发生冲突时的轻重缓急排序或排期的价值观指导原则，而是将其当作可以同时兼顾、同步改善的指标进行层层分解考核，其结果就会引发实际上的组织价值观的无意漂移。

价值观的无意漂移是指多指标冲突时，人们对于多指标的实际排序偏离了组织原本设定的原则。这种情况的出现，主要是由于在处理多指标关系时，尽管在价值观陈述中强调了某些关键质性指标的重要性，但在绩效考核中却过多地关注了一些次要量化指标，结果在人们实际行为中相对忽视了重要质性指标的潜在影响！

在许多有形的重大决策失误中，都可发现存在着以上这种无形的价值观扭曲或漂移情况。例如，在泰坦尼克号的设计与航行中，对于时尚、舒适、速度、创收等方面的考虑远远盖过了对安全的关注；酿成墨西哥湾灾难的英国石油公司尽管一直声称重视安全，但其内部实际盛行着的却是"节约高于安全"的文化。

再如，因受各种压力影响，美国航天局对于航天飞机发射的安全考量，渐渐地从原先的"如果证明是安全的就发射"转变为后来的"如果没有证据显示不安全就发射"，致使航天飞机灾难连连；2011年"7·23"动车追尾事故发生前，因京沪高铁开通后屡屡晚点，7月19日有报道称铁道部强调要认真抓好客车正点率工作。

以上例子表明，过分关注成本节约、盈利发展、规模增长，无意中就会冲淡对于品质、安全、可持续的重视，也就是使企业发展从稳健可控的价值观转向高速冒险的价值观。一般来说，受到给定的企业资源、时间、精力的制约，是不可能做到盈利、规模、成本、质量、速度的同步改善的。

早在2004财年，丰田公司盈利业内第一，当时就提出了争取做大市场份额的目标，同时还希望通过控制成本保持盈利水平。显然，为了以一定速度实现规模扩大，自然会将可量化的盈利、成本、规模、速度等指标排到更为优先的位置，从而在无意中偏离了丰田公司原本一直强调的重视质量的价值观原则。

正是因为对可量化指标的重视，压倒了对较难量化的质量的关注，使得人们看到了此后实际发生在丰田公司的价值观漂移后果，当上规模、抢速度、降成本、增利润成为人们关注的主要指标，考虑到精准生产系统的建立、质量文化及体系的形成、熟练员工与供应链磨合等均非一日之功，那么最后牺牲的就必然是产品品质！

从因果过程看，关注产品质量、客户满意、财务稳健，自然会带来订单的不断增加，最终就很有可能导致产能紧张、货期延长甚至摊薄品质，此时该如何取舍，就涉及了企业价值观定位的思考。仍然大小订单都接，还是有所割舍？迅速扩大产能、加班加点，还是保证品质、延迟交货？对此，必须给出明确回答。

显然，客户满意度提高后，若业务接单不分大小，就会导致生产的换线准备时间增加，结果影响总产量的提升，并导致生产成本上升，甚至还会影响到价格竞争力。此时，到底该依据怎样的原则做出以上决策？这是任何企业在其发展过程中都会遇到的价值观定位难题，这取决于企业真正优先考虑的战略目标到底是什么。

综上所述，在企业发展过程中，必须时刻保持组织价值观定位的清晰性，就是明确给出多目标冲突时的轻重缓急或优先排序的处理原则，并以此作为制定企业绩效考核指标体系的依据，以保证员工行为在考核指标的制约下，能够真正符合企业所倡导的价值观准则，使得企业运行始终受到良好思想的指引。

创造企业的未来[*]
——兼议"'画出'企业的未来"

　　创造企业的美好未来，不能如"'画'出企业的未来"一文所说的那样，通过画出企业战略的价值曲线，才一下子明白了变革的必要性，而应该清醒地认识"生于忧患、死于安乐"之道理，时刻关注创新变革的必要性，保持适度的外部环境敏感与内部响应能力，处理好企业战略的"知、信、行"之间的相互关系，以实现"知性规划、信仰引导、行动探索"的有机结合。

战略运作的模式

　　企业从现状走向未来，所经历的是一个动态渐次展开的过程，这其中涉及了分析思考、前景展望、实践操作等多个活动环节。如果将分析思考称为"知"，前景展望称为"信"，实践操作称为"行"，则可以认为，企业未来的创造将依赖于"知"、"信"、"行"三者

---

[*] 初稿完成于 2006 年 4 月，针对 2002 年 9 月哈佛《商业评论》中文版转载的 W. Chan Kim、勒妮·莫博涅（Renee Mauborgne）的"'画'出企业的未来"一文而写。本文系由初稿修订而成。

关系的有机协调，企业战略的实际运作可以归结为以下三种典型模式的适当组合。

模式一：知性规划。它指的是在采取行动之前，就构想清楚了行动过程可能遇到的各种问题及应对措施，然后按构想的规划实施落实，最终达成预期的目标。显然，在这里隐含假设了环境相对稳定可预期，企业的认知及响应能力可以满足事先规划的要求，因而，只要认清了形势，就能在规划指导下创造出企业的未来。

模式二：信仰引导。它指的是在实践之前，就看清楚了企业的未来前景，并对此前景方向形成共识，愿意朝此方向努力前进，最终实现预想的结果。显然，在这里隐含假设了前景是可以通过企业的行动获得的，有付出定会有回报，只要能够坚持不懈、努力行动，就一定能够在信仰引导下，创造出企业的未来。

模式三：行动探索。它指的是对于企业的未来态势，只能在行进过程中逐步呈现，无法事先加以准确的把握与展望，最终状态的出现只是努力、运气、变化等机缘巧合的结果。显然，在这里隐含假设了过程与前景受到众多因素的作用，企业不可能完全预知并加以控制，因而，只能边干边学，通过小步行动、谨慎探索，在适应调整中创造出企业的未来。

画出未来的前提

根据以上讨论，能够画出企业未来的前提是，基于"信"的展望，基于"知"的规划，并且不会出现"行"的意外。从战略思想上看，这里所体现的是上个世纪80年代以前曾经流行的设计、计划、定位这几个战略学派的观点，认为战略是可以通过事先精心设计获得的，这一点与今天许多企业面对的快速变化环境显然并不相符。

从时间过程看企业战略，可见企业与环境存在着互动变化，实际上所展现出来的是一个多方博弈的动态关系，无论是借助静态图景展现，还是通过快照方式揭示，都不能准确描绘现实企业发展的三维实时演化过程。也正是由于互动变化，才使得企业未来面临不确定，不仅需要创新思考与激情投入，还需要主观判断与相机抉择。

有鉴于此，阿里·德赫斯（Arie de Geus）认为，战略不是名词，而是一个动词，它是你所做的事，而不是你有的事。从"动词"的角度看战略，它体现在企业日常的平常心、平常言、平常行之中。至少可以这样说，即使最终能够做到事先画出企业的未来，也不是一蹴而就的，而需要边画边改，或者说需要经过较长时间的修正调整，方能得到较为理想的图景。

面对存在社会互动的企业环境，竞争对手的做法很难事先预料，顾客的偏好排序会随着可选方案的变化而变化。例如，在商品短缺的年代，家中能有一台电视机就很满足了，而在商品丰富的时代，则需考虑哪种类型的电视机更好。一种情境下表现出来的价值偏好，并不适用于另一种情境下的判断选择。这使得很难获得"'画'出企业的未来"一文中所指的"战略图"。

此外，由经济全球化、需求多样化等所带来的信息膨胀速度，远远超越了人们加工处理信息的能力的提升速度，结果表现为企业的认知与响应能力相对有限或者说不足，根本不可能做到事先洞察与把握未来的各种变数，而只能采取干中学的做法。例如，针对近年我国车市的变幻不定行情，又有谁敢称自己能事先估计到需求增长的如此起伏跌宕？能预测到车商间竞争格局的如此演变？

高速公路网的完善，SARS事件的冲击，收入水平的提高……众多因素的共同作用，导致我国家用轿车的井喷行情，但紧接着需求过快释放，产能迅速提升甚至出现过剩，价格竞争白热化，使得行业利润急剧回落。油价波动、环境恶化、节能型社会要求，一会儿有城市取消限小放大的政策，一会儿又有城市采取上牌拍卖的措施，使得小排量车的市场需求波动尤如坐过山车。对于这些变化，又有哪个企业能事先描画？

诺基亚从造纸发展到手机，格兰仕从羽绒服发展到微波炉，丰田公司从纺织机械发展到汽车，不知当初是否凭借过战略图的描画？这一切是否意味着，当环境变化的影响因素复杂到远远超出人们一般常识或认知水平时，任何试图事先规划一切的想法，似乎都是可笑的？从这个角度看，企业未来的创造，最需要的是创意与突破，最可怕的莫过于固守模式化的教条做法。

创造未来的招法

企业的未来发展，需要平衡兼顾企业与顾客的双重价值要求，这只有通过创新探索才能实现，这也是企业战略的核心之所在。创新需要专注积累、向前探索、切实行动，涉及分析、综合、描绘、行动等创造性心智及实践过程。考虑到每个企业面对情境的不同，很难给出能同时让行业中所有企业在竞争中取胜的简单招法。

企业需要知性规划，以保证战略行动的一定连续性；需要信仰引导，以激发人们向前的动力与恒心；需要行动探索，以迎接不断变化的环境挑战。战略规划需要"知、信、行"三者的有机结合、相互兼融。例如，在画得出未来，却规划不出实现途径时，只能探索前行。此时必须明确，最终通过行动"干"出来的战略，并不一定就如原先所"画"的那样。

再例如，在规划未来的过程中，若由于创意过多，非常发散，并受众多利益相关者冲突看法的影响，无法形成共识，此时，自然也就无法画出能够最终为大家所认可的未来。在这种情况下，战略也需采取行动探索的做法，少说多做，走一步算一步，通过"行"来描绘企业发展的轨迹，以免停留于纸上谈兵、"画"中争论，反而成为妨碍实际经营活动开展的阻力。

更不用说，有时即使理性上能画出，感性上也很难付诸实施，因为实际行动过程中，还存在着路径依赖。例如，随着环保、长寿、省电的平板电视——液晶与等离子彩电——逐渐成为市场的主流，许多传统的CRT显管生产厂家，自然遭受了灭顶之灾。显然，应对类似这种由技术更新换代所引发的行业重新洗牌与淘汰，并不是只要能够画出战略图就可解决的，其更大的挑战在于如何转型。

"画"得出就能"做"得出的想法，是基于环境完全可预期，企业行为完全可操控的假设。有时面对复杂多变的环境，再作这样的假设是不现实的。例如，受企业能力不足、创新不力影响，再怎么画也无济于事。企业未来是渐次展开的，通常情况下画好后还是可以变的，更有时需要边画边改，可见"知、信、行"之间不一定存在着固定的先后顺序关系。

到底是由信到知、再到行？还是由知到信、再到行？或是由行到知、再到信？回答这些问题，有点类似于试图弄清到底是先有鸡还是先有蛋。在这里，既可以如"'画'出企业的未来"一文中提到的亚里士多德所说，"没有意象，灵魂就不会思考"，也可以认为"缺少灵魂指导，将无法有效思考，更不可能形成意象"。实际上，在企业创造未来的过程中，思考、意象、行动，手段与目标，作为有机整体，互为因果，密不可分。

有鉴于此，在关注"'画'出企业的未来"时，管理者们至少需要保持一份警觉心，这就是所有影响画出的信息，都是基于过去的，而未来是有可能变化的。希望事前能想清企业的未来，画出包括顾客、对手、自身的前景，这一愿望很好，但有一点不能忽视，市场各种力量之间互动关系的演化，是很难事先完全预料的。

创造企业的美好未来，不能如"'画'出企业的未来"一文所说的那样，通过画出企业战略的价值曲线，才一下子明白了变革的必要性，而应该清醒地认识"生于忧患、死于安乐"之道理，时刻关注创新变革的必要性，保持适度的外部环境敏感与内部响应能力，处理好企业战略的"知、信、行"之间的相互关系，以实现"知性规划、信仰引导、行动探索"的有机结合。

企业战略的内涵*
——兼评《蓝海战略》

企业战略研究的挑战在于，到底是为企业已有的实践提供事后的解释说明，还是为企业未来的行动提供事前的预测指导。对于"解释说明"，可以思维发散，百花齐放，抱更为宽容的态度，如果所谈的观点实在很不中听，只要将其当耳边风即可；对于"预测指导"，需要方案明确，操作可行，抱更为严谨的态度，如果所提的建议无法有效施行，就必须迅速调整修正。对于《蓝海战略》一书的价值如何的评判，也应该如此。

在近年我国的管理理论与实践探索的研究中，"战略"当属热门话题之一。成亦战略，败亦战略，战略似乎已成为一个大口袋，什么都能往里面装。只是一旦涉及具体企业的经营实践，就会发现成败相倚、祸福相随，对于这其中所存在的事关企业兴衰存亡的战略密码，似乎至今尚未破解。各种名目繁多的冠以战略标题或者涉及战略话题的书籍及文章，如竞争战略、动态竞争、经营政策、超级竞争、合作竞争、追求卓越、长寿公司、边缘竞争、流程重组、基业长青以及最近流行的《蓝海战略》等的不断涌现，就充分证明了这一点。

---

* 本文根据项保华发表于《财经界/管理学家》2006年第10期的文章修订而成。

探讨企业战略，有两种最基本的思路：一是注重解构分析，它可以事后诸葛亮似的归纳出典型企业的诸多成功经验或失败教训，但却无法回答企业做些什么就一定能够确保成功或防止失败的问题；二是关注综合建构，它试图通过清晰界定管理情境，针对企业所面临的关键战略问题，提出具体的解决方案，以便更好地指导企业实践。解构分析似乎能解释所有事情，但却无法预测任何事，综合建构有助于结合具体企业的使命定位、自身实力以及外部环境等的动态变化，给出及时有效的解决方案，但只能就事论事、一事一议，较难普及推广。

对于企业战略乃至管理领域的所有理论与实践的探索，都会面临如何平衡兼顾解构分析与综合建构这两方面要求的挑战，都需关注所提出的看法或解答的基点是什么，到底是为企业已有的实践提供事后的解释说明，还是为企业未来的行动提供事前的预测指导。对于"解释说明"，可以思维发散，百花齐放，抱更为宽容的态度，如果所谈的观点实在很不中听，只要将其当耳边风即可；对于"预测指导"，需要方案明确，操作可行，抱更为严谨的态度，如果所提的建议无法有效施行，就必须迅速调整修正。对于《蓝海战略》一书的价值如何的评判，也应该如此。

战略本质：创新突破与自我质疑

一般地，如果将企业战略所需解决的"问题"描述成，已做到或已实现的与想做或欲求的之间出现差异，也可简单地说成是"现实"与"理想"产生差距，并且这种差距大到了足以引起人们重视的程度。那么针对"问题"的所谓解决"方案"就是，能够帮助从"现实"向"理想"过渡的手段和方法。从时间过程看，任何企业及其决策者所面对的"现实"与"理想"，总是伴随着内外环境要素的不断变化而变的，这也意味着在解决了一个老问题并带来了现状改变的同时，人们内心中想做与欲求的东西必将随之改变，伴随着就会自然而然地引发出与已获解决的老问题有所不同的新问题，这使得企业战略问题的解决过程呈动态变化性。

进一步若将企业需解决的问题大致分为三类:一是清障型,指的是在做事方向明确的前提下,如何消除或绕过前进道路上的可能障碍;二是探路型,指的是前途迷茫不知路在何方,或者可选之道太多,不知选哪条为好,需要找到突破点;三是防患型,指的是不知道问题在哪,或者说存在着"没有问题的问题",此时的关键在于,如何未雨绸缪,识别出可能存在的潜在问题,并在事先为其做好充分的准备。可见,对于企业战略来说,最具挑战性的就是找到并解决没事找事的防患型问题,因为这需要人们的洞见与创意行动,而这一点在现实人群中相对来说比较稀缺。也正因为如此,可以认为,"看不出问题的存在本身就是最大的问题"。

亨利·明茨伯格曾经认为,"大多数战略遇到的麻烦是那些自认是战略家的CEO们。伟大的战略家或者有创造性,或者有雅量,遗憾的是,这两种类型都太少了。我们把具有创造性的那些人称为梦想家——他们看到的是其他人熟视无睹的世界。他们通常有自己独特的行为方式,很难与之打交道。有雅量的人则相反,他们从其他人那里汲取战略,他们建立的组织鼓励质询和创造"。由此可见,从对企业实践进行"解释说明"的角度看,《蓝海战略》一书提出以创新作为战略思维的突破点,尽管只是老调重弹,却不无道理;只是从对企业实践提供"预测指导"的角度看,要想给出具体有效的创新对策,却并非易事,事实上《蓝海战略》也未能做到这一点。

应该说,在竞争的环境中,创新总是相对的,它并非是每个人都可很容易、很随便就能学会的东西。据报道,英、美科学家通过对609对同卵双胞胎和657对异卵双胞胎的创业情况的比较,分析了遗传与环境对创业者的影响,结果表明,一个人的创新倾向有近一半取决于基因。如果这一研究结论可靠,将意味着创新可能天生就是某些人的专利,而并非是谁都可以做到的事。即使撇开先天遗传因素不论,仅就后天的学习积累而言,创新必须突破人类认知与社会思维方面的局限,这也并不是简单地通过对于类似《蓝海战略》这样的书本的学习就能做到的，就如只凭阅读菜谱不能保证烧出好菜来一样，创新可能需要经过渐修顿悟的反复历练方能见效。从干中学的角度看，企业战略问题的解决所涉及的不只是一个简单的一次性判断与选择事件，而是一个持续寻求创新性解决方案的系列判断与选择过程。

具体地，由于受人们心理与行为倾向所限，就《蓝海战略》所提及的创新而言，往往是说比做容易。细究其原因，主要是由于人类及企业在其发展演化过程中，均会程度不同地表现出思维定势或成见。人们的偏好选择并不长期稳定，会随着内在心理及外在情境框架的改变而变化。思维态度与行为倾向之间，存在自我印证、相互强化的关系。受群体与社会影响的作用，人际互动中会出现个性潜隐、群性彰显、异化冲突等现象。例如，实际上在经历多次成功后，人们更容易变得自负，从而自以为是、丧失洞见；而在经历多次失败后，人们更容易变得自卑，从而丧失自信、不敢冒险。经过这种思维与行为的自我强化，在实际行为与态度上，人们就会表现出妨碍创新思维与行动的肯证与否证倾向，这就是一旦形成某种先入为主的看法，就会有意无意地对正面支持性的信息产生偏爱，对反面否定性的信息产生排斥，从而难以实现自我突破。

彼得·德鲁克曾指出，管理既不是艺术也不是科学，而是实践。实践需权变、需创新、需特色，需不断探索。创新探索非常需要人们的质疑反思精神，而这种精神的培养必须要有企业文化的支撑。现实中不难发现，许多人特别是那些所谓的成功人士，往往都比较愿意对他人特别是自己下属的想法提出质疑，但很少见到能对自我或者位高权重者的想法直接提出质疑的人。由此可见，组织中的权威如果不会自我质疑，要想依靠他人的质疑是很难的，因为如果你不想听不同意见，是没有人会自讨没趣，坚持要给你提意见的，特别是当你身居高位时，情况就更是如此。这就是所谓的"听得进劝告的人，是不需要劝告的人"，因为他会自我反思、主动征询；而听不进劝告的人，说了也没用，甚至招人嫌。这也从一个侧面说明，为什么人一旦升迁发达，在其下属眼中看来，就更容易犯傻。毕竟质疑他人容易，质疑自己困难；人贵有自知之明，但却多见自负之人。所以，企业要想搞好战略，实现创新突破，身居高位者特别需要具备自我质疑与反思的精神。

战略手法：兼容并蓄与操作难题

企业战略涉及整个组织的多目标平衡追求问题，考虑到多目标之间可能存在着矛盾冲突，若按常规的思路去处理，往往容易掉入顾此失彼的陷阱。在这种情况下，最好的做法是通过创新努力，构想出一个能够同时满足多种目标的方案，也就是采取所谓的兼容并蓄做法。由此可见，那种简单地认为，蓝海战略优于或可以完全代替红海战略的设想，实际上是片面的。这主要是因为，即使采用蓝海战略，致力于增加需求，试图摆脱竞争，也并不等于可以真正消除竞争。事实上，无论是蓝海还是红海，都是"海"，都只是实现企业目标的手段，而作为战略思考的工具，仅当所提出的方案能够兼容蓝海、红海之特性时，才会具有更大的普遍适用性。

无庸置疑，从某一时段的社会资源供给总量来看，相对于不断增长的需求而言总是稀缺的，由这一社会经济发展的所谓稀缺规律所决定，无论采取什么措施，企业之间仍会存在对于给定的顾客钱袋或社会资源，也就是社会有限购买力的竞争。减少或回避这种总体上存在的竞争不可避免性，唯一出路就在于通过创新突破，构建兼容并蓄的多赢共生解决方案。例如，《蓝海战略》一书给出的同时追求差异化与低成本、在重视现有市场的同时开创全新市场等建议，实际上就体现了这一要求。从这个角度看，可以认为，能够实现企业、顾客等多方主体多赢共生的价值创新做法，不仅仅是蓝海战略的中心，也是企业所有战略或经营工作的中心。

应该说，作为一种战略思路与工具，无论是红海还是蓝海，它们本身并不是战略，它们之间也并不相互排斥。本质上看，战略只是一种基于企业决策者个人价值偏好的判断与选择行为。例如，蓝海战略所提出的重建市场边界、关注全局而非数字、超越现有需求、遵循合理的战略顺序、克服关键组织障碍、寓执行于战略等原则的实施，将战略分析的重点从企业、行业转到了战略行动，所给出的"剔除-减少-增加-创造"四步动作框架，还有利用价值曲线进行战略图示等方法，其现实运用无一不涉及企业的判断与选择等行为决策过程。所以，真正解决蓝海战略的创新突破问题，必须先弄清行为决策的机理，打开企业决策者与实施者的心智与行为的黑箱，对于这一点，《蓝海战略》一书实际上并没有给出解答。

　　从理论本质看，《蓝海战略》一书给出的各种提法，都不是该书作者的新发明，而只是对早就存在的各种管理思想与方法换个新说法而已，难免有"新瓶装旧酒"之嫌。更何况，其所给出的分析工具——基于价值曲线的战略图示，在实践操作上也存在难题。在存在着社会互动的现实市场环境中，对手的做法很难事先预料，顾客的偏好也会不断变化，更何况在信息膨胀的时代，企业不可能事先洞察与把握有关未来的各种变数，根本不可能画出清晰的战略图示，而只能采取干中学的做法。例如，在我国加入WTO之前，人们担心与讨论的话题中，更多关注的是国外企业大举进入中国可能造成的冲击，认为国内产业可能遭受市场被海外兵团替代的灭顶之灾。而实际上后来事态的发展表明，更为困扰国内企业的却是在海外市场上不断出现的反倾销官司。

　　事实上，要厘清企业战略图示与战略行动之间的关系，有点类似于回答先有鸡还是先有蛋的问题。既可以如《蓝海战略》引用亚里士多德所说的"没有意象，灵魂就不会思考"，来说明事先画出战略图示对于指导战略行动的重要性，也可以对此提出相反的说法，认为"没有灵魂，将无法思考，更不可能有意象"。显然，在企业通过战略创新走向未来的过程中，思考、意象、行动，互为手段与目标，构成不能割裂的有机整体。即使在能够给出战略图示的情况下，企业至少仍需要保持一份警觉心，这就是所有影响战略图示或价值曲线的信息，都是基于过去的，而未来有可能变化。希望事前能想清企业的未来，画出包括顾客、对手、自身的前景，这一愿望很好，但有一点不能忽视，市场各种力量之间的互动演化关系，需要动态跟踪，很难事先完全预料。

战略实践：行思互动与随机涨落

注意到企业战略所面对的现实是，经营成败受到众多因素的影响，如：先天禀赋、后天积累、环境机遇等，这些要素既不完全可控，也不全赖学习调适。更进一步考虑到由于社会现实资源的相对稀缺性，导致市场竞争的客观存在。物竞天择，即使所有企业都做得很好，仍然会有企业最终被淘汰。例如，在不同人类个体、社群、国家之间始终存在着实力比拼、成败博弈，尽管具体衡量实力优势的标准可能存在争议，有时短期最佳并不一定意味着长期最好，但优胜劣汰、适者生存的丛林法则，无疑还是在起作用的。即使再怎么好的理论，如果大家都知道了，而且也都做到了，在竞争的环境中，仍然不能保证所有企业都能很好地生存下去。这意味着，同质化竞争必然会有失败者，最有效的战略生存法则，必然是通过创新的差异化、多样化共生。

当然，要做到真正的常胜，并不容易。企业经营的成败，存在着类似"潮汐涨落"的现象。受众多随机因素的影响，特别成功或特别失败的事件，都不太可能持续发生。从宏观的角度看，"三十年河东、三十年河西"，"风水轮流转，明年到我家"，世界500强的排序年年变，要想保持"基业长青"，永远徜徉于"蓝海"之中，似乎并非易事。从微观的角度看，有时对做得特别好的给予表扬或奖励后，紧接着往往会发现，其业绩就会有点回落；而对做得特别差的给予批评或惩罚后，紧接着常常会发现，其业绩就会有所回升。这种所谓的"均值回归"现象的存在，通常意味着奖惩措施均不太有用，业绩波动是其他随机因素造成的。只是一般人在面对这种情况时，很容易产生错觉，从而得出结论，批评比表扬有效。这样，无意之中就导致对批评的滥用、对表扬的吝啬，并久而久之在企业中形成相对苛责、不容犯错的惯例。显然，这与创新所要求的企业文化是相悖的，创新需要信任与宽容，需要更多的鼓励而不是指责。

为使企业战略所要求的创新见效，必须注意把握市场及顾客的社会心理特征，特别是其中涉及的群体"潮汐涨落"现象。一般来说，在处理与自己所属不同的其他群体的关系时，人们会希望与所属的群体保持一致，以获得心理归属感，这样就会表现出随所属群体的整体潮流而动的趋同性；而在处理与所属群体内部成员的关系时，又希望自己能与所属群体内的其他成员有所不同，以获得更好的自我感觉，这样就会表现出相对于所属群体其他成员的标新立异或独特性。既追求群体归属的趋同性，又希望保持个体自我的独特性。现实存在的这种趋同与异化的矛盾冲突，使得企业创新在引领潮流时，更可能引起一些群体的共鸣，而不会面临市场需求不足的问题，但在应对成熟市场竞争时，容易忽略独特性而显得过时，从而逐渐失去原有顾客。企业战略强调创新，其关键就在于适当把握"潮汐涨落"的时机，既不是一味领先，也不是一味守成。对于这一点，并不存在包治百病的妙方。总之，无论什么管理书籍开出的药方，都必须对症才会见效，而对于企业病症的认识，关键还在于决策者自身的认识。如果连得了什么病都还没有诊断清楚，就盲目地胡乱用药，那么良药也会成毒剂的。对于这一点，是人们在阅读《蓝海战略》时所必须注意的。

解读波特"竞争三部曲"*

从企业战略实践过程的视角看,解决战略管理疑难的关键在于,找到切实可行的途径,夯实生存盈利基础,构建稳健发展机制,营造互惠共生业态。据此剖析波特"竞争三部曲"——《竞争战略》、《竞争优势》、《国家竞争优势》,将有助于认清其真正的理论内涵与应用局限。

经营管理之法宝:破译企业成败的战略密码

战略以企业整体为研究对象,从分析企业经营优势的构成、来源、创建、保持与演变过程入手,试图探讨影响企业经营成败的关键因素,解说造成不同企业最终业绩差异的深层原因。作为一般性论述,战略希望解答这样两个方面的问题:一是企业成功的充分条件——"做点什么企业经营一定成功?"二是企业成功的必要条件——"不做什么企业经营一定失败?"能说清第一个问题,企业经营就有了方向,其成功也就有了保障;能阐明第二个问题,经营成败就有了评判准则,防止失败也就有了可能。

对于战略问题的研究,可以认为目前仍处于丛林发展阶段,反映

---

* 初稿载《竞争战略》、《竞争优势》(迈克尔·波特著,中译本,华夏出版社,2003年6月重印本)"序二"。本文在初稿基础上经多次修订而成。

在我国的图书市场上，就是在企业战略、竞争优势、核心能力、战略管理等林林总总的名目下，大量充斥着各类本土、原版及翻译的相关论著。应该说，这其中不乏经典之作，由哈佛大学商学院教授迈克尔·波特完成的"竞争三部曲"就是一例。

迈克尔·波特（Michael E. Porter）出生于1947年，1969年获普林斯顿大学航空机械工程学士，1971年获哈佛商学院工商管理硕士，1973年获哈佛商学院企业经济学博士学位。1975年开始在哈佛商学院讲授"经营政策"（Business Policy）课程，至1990年完成出版具有广泛影响的"竞争三部曲"——《竞争战略：产业与竞争者分析技巧》、《竞争优势：创造与保持优异业绩》、《国家竞争优势》，先后持续15年时间。

竞争三部曲的出版，奠定了波特教授在世界战略研究领域的大师地位。据我所知，就我国战略理论研究与实践探索者而言，对于波特的了解，主要还是从其《竞争战略》与《竞争优势》开始的，因为对于这两本书，在1996年华夏出版社获得中文简体版的版权正式翻译出版前，早在1988年国内就已有多家出版社的译本在读者中流行。至于波特的《国家竞争优势》一书，尽管国内的战略学者们通过原版文献以及波特自己的论文早有所闻，但由华夏出版社翻译出版该书的简体中文版，那也已经是2002年的事了。

对于波特的"三部曲"，尽管国内购买者人数并不少，但能真正静心通读全书的人实际并不多。究其原因，一是由于目前人们的工作与生活节奏较快，更为喜欢快餐式的阅读材料，波特三部曲实在太过厚重与琐细；二是由于波特三部曲沿袭了产业经济学的分析思路，有点太重经济理性而轻管理人性，不太容易阅读；三是由于前些年我国许多管理实践者客观上正处于创业起步阶段，尚未真正遭遇企业发展的战略瓶颈，缺乏认真精读的心境与压力。就我国目前企业发展的状况而言，经济改革开放已有三十多年，许多企业在做大后正逐渐面临做强、做久的战略困惑，从这个角度看，目前重读波特的三部曲可谓正逢其时。

当然，为了真正读懂西方语境下写就的波特三部曲，有必要了解一下波特成书的理论基础与研究背景。必须清醒地看到，三部曲的理论基础是传统经济学的见物不见人的竞争分析，相对忽视企业经营所涉及的社会集体性行为的人际互动问题；所体现的逻辑框架是企业内外关键要素的静态匹配，对企业跨期生存所面临的动态调适过程涉及较少；所提供的工具技巧，比较重视对于企业关键要素的解构还原，而相对忽视企业整体运作的综合构建，因此，便于穷举有关企业成功的"必要条件"，却不易给出简洁而完备的有关企业成功的"充分条件"，这使得三部曲在指导企业实践操作时带有一定的应用局限性。认清"三部曲"的这些特色与局限，将有助于通过阅读更好地借鉴吸收其精华，达成为我所用之目的。

三部曲理论基础：经济学家眼中的竞争战略

波特长期从事产业组织理论与竞争战略的研究，致力于在经济理论与企业实践间架设桥梁，其所完成的"竞争三部曲"，相互之间既存在着内在联系，又各自包含有独立的主题，但在本质上所反映的都是一种基于经济学比较静态研究的假设与思路。首先，隐含假设了市场资源的稀缺性，从而相对强调了战略的竞争特性而忽视了合作可能。对于这一点，从宏观整体的资源配置看，做短期静态考察，一种资源用于甲企业就不能用于乙企业，似乎竞争是占主导的；但从微观局部的企业运作看，做长期动态考察，一方面就单个企业所需而言，可以认为资源供给相对丰裕，另一方面资源总量也是可变的，企业之间存在着合作求发展的可能。

第二，隐含假设了信息完全性，从而强调了战略的全面事先规划，而相对忽略了战略的动态调整学习。对于这一点，从波特三部曲所提供的细节俱全的分析框架，如五力竞争模型、三种一般战略、成本驱动因素、价值创造活动、产业环境细分、完整钻石体系、国家分类研究等，可以略见端倪。在实践中，若要按此思路进行分析，一方面信息收集成本太高，另一方面操作时间太长，结果有可能造成由于战略思考分析太多，反而使得人们没有时间考虑如何行动。更不要说，在环境变化的情况下，一旦分析完成，可能现实状况又已变化，计划总没有变化快。正是由于波特试图提供无所不包的理论框架，而将战略实践中对于理论的简化应用工作留给了实践者，结果使得许多人读了波特三部曲，总觉得理论上找不出毛病，但在实践中还是找不到战略出路。

第三，隐含假设了经济人目标，从而强调了战略的个体竞争逐利性而忽视了战略的群体合作互惠性。这一点在《竞争战略》与《竞争优势》中表现得尤为明显，尽管在《国家竞争优势》一书中，波特强调了"产业集群"的作用，看到了众多企业之间存在的互惠、互赖、互动关系，但这只是他在考虑国家、州（省）等地域层次竞争对抗时，提出的基于更为广泛范围的竞争优势的构建框架。由此可见，波特三部曲的研究重心在于如何增强自身的竞争地位，而不管这里提及的"自身"到底是个别企业，还是国家或区域。也正是从这个意义上看，笔者更倾向于将波特的三部曲直接称为"竞争三部曲"而不是如有些人那样将其称为"战略三部曲"。

基于以上原因，在波特"竞争三部曲"中，对于战略所关注的造成不同企业最终业绩差异的深层原因的阐释，没有而且也不可能超出传统经济学理论的框架。从对于企业间业绩差异的成因分析看，在经济理论方面，主要存在着三种关于竞争优势带来超常业绩（即经济租金）的解释，一是基于受到保护的市场地位而产生的垄断租金，它源自于企业对外部行业产出市场的强势控制；二是凭借企业拥有的特异资源产生的李嘉图租金，它源自于企业对于内部稀缺专用资源的排他占有；三是依靠企业动态更新能力而产生的熊彼特租金，它源自于企业内外互适的学习创新能力。显然，波特"竞争三部曲"对于如何建立竞争优势的论证，也正是沿着这三种解释的内在逻辑思路展开的，例如：《竞争战略》关注产业环境与市场地位的建立，《竞争优势》聚焦内部价值活动与成本动因分析，《国家竞争优势》注重产业集群中企业之间存在的互适互赖共生性。

三部曲内在逻辑：体现哈佛传统的匹配战略

波特研究生阶段的学习与此后的教学研究均在哈佛商学院，所以，阅读波特的"竞争三部曲"，有必要了解一下他所在的哈佛商学院的战略研究特色。哈佛商学院早在 1911 年就设立了"经营政策"（Business Policy）课程，1965 年出版教程《经营政策：内容与案例》（C. Roland Christensen; Kenneth R. Andrews; Joseph L. Bower; Richard G. Hamermesh; Michael E. Porter, *Business Policy: Text and Cases*, Richard D. Irwin, Inc., 1982.），1982 年出版该书的第 5 版，波特作为五人合著的第 5 位参与者首次参与了该书的写作，从该书可以看出哈佛战略教授们的研究风格。根据该书的观点，战略以整个企业为研究对象，应由最高管理者负责，需要全过程管理能力，可以作为一种专业活动来看待。企业的使命目标可以独立于战略形成及实施而存在，战略制定可以借助于对企业内部的优势及弱点与企业外部的机会及威胁（即 SWOT: Strength、Weakness、Opportunity、Threat）的分析，通过对内外环境中关键战略要素的匹配，寻求可行的备选方案。在备选方案形成后，再根据一系列标准，进行方案的优劣评价选择，从中确定最终付诸实施的战略。所以，作为战略管理整个过程的两个不同阶段，战略的形成与实施可以相互独立运作，经过有序分解后交由不同的部门去完成。

按照以上观点，战略管理似乎可以简化为一个正式的规划过程，能够分解为多个明确的步骤，使用类似检核表的形式界定研究范围，由计划人员运用各种开发出来的战略管理工具与技巧，按照一定的程序按部就班地进行。一是确定企业战略目标与方向，二是了解外部环境态势，三是分析内部实力状况，四是提出、评价与选择战略方案，五是组织战略实施。这种对于战略管理过程进行结构化处理的解构还原分析思路，也体现在许多哈佛式的见物不见人、重理不重情的冷酷竞争案例讨论上,它在提升战略研究与咨询工作专业化水平的同时,无形之中割裂了战略管理过程各环节之间所存在的有机整体联系。波特的"竞争三部曲"秉承了哈佛战略研究的这种传统,体现的是SWOT分析的内外匹配思想,只是在思路上强调了企业定位问题,在分析工具与研究深度上做了更为细化深入的拓展,如《竞争战略》涉及有关企业外部的产业与竞争者分析,《竞争优势》讨论企业内部价值活动与成本驱动因素,《国家竞争优势》探讨以国家、州(省)等地域为对象的"产业集群"与整体竞争力构建问题。只是问题在于,这些工作都没有突破内外匹配分析的静态思路之局限,事实上,从动态的角度看,战略不仅需要从现有的匹配中找方案,更需要通过创新以扩大与增加备选方案的选择范围,也就是超越现有匹配方案的束缚以求新的发展。

对于战略的动态性问题,波特在正式完成三部曲后,于1991年在《战略管理杂志》上专门发表了"战略动态理论"一文(Michael E. Porter, "Towards a Dynamic Theory of Strategy", *Strategic Management Journal*, Vol. 12, 95-117, 1991)。在该文中,波特通过对其"三部曲"分析框架的回顾,解说并坦承了战略动态分析的逻辑难题。波特认为,按《竞争战略》的观点,关于战略研究的重心,即企业竞争优势的来源或者说不同企业之间业绩差异的成因,可以分为行业结构与企业定位两方面,其中:行业结构说明跨行业企业间的业绩差异,企业定位说明行业内企业间的业绩差异。企业定位决定了企业在行业中的相对地位,而定位本身又由企业战略所决定,如低成本战略、差异化战略、聚焦化战略等。若进一步对战略进行跨期的动态溯源,还需考察影响与决定行业结构与企业战略的因素是什么。在《竞争优势》中,波特将其归结为企业价值创造活动,认为这是竞争优势的基本单元,并进一步指出,价值创造活动受初始条件与管理决策的影响,而初始条件与管理决策又受到企业环境的影响。最后,波特在《国家竞争优势》一书中明确指出,竞争优势最终受制于企业内外环境,并以学习调适能力解释内部原因,以"钻石理论体系"(如生产要素,需求条件,相关产业与支撑产业，国内企业的战略、结构、竞争，还有政府与机会因素的影响等）说明外部原因。这样，遵循以上逻辑，结果很容易发现，对于竞争优势的解释，似乎又回到了初始条件与企业定位两个因素上。所以，从动态的角度看，波特认为，进行战略的时序过程研究，追溯竞争优势的成因，很难回避循环解释问题，不太可能建立严格数量化意义上的普适的因果关系模型，只有事先划定时间跨度与研究范围，才有可能给出以解释、判断为基础的相对可用的描述性框架。

三部曲应用局限：重解构轻综合的工具战略

波特的"竞争三部曲"对企业战略相关的内外竞争环境，从企业内部活动成本、外部产业结构、地域产业集群等不同层次，进行了全面深入的解剖，这为人们了解竞争本质提供了广泛的视角。但问题在于，这种解构分析的做法并没有真正提供解决战略实践问题的答案。解决战略实践中所遇到的各类问题，需要根据具体情况，结合战略目标，适当选用各种解构方法，平衡协调各种方法运用之间的关系。从这个角度看，波特所提供的许多方法实际上均属于工具战略，它只解决战略的可能途径，而未提供多种途径选择的准则。如波特《竞争战略》中提出的五力竞争模型，作为行业竞争驱动力解剖的经典方法，关注的重点在于如何增强企业自身的竞争地位，从而在竞争中获得主动权。但并没有解决模型实际运用中可能遇到的战略难题，如怎样处理五力的竞争与合作关系，如何应对行业中众多企业在战略运作上的竞争趋同等。另外，波特从产业经济学研究入手提出的五力竞争模型，实际上采用的有点类似于政府的视角，从中得到的有关结论可以为政府制定产业政策提供依据，对该行业中的所有企业都适用，因而很难为具体企业提供如何进行特色构建的思路。对于这些问题，波特在其1996年发表于《哈佛商业评论》的"战略是什么"一文中给出了相应的解决对策（Michael E. Porter, "What Is Strategy?" *Harvard Business Review*, 1996, 6）。

此外，受当时研究水平所限，当初在将波特三部曲引介给国内广大读者时，理论界对于波特三部曲的工具性特征，也存在着一些模糊认识。首先，认为各类企业之间所存在的就是竞争关系，并基于波特五力竞争模型的图示做了表面化的理解，觉得企业处于五种竞争力量的作用中心，同行企业、替代品厂商、潜在进入者是企业的现实或潜在竞争对手，企业的供方与买方也是企业讨价还价的对象，企业的一切都是为了增强自身的竞争力量。至于现实中到底谁有可能作为企业的短期或长期的合作者而存在，显然，这不是五力竞争模型所能回答的，也不是波特作为行业分析工具提出五力竞争模型时所试图回答的。事实上，如果从跨期动态的角度考察行业内各种市场力量的关系，也许可以发现除了竞争以外，其中还可能存在着多种形态的相互依存、互惠共生的关系。对于这一点，也正是波特在《国家竞争优势》一书中所重点关注的。第二，认为竞争战略就是企业战略，而实际上竞争战略与合作战略一样，只是实现企业战略的一种手段，它作为一种工具并不是战略所追求的目标，其本身的如何运用需要得到战略的指导。

不容否认，单个经济实体的一时竞争力的增强，可以通过剥夺他人的利益而实现，但是全球经济网络的长期生存力的保存，却需要依赖互惠共生来维系。在进行企业、国家或地域的竞争优势及内外环境分析时，如果过分关注"竞争"而不是"优势"，也许会造成指导思想上的错误。一是，将过多的精力放在考虑对手做什么上，可能会在无意中使企业忽视自身特色的建设，甚至还有可能没有时间思考自己该做些什么。二是，就进行竞争者分析所依据的信息而言，要么得不到，要么不准确，因为在竞争的氛围中，别人是不会主动将有用信息透露出来的。三是，即使能够得到信息，也许更多的只是关于过去而不是未来的，而未来是随着企业与竞争者的互动而变的，难以事先预料。四是，真正关于竞争者的信息可能会在顾客中反映出来，所以，与其费神进行竞争者分析，还不如服务好企业的顾客，随时了解自身现实与潜在顾客的需求动向。五是，竞争与合作的格局是变化的，有时"对手的对手也可能成为合作伙伴"，需要企业根据时间、情境等条件的变化去灵动地加以把握。实际上，只要能将分析重心从"竞争"移到"优势"构建上，可见企业战略之目标既可以通过竞争，也可以通过合作来实现。全球化必须建立在互补合作、和谐发展基础上，其前提是地域特色、多元并存，这一点在波特 1998 年出版的《论竞争》一书中有所体现（Michael E. Porter, *On Competition,* Harvard Business School Press, 1998）。

战略研究之我见：实践问题导向的思维框架

波特为"理论导向型"的学院派的战略研究走向实践应用做了大量的工作，进行了有益的探索与尝试。所以，认真研读"竞争三部曲"，对于完成一个严格的战略学者训练非常必要。对于学界存在的关于"三部曲"的争议，事实上并不是由于波特的无知或失误而引起的，这一点从其 1990 年完成三部曲以来出版的著作及发表的论文可以清楚地看出。应该说，波特对于战略领域有着极为深刻的把握，"三部曲"中所谓有争议的地方，基本上属于波特为了界定自身研究范围所做的一种人为取舍。例如，对于波特三部曲属于静态分析，缺乏动态思维的争议，波特就认为任何战略研究都涉及时间框架，也就是在多长的时间内考虑战略影响因素的问题，显然不同的时间跨度选择，自然可以导出不同的影响因素分析结论。对于波特的三种一般战略的分类，有人认为所有的战略都是特色战略，低成本战略实际上只是一种以低价为基础的特色战略。但实际上，从实践操作的角度看，只要现实中存在着竞争压力，即使追求产品或服务的顾客特色，为使企业自身更好地生存，降低成本也可作为一种可供考虑的战略选择。

从实践应用的角度看，波特在"竞争三部曲"中提出的五力竞争模型、三种一般战略、价值创造活动、完整钻石体系等，其中所体现的指导思想对于进行战略环境分析极具参考价值。毕竟现实企业战略问题的解决，既需要解构也需要整合，正如对于人的研究，既需要现代生物学细胞分子层面的解构分析，也需要现代人类学社群行为层面的综合建构，否则将无法真正解释社会中人的行为表现。当然，就"三部曲"所涉及的解构式的理性分析细节而言，对于中文语境下的战略行者来说，可能仍显得太过烦琐。若注意到管理不仅在于知，更在于行，而行需权变、需创新、需特色，则可以认为，理论探索值得细读经典著作，但实践运用需走出书本的束缚，密切联系具体企业的实际。显见，对于战略实践行动者来说，理论背囊太重是走不远的。为了有效处理战略的知行关系，必须看到，过度理性是无法行动的，战略探索既要追求简洁，因为只有轻装才能减少路径依赖，提升响应速度，迎接不确定环境的挑战；同时也要质疑简洁，防止在简化中忽略了可能存在的关键因素，以最终提升思考维度，解决复杂系统问题。

应该看到，战略研究目前仍处于丛林发展阶段，需要借鉴吸收哲学、宗教、经济学、心理学、社会学、政治学、伦理学、历史学、人类学以及综合演化论等学科的研究成果，融行业竞争、特异资源、核心能力、组织网络、内外匹配、交易费用、互动博弈、动态演化等现代西方战略理论学说与中国传统经世济民观点为一体，以便在平衡兼顾理论体系完备性与实践操作可行性要求的基础上，通过对众多流派的理论整合、实践检验、改进完善，提出更能解决企业战略实践问题的思维及管理框架。显然，这需要经历一个漫长的探索过程，无庸讳言，在新的框架最终形成并逐渐为广大战略理论与实践应用者所接受之前，对于亟需运用战略理论解决实践问题的人来说，在认清其理论基础、内在逻辑、应用局限的同时，花点时间精读波特的"竞争三部曲"，仍不失为一种较好的选择。波特三部曲所包含的分析视角与技巧，有着广泛的理论与实践借鉴意义，能够较好地满足高校、实业、政府各界人士研究单个企业、产业、产业集群以及地域经济的战略环境、发展布局与措施对策的需要。

最后，关于战略理论与实践的未来发展，根据笔者所做的长期探索，觉得应该遵循"实践过程导向型"的研究思路。从企业战略实践过程的视角看，解决战略管理疑难的关键在于，找到切实可行的途径，夯实生存盈利基础，构建稳健发展机制，营造互惠共生业态。战略分析要关注由供方、买方、替代品厂商、同行业厂商、互补品厂商、潜在进入者构成的六力互动模型所揭示的人际互赖的竞合演化过程,而不只是波特五力竞争模型描述的见物不见人的产业竞争格局;战略定位需重视自我超越,改变与拓展选择范围,做到从虚无创实有、化腐朽为神奇,而不只是从机会、威胁、优势、弱点(SWOT)的简单匹配中找寻所谓的最佳组合;战略行动要依靠平凡员工创造非凡业绩,而不只是指望个别杰出人才带来奇迹。

谨防战略丛林之陷阱[*]

进行企业战略的探索，须以平常心、平常言、平常行来应对，明确学在实践、学需用心、学是过程、学无止境，做到手中有书而心中无书。这也许就是企业应对纷杂变化的不确定未来，走出战略丛林之陷阱的根本之所在。

近年来，"战略"成为了热门话题，这其中的原因，既有我国改革开放30余年，许多企业发展开始遭遇战略瓶颈，从而迫切需要理论指导，也有国际上战略研究经30余年的探索，理论内容的丰富完善正趋于百花竞放，十分需要整合突破。这一点，反映到我国的图书出版市场上，就是在公司战略、动态能力、竞争优势等名目下，可见种类繁多的本土、原版、翻译的论著，战略真的已进入丛林发展阶段，对这其中可能潜藏着的陷阱，有必要加以甄别。

战略丛林的本质

战略以追求个人与组织的"活得了、活得好、活得久"为终极目标。基于这一最根本的目标，战略的理论研究主要关心企业环境中能

---

[*] 本文初稿为应《上海新书报》之邀，就市面上战略类图书的状况做简单评述，发表于2003年6月29日-7月5日《上海新书报》第760期（财经专刊），本文根据初稿修订而成。

够影响其目标实现的关键因素，希望弄清造成企业间业绩差异的深层原因；战略的实践探索试图解答这样两个问题，一是"做了什么就一定能够实现企业的目标？"二是"不做什么企业目标就一定难以实现？"显然，回答第一个问题，可为企业前进指明方向，为行动落实提供方案；回答第二个问题，可使企业降低经营风险，助企业规避失败陷阱。

但令人遗憾的是，由于影响企业经营的因素很多，且这些因素之间存在着较为复杂的多向联系，很难完全穷尽并描述清楚，这就使得企业经营的成败，在很大程度上依赖于那些不可道、不可名、被遗漏的情境因素。例如，在安然事件发生前，管理学界就曾经常引用安然公司来作为新经济、快速成长、创新文化的典范，而在丑闻产生后，才发现事实并非如人们想像的那样美好。这意味着那些秉持因果确定论的研究理念，认为通过努力能够完全把握影响企业成败因素的想法，实际上有点靠不住。

之所以产生以上问题，关键在于战略涉及了企业这一复杂的人文社会系统的迷宫，除非能够真正跳出迷宫，站到更高的层次上来观察，否则可能连"到底问题是什么"也弄不清。例如，明茨伯格等人在《战略历程：纵览战略管理学派》（1997年）（中译本，机械工业出版社，2006年）中将战略比喻为"大象"，认为战略理论丛林中的各个流派对战略的看法有点类似于盲人摸象。事实上，对于具有生命的大象，如果无法睁开眼睛观察，没有对其做动态跟踪，仅仅凭触觉就想完全把握真实大象，实际上根本不可能，甚至还有可能将摸到的"水牛"也误认为是大象。

由战略研究对象的以上性质所决定，不管采取哪类研究方法，就指导企业战略实践而言，实际上都无法回避其中所涉及的归纳与演绎的时序逻辑矛盾。例如，就归纳法而言，通过回顾过去，从成功企业中找经验，从失败企业中寻教训，希望找出影响这两类企业业绩差异的原因。这种基于过往实践的经验教训总结，往往带有很强的情境依赖性，可能只具有历史描述性，而不存在内在的因果联系，其对于企业未来创新实践的指导作用自然就十分有限。

再如，就演绎法而言，通过前瞻分析，试图对企业未来经营提出指导性建议，如"做点什么必定成功"或者"不做什么必定失败"等。这种基于逻辑推理所给出的建议，通常称为理论建构，如果对于由此导出的结论，进一步提出这样的问题，也就是其理论推演的依据是什么，结果就会发现，实际上仍离不开对于企业过去实践的总结或者研究者个人的直觉判断。注意到直觉也受到研究者个人过去有意或无意中所吸收的各类信息的作用，可见，演绎法也无法回避归纳法所遇到的因果关系推导的问题。

此外，从指导企业战略实践的要求来看，归纳法隐含了可由历史推断未来的假设，演绎法隐含了基于历史经验的判断。通常情况下，归纳法需要寻找存在于成功企业与失败企业之中的差异因素，以说明是什么导致成功，又是什么遭致失败，但如果由于各种原因影响，一时找不到或者找到了但差异不明显，此时就比较难办了。而演绎法从现在建构未来，往往需要以企业的行为符合理性为基础，但由于涉及不同时间跨度的理性思考，可能会有明显不同的战略关注重点，至少基于当下理性与基于长期理性的考虑，所得的结论就不可能一样，这意味着从现在推断未来并不一定可信。

经院战略的基础

就战略丛林中基于理论演绎导出的经院式战略框架而言，其理论基础主要源自于经济学。根据这些框架，对于造成不同企业最终业绩差异深层原因的阐释，大致可以分为三类：一是源自企业对外部行业产出市场的强势控制，二是凭借企业所拥有的内部稀缺专用资源，三是依靠企业内外互动的学习创新能力。例如，哈佛商学院波特教授出版的"竞争三部曲"——《竞争战略》、《竞争优势》、《国家竞争优势》所依次展现的分析框架，就集中反映了前述三类阐释的内在要求。

按照波特"三部曲"的构架，产生企业间业绩差异的原因可以分成行业结构与企业定位两方面。行业结构说明不同行业间的企业的业绩差异，而企业定位则说明同一行业中的企业间的业绩差异。企业定位由企业战略所决定，它影响与决定了企业在行业中的相对地位。而企业战略，如差异化、低成本、专门化等，则是由价值创造活动所决定的。价值创造活动最终构成了企业经营优势的最基本单元。这就是波特所提分析框架的基本思路。

如果再问，价值创造活动是由什么因素决定的，这就涉及到了企业动因，而动因又进一步受到初始条件与管理决策的影响，也就是企业的内外部环境的影响。波特在其《国家竞争优势》一书中，以学习调适能力解释内部原因，以"钻石模型"说明外部原因。这好像又回到了行业结构与企业定位解释上。正是由于很难回避这种时序解释上的因果循环，波特认为，战略研究很难构建严格的数量化意义上的模型，而只能给出以解释、判断为基础的描述性框架。

当然，就类似波特"三部曲"这样的经院式风格的战略著作而言，其特点在于理论体系的内容较为完整，结构比较严谨，针对各种战略理论问题所提出的解题思路较为清晰，看起来好像非常科学。但存在的主要问题是，基于传统经济学的经济人假设，更多地关注抽象的见物不见人的产业与竞争者分析，过分强调了企业间所存在的利益冲突性，而相对忽视了现实中可能存在的人际互动互赖的竞合演化过程，从而在实际应用上可能有碍于企业特色战略的构建与互惠关系的形成。

例如，波特在《竞争战略》中提出的五力竞争模型，更多地是从共性的角度看待市场中存在的同行企业、潜在进入者、替代品厂商、资源供方、产品买方等力量，以泛指而不是特指的眼光，抽象地审视这些力量对于企业经营的影响。而实际上，在企业战略实践中，只有那些能够反映各种力量及其内部不同的特异性要素，才可能起着决定性作用。例如，就与企业处于同一区域的张三、李四这样两个竞争同行而言，最终所表现出来的市场行为以及对于企业的影响，必然会因他们与企业经营者之间长期积累的社会交往关系的不同而有所不同，因此在进行竞争者分析时，需加以区别对待。

经验战略的依据

除了以波特"三部曲"为代表的经院式战略框架外，战略丛林中还存在着许多基于实践归纳而给出的经验派战略框架，如《基业长青》、《从优秀到卓越》、《现代企业诊断》、《执行——如何完成任务的学问》等。这类著作的特点在于，对具体情境的描述相对比较充分，所提供的实例证明数据较为翔实，使得所导出的结论看起来好像非常可靠。但存在的主要问题是，基于成败企业过去历史的总结，由于真实资料搜集的困难，不可能涵盖所有类型的企业与相关的经营细节，往往有顾此失彼之嫌。

例如，在类似柯林斯等人所著的《基业长青》、《从优秀到卓越》这样的书中，就明显存在着上述局限性。尽管基于西方管理学界普遍存在的哲学上的确定论理念，这些书的作者往往都会信誓旦旦地声称，自己能够完全破解企业成败的基因密码，其所找到的能够实现公司从优秀到卓越转变的"答案不受时间、地域的限制，普遍适用于任何机构"。（吉姆·柯林斯，《从优秀到卓越》，中信出版社，2002年，第6页）但仅仅凭借这种宣称，并不能真正回避其中所存在的理论缺陷。

事实上，考虑总体上资源稀缺、行业竞争的客观存在，纵使真的能凭该书开出的处方，做到使某个企业从优秀走向卓越，也不可能凭此做到让该行业中所有的企业变成卓越。毕竟卓越的标准是通过相对比较而产生的，更不用说从社会生态学角度看，企业多样性共存的前提是各具经营特色，而特色形成需要的是创新，而不是简单的学习仿效，这在很大程度上是一种看得见摸不着的实践艺术。所以，战略研究与实践需要秉持这样的精神，"道可道，非常道"，"诸佛妙理，非关文字"，理论上有思考，实践上无框架。

从这个角度看，在阅读各类基于案例提炼的经验派战略论著时，人们心中必须清楚，它们都只是管中窥豹的结果，因为其导出结论所依据的研究素材本身，往往笼罩着一层非企业内部人士就很难拨开的迷雾。正如安然、世通等公司的丑闻所反映的那样，仅当其真实内幕揭开时，人们才会惊叹，原来庐山真面目是这样的。由此可见，任何声称已完全破解企业成败关键因素的所谓"畅销书"，其成功例证越"雄辩"，就越表明言过其实。

正是由于以上情况的存在，阅读战略图书时心中必须清楚，战略所提供的只是解剖刀与万能胶，而决不是万灵药与锦囊计。借助于"解剖刀"，可将战略整体解构，便于人们了解战略活动与行为细节；借助于"万能胶"，能将战略细节整合，从而帮助构建并完善事关组织生存的有机整体与生存过程。为此，一本好的战略论著应能限定范围、说明前提，并在此基础上提供思维框架，以协助企业做出自己的适当战略选择而不是代替企业做决策。

另外还需看到，就实际企业经营的时间序列演化过程而言，无论是采用归纳法对企业经营进行解构还原，以总结出事关企业成败的经验教训，还是运用演绎法对企业经营进行综合构建，以推导出决定企业成败的影响因素，并用于指导企业未来的战略实践，这其中都会或多或少地涉及某种隐含的主观假设。例如，归纳法涉及了所选的企业样本是否具有代表性以及足够大的问题，演绎法涉及了影响因素如何提炼的问题。所以，战略理论往往很难满足完全证伪或证实的要求，只能说明在怎样的前提下可得到什么结论。

为了能够真正把握住战略本质，更为适合的研究方法可能应该是"假设-演绎"法，这就是先假设，再验证，然后再假设，再验证，以此试探前进。这是一种开放式的探索体系，它从不试图给出终结性的解答，但却为问题的解答指明了方向，给出了可以操作的方法，使得人们可以借此不断向着更为简洁、完备、可行的理论建构体系推进。从这个意义上看，任何战略论著所提供的各种理论构架与实践建议，都可看成是一种可以作为进一步研究出发点的假设，而不是那种不容置疑的终极结论。

　　有鉴于此，就具体企业的战略经营来说，实践中成败相倚、祸福相随，对于其中所存在的事关企业兴衰存亡的战略密码，似乎不可能一蹴而就、完全破解。所以，阅读各类战略论著，进行企业战略的探索，须以平常心、平常言、平常行来应对，明确学在实践、学需用心、学是过程、学无止境，做到手中有书而心中无书。惟有如此，企业战略才会从对于方向正确、运作高效、心情舒畅的不断追求之中自然显现出来。这也许就是企业应对纷杂变化的不确定未来，走出战略丛林之陷阱的根本之所在。

5 实力打造

要点提示

战略关注实力建设，实力体现在产品内涵、顾客偏爱、终端可获上，可由资源、能力、信誉三维度构成。从时间过程看，企业可立足于现有实力，从做好"当下"工作入手，以此锻炼出更强的能力，为"未来"赢得更大的资源与信誉。这样，形成良性循环，为企业打造出基于特色与创新的长期持续竞争优势。

企业实力三要素[*]
——产品内涵、顾客偏爱、终端可获

  产品内涵是让顾客觉得产品或服务的确物有所值，顾客偏爱是使顾客对产品或服务产生情感联系，而终端可获是给顾客提供便捷的购买途径。它们互为补充，成为有机整体，构成了企业经营实力或竞争优势的基础。

  据说可口可乐公司追求其产品的无处不在，成为顾客的心中首选，使顾客觉得物有所值，从而做到让顾客买得到、买得起、乐得买。由此联想到企业经营实力的论述，尽管存在众多互异的说法，但万变不离其宗，最终总还是可以归结这样三个最基本的要素：产品内涵、顾客偏爱、终端可获。在这里，产品内涵指的是，企业为顾客所提供的产品或服务具有真正的价值，而不仅仅停留在一种纯粹认知概念上的虚幻感觉；顾客偏爱指的是，顾客在对企业的产品或服务认可的基础上，所产生的某种特别情感偏好，从而在面临竞争时会优先选择该企业的产品或服务；终端可获指的是，在顾客决定购买该企业产品或服务时，能够便捷地得到其所需的产品或服务，从而让企业获得实在的收入回报。

---

[*] 本文根据项保华发表于《企业管理》2002年第4期的文章修订而成。

就产品内涵、顾客偏爱、终端可获这三者的关系来看，一方面，尽管缺乏内涵支撑的产品或服务，也许可以通过营销策划等手段，通过改变顾客认知，在短期内引起顾客的重视，但却难以引发持久的顾客偏爱。这方面的典型例子就是，某些通过纯粹新闻炒作，最后快速成名而又快速灭亡的企业。另一方面，对于那些具备真实内涵，也得到顾客内心认可的产品或服务，如果没有方便顾客购买的销售终端，即使有顾客偏爱也不可能产生真正的销售收入。这方面的典型例子就是，某些只重广播电视的"空中轰炸"而缺乏销售终端等"地面部队"支撑的产品或服务，尽管其知名度、美誉度甚至忠诚度都不错，但还是无法将其转变成为顾客的真正购买行为。

现实中，还需防止出现这样的情况，一个企业尽管其产品或服务的内涵丰富，销售终端建设也健全，但却由于没有注意从认知上引导顾客偏好，使顾客产生情感偏好，从而成为企业的产品或服务的回头客或引荐者。在这种情况下，企业也是难以为自己赢得长期市场份额与销售收入的。这方面的典型例子就是，某些企业忽略顾客偏好培养，没有与顾客形成良性互动的情感联系，也就是为商业而商业，不注意顾客关系的维护，尽管产品或服务的内在品质不错，渠道布局也合理，可就是没有实现持续的销售收入。此外，关于终端可获性还需补充说明的是，不同的顾客群体需要有不同的方便购买措施。例如，戴尔电脑公司原来一直采用网上订购、照单生产的做法，这样可以降低仓储成本，几乎不必保留存货。但 2001 年有文章报道说，为了抓住那些不愿上网或对上网有畏惧心理的顾客，以进一步提升公司的市场份额，戴尔公司推出了直接进入有形销售终端的廉价整机电脑 Smart steep 100D，以便与 HP 及 Compaq 这两家公司竞争。

综上所述，产品内涵是让顾客觉得产品或服务的确物有所值，顾客偏爱是使顾客对产品或服务产生情感联系，而终端可获是给顾客提供便捷的购买途径。这三个要素缺一不可，它们互为补充，成为有机整体，构成了企业经营实力或竞争优势的基础。

企业资源与能力辨析*

在处理资源与能力的关系上，企业必须更多地关注能力建设。拥有资源，但不具备识别该资源价值或运用该资源增值的能力，将无法形成真正的企业实力。

对于企业资源与能力的概念，存在着很多互有不同的说法，这里的关键在于弄清资源与能力之间的联系与区别。一般地，资源指的是那些基本上能为管理者所完全掌控的外显、静态、有形的客观"使役对象"，而能力指的是那些最终需要体现在具体个人或群体身上的潜在、动态、无形的，可以胜任某项工作或活动的主观"能动条件"。因此，相对来说，资源在投入使用前，比较容易衡量其价值，而能力在投入使用并发挥作用前，往往不容易事先估量其价值；资源需要通过能力去实现增值，能力只有通过使用资源，为顾客提供了价值才得以表现。特别是在现代经济全球化趋势不断加强的情况下，资源有可能突破区域、国家的局限，在世界范围内方便地进行采购、调拨与配置，但对于资源的综合运用能力，最终还是有赖于企业自己一步一个脚印地加以建设。

在给定时期里，一个企业是否拥有丰裕的存量资源，会在很大程度上影响其集聚人才的能力。资源相对充足的企业，人才可能拥有更

---

* 本文根据项保华发表于《企业管理》2003年第2期的文章修订而成。

好的环境条件，可以更好地发挥自己的作用，做出更大的贡献，从而反过来进一步提升自己的能力。这些企业会对人才形成更大的吸引力，结果人才集聚与能力提升互为促进，产生"滚雪球"的效应。由此可知，对于常见的"人力资源"提法，如果未加正确理解，必将影响企业能力的提升。例如，若认为人力资源也是一种"资源"，在内心深处更多地以"使役对象"去看待，无意之中就会特别关注使用效率问题，更多地采取节省投入的做法；而若觉得人力资源主要是一种企业"能力"，内心深处更多地以"能动条件"去看待，无意之中就会更加关注潜能开发问题，更多地采取改善环境的做法。显然，将人看成被动工具或能动主体，尽管只是一念之差，但其最终对于企业能力的提升却会产生截然不同的结果。

在实际运用中，以上关于人力资源的看法，还需视具体企业情况的不同，做出适当的调整。那种不顾企业所处的区域文化、行业特色、内部运作等环境要素的不同，盲目照搬照抄所谓先进的人力资源观点的做法，无疑是有害无益的。在人力资源管理方面，从严格意义上说，每一个人都可被看作是一个具有自身特色的个体，不存在能够普适于企业全体员工的统一做法。如：就某一具体企业来说，若员工只是生产线上一个可随时替换的加工环节，则就只能算是一种简单的生产资源；而若员工的个人经验或智慧构成了企业创造顾客价值的重要基础，则员工的存在就是企业能力的有机组成部分。当然，实际企业更多所面临的是介于上述之间的情况，这就是，既存在着作为资源的员工，也存在着构成能力的员工，还存在着作为资源与能力混合体的员工群体。

每个企业的发展，都有赖于资源与能力这两个要素的作用，只是对于不同的企业来说，其对于资源或能力的依赖程度会有所差异而已。例如，有些企业更依赖以资源为主的发展，另有些企业更依赖以能力为主的发展，还有些企业的发展，则处于资源与能力的某种适当结合点上。对此，每个企业及员工，均需认真思考，以根据具体情况采取适当的对策。从员工的角度看，若其能力必须依附于企业特定资源的支撑才能发挥作用，其个人就有可能成为企业的附庸和奴隶，从而失去自我独立性；而若其能力几乎不需要任何企业资源的支撑也能充分发挥作用，其个人就更有可能成为相对自由的独立主体。这意味着，当人是资源的附庸和奴隶时，拥有资源的企业更有可能持续发展；当人成为不依赖于资源的独立主体时，留得住人的企业才有可能长期发展。企业必须认清自身的核心资源与能力，在这里，核心资源可以看作是一种存量，而核心能力更多地表现为一种利用存量开发增值性流量的活动。在处理资源与能力的关系上，企业必须更多地关注能力建设。拥有资源，但不具备识别该资源价值或运用该资源增值的能力，将无法形成真正的企业实力。

持续竞争优势构建*

企业持续竞争优势的构建，可以从自我超越、市场互动、创新突破三个方面入手。从长期的观点看，一个企业能够真正持续拥有的竞争优势，就是永远都不会有竞争的优势，这只有通过不断创新，时刻把握先机才有可能实现。

对于竞争优势，存在着这样两种比较有代表性的观点，一种基于产品-市场（Michael E. Porter, *Competitive Advantage: Creating and Sustaining Superior Performance*, Free Press, 1985.），认为竞争优势就是在产业中建立一个有利可图的产品与市场的组合地位。另一种基于资源-能力（Birger Wernerfelt, "A Resource-based View of the Firm", *Strategic Management Journal*, 1984, 2. Jay B. Barney, *Gaining and Sustaining Competitive Advantage*, Addison-Wesley Publishing Company, 1997.），认为竞争优势就是在产业中形成具有特色的资源与能力的组合地位。作为这两种观点的综合（V. P. Rindova; C. J. Fombrun, "Constructing Competitive Advantage: The Role of Firm-Constituent Interactions", *Strategic Management Journal*, 1999, 8.），可以认为，竞争优势是外部的产品与市场定位，与内部的资源与能力建设的一种有机结合。据此，可以将竞争优势一般地定义为，企业所处的这样一种

---
* 本文根据项保华发表于《企业管理》2002 年第 7 期的文章修订而成。

状态，即：以自身的资源或能力为基础，能够提供被顾客认为是物有所值的产品或服务，而在存在同行竞争时，能够做到比竞争对手更好地创造顾客所需的价值。在这里，将竞争优势看成是一种状态，是因为这样可使人们更加注意其动态变化的特点，特别是在日趋复杂的多变环境中，情况就更是如此。

按照以上定义，竞争优势包含三层意思，一是建立在企业的特异资源和能力基础之上，二是需要得到顾客的最终认可，三是相对于其他企业做得更好。所以，竞争优势建设需从自身资源与能力入手，并随着顾客需求与竞争格局的变化而调整。从动态的角度考察，竞争优势构建的关键在于持续。对于任何一个企业来说，短期看，既然能够在竞争中存在，至少在当时，应该说还是有着一定的竞争优势的。但是，如果进行时间跨度较长的跟踪，却同时又会发现真正长寿的企业并不多。这里的原因在于，许多企业并没有形成持续的竞争优势，尽管能够凭借短期竞争优势赢得一时的市场，却无法形成长期竞争优势来保持市场的持续稳健发展。由此可见，企业发展的关键不仅在于能否找到方法创造竞争优势，而且还在于能否找到方法使得竞争优势得以持续。

对于持续竞争优势，现有研究的关注重点在于，竞争优势的基础是什么以及如何构建，而对优势如何持续的问题，却鲜见深入讨论。具体地说，这些研究既有从市场角度提出的，也有从资源角度提出的，还有从能力角度提出的，只是缺乏较为综合的整体观念，更缺乏关于符合什么条件的竞争优势就一定能持续的讨论。为了解决竞争优势如何持续的问题，可从分析持续竞争优势的最终特征入手，为企业提供适当的准则，以判定自己是否具备持续竞争优势，并进一步依据这些准则，对现有的竞争优势加以改进发展，使其成为能够持续的竞争优势。必须看到，企业竞争所涉及的内外环境中，存在着多主体的认知互动关系，离开对这种能动关系的把握，将不可能有真正意义上的持续竞争优势存在。也因此可以认为，一个企业能否形成持续竞争优势，其重点在于企业内外部各主体之间适当互动关系的形成与维护。作为一般考虑，构建能够持续的竞争优势，至少应该满足以下这样的一个或多个准则。

无法学：指拥有竞争对手很难获得，也就是不可流动的稀缺与专用资源及能力。这种竞争优势的形成，基于企业具有独一无二的资源或能力，其根本来源可能有两方面。一是，以先天具备的自然禀赋优势为基础，如：创业者所具有的敏锐市场洞察力及预见力，使得企业总能抓住先机；再如：拥有一项生产所必需而其他企业不可能得到的矿产资源。二是，以后天形成的获得性优势为基础，如：通过企业自身的不懈努力，构造了一种很高的行业进入障碍，这种障碍至少在短期内甚至是很长一个时期内，其他企业都不可能突破。

学不全：指拥有不可模仿的意会性经验、知识与做法，这是经由企业内部员工的长期相互磨合，最终逐步累积而成的，它在一定程度上具有不可言传的特点，对其他企业来说，要想真正掌握与理解颇费时日，有时甚至根本不可能。如：一个高技术企业所具有的能够吸引人才、用好人才、留住人才的综合环境；一个汽车消费信贷服务公司经多年摸索建立起来的，能够协同各方面力量，化解汽车租赁经营风险的能力。这里所体现的是一种跨越多环节、多部门、多活动的协调组织能力，还有反映在这背后的指导原则与文化价值观。这些相对无形的因素，一旦在企业内深入人心，成为企业上下的自觉行动，则是其他企业很难学全的。

不愿学：指保持低调处世，让竞争对手对参与竞争不感兴趣。从持续竞争优势的操作层面看，对于刚刚创业的小企业来说，通常并不具备让竞争对手"无法学"或者"学不全"的优势。此时，如果因独具慧眼而找到了利润丰厚的市场空缺，必须注意放低姿态，悄悄积累实力。如：可以通过企业现有顾客的途径，加大回头客及引荐者的培养力度，而不要急于采取大做广告、马上将企业搬入高档写字楼等太过张扬的做法，以免引起强大竞争对手的关注。从认知互动上来说，就是要让其他的可能进入竞争者觉得，在这一领域经营没有什么潜力，从而对参与竞争根本不感兴趣，以此回避可能的与其他企业的过早正面交锋。在这里，"做人低姿态、办事高水平"，对于小企业的经营尤为重要。

不怕学：指抓住先占优势，锁定目标顾客，使得后来进入的竞争者在市场规模或布局等方面始终处于劣势，这样，就可以不必担心新的竞争对手进入了。事实上，在市场发展初期，当市场不大且还不足以容纳多个竞争者时，在政策保护下得以获利成长的企业，从某种意义上看，就有可能建立起"不怕学"的竞争优势。如1998年6月（冯正平，"去除心理阴影不容易"，《中国经营报》2000年11月21日第31版），上海出台汽车上牌新政，规定外地产车辆在上海上牌要多交8万元的牌照费。结果造成外地车在上海销售受阻，销售及维修渠道建立困难，而本地车桑塔纳的销量大增，配套服务日趋完善。据2002年1月报道（殷正明，"买车先考虑一下维修"，《新闻晨报》2002年1月3日第6版），就国产轿车在上海的特约维修站数量而言，桑塔纳、帕萨特为34个，别克、赛欧为13个，奥迪、红旗9个，捷达7个，神龙富康3个。显然，前述对外地车的限制政策，为上海车占领本地市场创造了"不怕学"的先占优势。当然，能否取得先占优势，需视具体情况考虑，要防止先占不成，却最后成为"先烈"。

不敢学：指通过采取类似信息发布、先声夺人等战略性行动，使潜在竞争对手事先对参与竞争望而却步，主动采取回避或谦让做法。这种做法的结果，看起来有点如孙子兵法所说的"不战屈人"。当然，在此需要特别指出的是，尽管从真正战场上的你死我活争斗的角度看，做到了"不战屈人"，也许已属最佳结果。但从现实商场运作看，如果只是单向地"屈"了人，而实际上并未形成双向平等的互惠互赖关系，可能还是会留下隐患的，这就是会在不知什么时候被他人"屈"

回去。所以，在具体实施"不敢学"的做法时，应更多地通过事先沟通的方式，如主动传递行业生产能力严重过剩、市场需求饱和之类的信息等，以陈述客观事实的形式，晓之以理、动之以情，从而影响或改变竞争对手关于参与竞争的主观认知与心理预期，使其及早知难而退。

难替代：指通过努力创新、超前突破，走在同行的前列，从而使得竞争对手很难生产出功能相近的替代品。应该看到，如果企业所形成的竞争优势，能够满足上面提到的五个准则，则在企业所从事的业务领域，也许其他企业会很难参与竞争。但如果企业所在业务领域的发展前景非常诱人，此时其他企业就有可能通过曲线救国的方法，生产与企业产品相近的替代品，以突破企业产品的市场进入障碍。所以，企业为了拥有持续的竞争优势，还必须考虑尽量使自己所开展的业务，不存在或很难有相近的替代品。短期内要确保竞争优势的难替代，既可以从需求方入手，通过增加顾客的转换成本，使其不易或不愿转换到其他卖主；也可以从供给方入手，控制生产所需的特异资源与能力，使得其他企业无能为力；当然，也可以采取需求方与供给方相结合的做法。只是要想在长期内真正做到难替代，则惟有提高企业自身的整体创新能力一条路可走。

以上讨论的六个准则，既可以作为企业构建持续竞争优势的依据，又可以作为判定企业现有优势是否能持续的标准，从而为企业如何将现有竞争优势转变成持续竞争优势提供行动指导。显见，在以上六个准则中，"无法学"与"学不全"，以企业自我超越为基础；"不愿学"、"不怕学"与"不敢学"，以影响市场互动为基础；而"难替代"则以企业如何实现创新突破为基础。这意味着，企业持续竞争优势的构建，可以从自我超越、市场互动、创新突破这样三个方面入手。无庸讳言，从长期的观点看，一个企业能够真正持续拥有的竞争优势，也就是永远都不会有竞争的优势。显然，这样的动态持续优势，只有通过不断创新,时刻把握先机才有可能实现。企业惟有通过不断创新,创造顾客新价值,抓住市场新机会,才有可能做到既不会与其他企业直接对抗,又能够提升顾客价值,实现老子《道德经》所言的"夫唯不争,故天下莫能与之争"。这一点,正是企业构建持续竞争优势的根本出路之所在。

企业优势/实力综合

企业优势或实力的概念内涵可分为"资源、能力、信誉"三部分，外在表现有"产品内涵、顾客偏爱、终端可获"三方面，优势持续需符合"学不了、学不全、难替代"三条件。

关于企业优势或实力，在中文语境下，似乎没有什么区别，两者可以互相通用。在西方语境下，却存在着多种略有不同的表述，例如："核心能力"、"竞争优势"、"稀缺资源"、"专用资产"、"生存能力"等，这些大致涉及了企业优势或实力的有形与无形两个方面的因素，包括了诸如设备先进、顾客忠诚、产能充分、技术精良、管理到位等。将这些源自西方的概念直接引进，用于探讨我国的管理实践，其所产生的最大问题就是，同义反复、分类不清。事实上，对于企业优势或实力，只要撇开众多语焉不详的翻译词，按中文表达原本就是清楚的，这就是可以分成资源、能力、信誉三部分来考察。

资源、能力、信誉分别体现了企业的现实状况、未来潜力与历史沿革，它们相互补充，构成了企业优势或实力的完整体系。具体来说，资源是指那些可以在"当下"相对便捷准确地评估其价值，并基本上能为管理者所完全掌控的外显、静态、有形的客观"使役对象"；能力是指那些只有通过"此后"运用才能显现出价值，也就是最终需要体现在具体个人或群体身上的潜在、动态、无形的，可以胜任某项工作或活动的主观"能动条件";而信誉是指那些只有经过"此前"的行为投入,方可产生价值,最终表现为综合、累积印象的内外部、主客观"认知关系"。

按照"资源、能力、信誉"来评估企业的优势,在本质上体现了一种涉及时间过程的鉴往知来要求。如果说资源所体现的是"当下"的三维有形空间观念,则能力与信誉所反映的,就是涉及过去与未来的瞻前顾后的无形时间观。显见,作为企业优势或实力的衡量,资源的价值所指的总是"当下"的评估值,它既不同于过去,也不同于未来;能力的价值要看"此后"的结果,根据过去与现在的状况可以一定程度预告推测未来,但不等于就是未来;信誉的价值在于"此前"的表现,从"积善如登、积恶如崩"看,信誉具有形成困难、破坏容易的特点。建立了信誉并非一劳永逸,要想始终保持良好形象,必须持之以恒、不断努力。

从企业优势的形成看,资源需要发挥能力的作用去实现增值,能力只有通过使用资源为顾客提供了价值才得以展现,而信誉只有借助于能力的持续作用才能建立。对于不同企业的比较,在资源、能力方面几乎看不出差异,或很难判别是否有差异的情况下,人们往往倾向于根据这些企业的历史业绩,也就是过去的表现如何,或者说其信誉即口碑的好坏,来评判其优势的强弱。考虑到现实中并不存在真正的瞬间概念上的"当下",而只是在一个个不断流逝的"当下"时刻,由企业的所作所为奠定或书写了其自身的历史演化进程,并在其后向人们传递了有关企业过去表现的"信誉",即企业"此前"绩效状况的认知信号。同时,在一个个即将到来的"此后"时刻,企业的行为表现将验证着人们事前对于企业"能力"的估计,动态修正着人们对于企业"信誉"、"能力"的综合看法。

所以,从时间过程看企业优势,显而易见,拥有资源只表明企业在"当下"的静态价值,而只有弄清了企业"此前"及"此后"对于资源的运用,以及由此引发的资源变动趋势,才可准确判断该企业是否具有"信誉"或"能力",从而获得有关该企业"未来"动态价值的信息，也就是知道该企业是否真的有优势，以及该优势是否有可能持续。当然，从基于同业竞争的考虑，为确保企业优势的持续还要求企业能够不断超越自我，以形成与众不同的顾客所认同的特色优势，从而做到持续领先于同行竞争者。具体地，从构成企业优势的三要素看，稀缺、专用的资源，动态更新的能力，有恒维护的信誉，均将有助于保持企业优势的独特性与持续性。

从动态眼光看企业优势的建设，在迎接或顺应环境变化的过程中，必须注意平衡处理好创新与继承的关系，以保持企业发展的动而不失稳。就资源而言，为形成企业经营特色，就要在关注稀缺专用性的同时，做到不失灵活适应性。这是因为稀缺专用的资源，能在为企业带来高附加值的同时，做到使竞争者无法仿效，这样的结果将有可能引发对于该资源替代品的研发大战，并最终导致企业原有资源的贬值。此外，专用资源可能涉及大规模投资，其最终形成的专用生产线等，如果技术上缺乏柔性，在面临市场需求变化时，就易成为企业产品更新换代的拖累，损及企业战略的灵活性。

就能力而言，除了受自然禀赋因素影响外，形成企业特色优势的关键在于，通过坚持不懈的努力，使其具有一定的潜移默化、难以仿效的性质，同时又能保持一定的动态适应性。这里的问题是，潜移默化、难以仿效的能力，如信仰、观念、制度、习俗、程序、惯例、规则、关系等，常常需要经过反复学习、不断操练的积累过程，这些要素与先天禀赋不同，具有后天习得性的特点。注意到习得过程本身带有路径依赖性，也就是容易使人产生思维或行为定势，结果影响企业对于环境变化的适应性。正如企业甚至个人在进入某个领域并在其中积累了相当的经验技能后，受情感、惰性等因素的作用，往往很难做出中途退出或转行的决定。例如，一方面，自己可能会觉得不太适应，另一方面，外部也不一定会认可。

就信誉而言，企业特色优势的形成，往往靠的是过去一步一个脚印的不懈努力，也就是需要从每一个"当下"入手，将工作做到位，从而在他人心目中建立起始终如一的形象。在这方面，需要企业全体员工均带有很强的危机意识,毕竟,有时仅仅是因为"当下"的一个微小失误或无意隐患,在成为历史后又被人们重新抖出时,就有可能使得企业的长期信誉受损,轻则经济上赔偿,重则导致整个企业关门。这一点,对于那些主要依靠信誉生存的企业来说,显得尤为重要,因为一旦出现丑闻,所有基于历史努力所积累的信誉,都很容易因其后来的失误而一笔勾销。例如,创立于 1913 年的安达信会计师事务所,由于受安然公司假账丑闻影响,信誉遭受重创,经营举步维艰,客户与员工大量流失,最后被迫放弃在美国的全部审计业务,痛苦退出其从事了近九十年的审计业务。

就企业优势作为整体的动态演化而言,资源、能力、信誉三要素能够发挥作用的关键,还在于人以及体现在人身上的能力,所以,为了增强企业优势,应该重点关注如何通过适当的战略与有效的管理,充分调动人的主观能动性,从而做到在能力提升的基础上,改善资源与信誉状况,形成人、财、物的良性循环机制,最终达成企业优势的不断加强。在这里,特别值得一提的是,管理能力的改善,可以同时起到优化资源配置与提升企业信誉两方面的作用。例如,对于那些涉及产品设计、开发、生产、安装、服务等多个环节的企业来说,如何加强多环节工作的衔接,创造环境留住其中的核心技术与管理人才,自然应成为企业优势建设的关键。

鉴此,结合本文以及本章前面有关"企业实力三要素——产品内涵、顾客偏爱、终端可获"、"持续竞争优势构建"的讨论,可以从多个角度获得有关企业优势/实力的完整图景。首先,在概念内涵上,按"当下"、"此后"、"此前"的时序关系,企业优势可分为资源、能力、信誉三部分。第二,在外在表现上,企业优势将主要反映在企业能做成什么事上,可按企业产品、顾客感受、销售通路的形成,分为产品或服务的内涵品质(可简称为"产品内涵")、顾客偏爱、终端可获三方面。第三,在优势持续上,要想长久保持企业发展的领先地位不被竞争者超越,必须使得企业优势符合"学不了、学不全、难替代"三条件。

企业目标：状态与趋势[*]

企业目标表述由状态量与趋势量两部分构成。状态量，如顾客数、库存额等，反映企业某一时刻的绝对经营状况；趋势量，如顾客流失率、业务增长率等，反映企业一定时期内的相对经营变化。将状态量与趋势量结合起来，可以做到既掌握企业的时点状况，又把握企业的过程走势。

企业作为一种有机的社会共同体，其生存发展本质上所涉及的是一种能动的时间过程，而不是静态的时点状况。从时间过程的角度看，对于企业目标的表述，需要运用状态与趋势两个方面的量，仅仅使用单一的状态量或趋势量均不能准确反映企业的实际经营态势。这里原因主要在于，一方面，从反映企业某一时刻状态的绝对存量指标看，只有通过横向或纵向的比较，才有可能看出企业活力的真实状况。这正如人的体重、体温、体态等数据一样，仅看绝对值没有太大的意义，只有通过观察其过程变化情况才能反映出真实的生命指征。另一方面，从反映某段时期内企业发展趋势的相对流量指标看，也需要以不同时刻的状态量作为参照基础，否则就无法判断变动的基数是什么。例如，为评判企业销售收入增长率的水平是否合适，必须同时了解其相应的企业销售额的绝对水平有多高，以及其他同类企业的相应指标的状况

---

[*] 本文根据项保华发表于《企业管理》2003年第10期的文章修订而成。

怎样。由此可见，为了全面反映企业整体的运行情况，必须将状态量与趋势量结合起来，以实现既掌握企业的时点状况，又把握企业的过程走势。

从解答企业经营"做什么、如何做、由谁做"这一核心命题的角度看，对于企业目标态势的表述，最终更多地体现为时序过程。例如，就"做什么"而言，在具体衡量时就必然涉及过程节律的确定，也就是需要明确在什么时间做成什么状态，显然，这里涉及的是一个过程描述。又如，就"如何做"而言，自然涉及方法途径说明，也就是需要按一定时序阐述每一事件、活动的开展方式，这也与过程描述相关。再如，就"由谁做"而言，将需要解答企业活力是如何形成、怎样变化以及如何持续等问题，其中当然也涉及对于变化过程的解说。之所以出现这种情况，其深层原因在于，企业以生存为根本目标，而生存本来就是一个过程而不是一种状态。由此可见，对于企业经营来说，许多表面上看起来似乎是描述行为结果的目标，经仔细分析均可表达成一种描述过程的指标。

从时序过程看，企业作为一个流变的组织，始终处于不断吐故纳新的变化之中，似乎没有严格意义上的终极目标，其生存过程本身即目标。因为，对于企业的持续经营来说，只有能够体现时序关系、变动节律的指标才具有意义，不存在绝对的终极状态性目标，或者说所有的目标都只是某种形式的人为过程调控指标。只是从企业所处行业的动态演化角度看，企业作为一个独立存在的有机体，其运行受多种因素的影响，有可能呈现出类似生命周期的特征，甚至表现出像人一样的诞生、成长、发展，乃至最终趋于死亡的内在规律性。这也就是说，随着企业阶段使命的终止，如出现转让、拍卖、破产、关张等情况，就必须回答到底需达成怎样的目标、其原有的要素将以怎样的形式实现价值或进入新一轮的生存演化的问题。就此意义而言，对于生命有限并且作为企业组成部分的个体来说，似乎又是有着明确的阶段性目标追求的。

正是基于以上这种对人的阶段工作的评价考核与奖惩激励的需

要，基于对企业运作状况的动态过程调控的考虑，有必要构建涉及状态与趋势的目标体系。显然，在简洁、清晰、生动、明确的企业使命愿景指导下，若能进一步阐明一定时间以后需要达到的经营状态，明确一定时期内需要追求的变动趋势，以此作为深入、细化、现实、可行的企业目标，就更有可能起到激发士气、鼓舞斗志，从而充分调动整个企业员工积极性的作用。一般情况下，相对于毫无目标的个人或组织而言，有明确努力目标的个人或组织更有可能取得预期的成效。而为了使所制定的目标既具有一定挑战性，又具有现实可行性，在企业目标态势的表述中，必须综合考虑企业稳定演化过程所面临的各种内外部环境变化，兼顾过程保障与结果测度两个方面的要求，时刻保持目标态势的流变性，以增强企业对于自身调控与环境适应的能力。

这里特别值得一提的是，尽管从理论上看，人们经常采用利润指标作为企业经营结果的测度，并且为了分析方便，将追求利润最大化作为企业决策的理性分析基础。但就本质而言，到底应将利润看成是企业生存的目标，还是仅仅作为确保企业生存的手段，实际上是有争议的。将利润作为目标看待，主要理由是觉得找不到更合适的目标衡量标准。将利润看成是手段，是基于企业是一个生命体，其存在的根本目的在于自身机体的健康运作，而利润只不过是该过程的自然结果。此外，企业发展过程，涉及多方面因素的相互适应、平衡兼顾，不能只追求单一指标的最大化。再从现实操作看，在时序演化中，企业有时不可能也更不应该或者无法追求利润最大化，如新产品开发的投入期，企业从小到大的实力积累期，各方竞合关系处理中的主动退让等，均存在着先投入后产出的跨期利益平衡与关系处理问题，至少不能在每一时刻都拿类似"利润"这样的指标去要求。利润只是人们所做出的众多选择的一种，它并不是企业存在的全部或惟一目标。

综上所述，企业目标表述应该由状态量与趋势量这样两部分构成。就状态量而言，如顾客数、库存额等存量指标，可用来反映企业某一时刻的绝对经营状况；就趋势量而言，如顾客流失率、业务增长率等流量指标，可用来反映企业一定时期内的相对经营变化。为了全面了解企业整体的运行情况，必须将状态量与趋势量结合起来，从而为企业运行指明方向，为业绩评估与资源配置提供标准与依据，以做到既掌握企业的时点状况，又把握企业的过程走势，从而更有效地开展整个企业的规划、组织、激励与控制等活动。考虑到就企业经营过程而言，许多量既是目标又是过程，往往一个状态达到了，同时马上又需启动新的征程，继续朝下一个状态发展。在考虑目标态势表述时，需根据使命愿景的要求，综合选定状态变量与趋势变量，为企业经营行动提供阶段性结果与过程性状况两方面的指示，为随时跟踪反映企业经营状况与走势提供依据。而在具体指标参数的选定上，要在重点关注有关过程趋势的变动节律性指标的设定的同时，兼顾有关结果状态的时序描述性指标的确定，以最终据此大致说明需要依据什么标准，在什么地方与什么时间内，以怎样的代价，按怎样的节律，依次由哪些人员完成哪些工作并希望取得怎样的阶段性结果。

模式、特色与创新[*]

> 在考虑企业乃至区域发展时,需慎言普适模式,更多地关注自身特色,重视创新突破。最终不能适应经济发展内在规律并逐渐走向消亡的,只是僵化教条、静止不变的"模式"之躯壳,能够在竞争中真正生存下来的必将是适应环境、动态求变的专注投入、特色创新之灵魂。

2003年12月,沪上曾发生一起"错药事件"。起因是某药房售错药,然后在媒体上公开寻找买了错药的顾客。由此引发了对售错药产生原因的探思,最后发现造成此次"错药事件"的主要诱因,是药业公司所生产的多种药品的外包装过于相似。而这一相似外包装情况的出现,却源自于两年前该药业公司为与国际接轨而设计的整合企业标识的统一包装。进一步联想到,同一时期卤味品领域发生的"乡吧佬"事件,由于生产鸡翅、鸡腿、鸡蛋等各企业相互模仿、包装相似,结果一颗老鼠屎坏了一锅粥,少数无良企业的恶行,危及了多数无辜企业的生存。深究这其中的原因,企业竞争趋同、相互参照,一时、一地成功的标准化模式,被无限夸大、随处移植,与前述乱象的出现似乎难脱干系。

---

[*] 本文根据项保华发表于《解放日报》2004年2月2日第9版"经济周评"专栏的文章修订而成。

伴随着我国市场经济的发展，许多企业为了提升品牌形象，开展了多种多样的企业形象、视觉形象等策划活动，这本身并没有什么不妥。但是，如果试图通过这些行动，进行标准化的形象设计，移植所谓成功企业的经验，那么如此模式化经营的结果，就有可能出现如上所述的"国际接轨"而"顾客受罪"的事件。事实上，许多企业在进行这种形象策划时，往往会请外部的广告公司等协助，考虑到广告公司本身的水平也是良莠不齐的，此时如果企业自己没有主见，是很容易受劣质广告公司的误导的。笔者就曾在无意中见识过这样一件事，一位号称获奖多多的著名广告设计师，在游说其客户企业接受他所设计的企业标识时，特别强调的理由就是该标识的如此设计肯定能在作品设计比赛中获奖。

作品比赛的获奖与满足企业的需求，实际上并不是同一回事。正如穿在世界名模身上很酷的服装，对普通人来说并不一定合适，这里需要考虑的是，能否满足具体客户的特色需求。对于企业经营来说，面临全球化所带来的多元开放环境，其生存的关键就在于，是否真正创造出能够满足顾客所需的特色。在这里，对"特色"加上了"顾客所需"这一限定，非常必要。显见，如果企业所创造的特色，不利于顾客使用，顾客不喜欢，那么这种特色充其量也就只能算是企业的自娱游戏而已。此类例子很多，许多到处推销的多功能用具，看似适用范围很广，好像很有特色，但实际上却没有一个功能是真正管用的；某些复杂得让人连说明书都很难看懂的信息家电，看起来漂亮，用起来头大；还有些产品，其包装非常夸张，内涵却十分糟糕，让人搞不懂到底是卖包装还是卖产品。

如果说药业公司的统一包装，造成了销售渠道以及最终顾客的识别困难，只是由于当时企业考虑的不周，那么类似"乡吧佬"事件的出现，则既有领先企业自身如何在品牌形象等设计上创出特色，并运用商标注册、专利申请等手段进行自我保护的问题，也有当地政府如何加强管理、引导，为区域经济的长期发展提供保障，以防止少数企业出现惟利是图的短期化违法犯规行为的问题。例如，在我国市场经济发展初期，沿海开放地区逐步形成了各类产业集群，其中的各企业之间规模相差不大，存在着非常紧密的既竞争又合作的联系，从而推动着整个区域经济的创新集聚与动态发展。但是，伴随着这些初始由规模较小的企业组成的蚂蚁军团的进一步发展，其中必将逐步分裂出由一些规模较大的企业组成的大象群落，此时，如果企业及当地政府，没有注意引导"蚂蚁军团"与"大象群落"错位经营，各自创造出面对不同顾客群或市场面的特色，则在面对诸如"乡吧佬"事件这样的商业瘟疫时，就会出现整个区域经济遭受拖累甚至重创的尴尬境地。

无庸讳言，强调打破统一模式，建设各自企业特色，应该清醒地认识并遵循企业经营与区域经济发展的内在规律。实际上，对于特异性与多样性的关系，早在20世纪30-40年代，实验生态学家就发现，共存的物种必定具有生态学上相异的特性，或者说只有在生态学上相异的物种才能共存，这就是所谓的"竞争不相容原理"，即"两种以相同方式谋生的物种不可能共存"。所以，在考虑企业乃至区域发展时，需慎言普适模式，更多地关注自身特色，重视创新突破。由此联想到，屡屡见诸报端的一个个关于"××模式"的争论，其中既有关于哪种模式更适合之争，也有关于哪种模式更长寿之论。笔者认为，也许最终不能适应经济发展内在规律并逐渐走向消亡的，将只是学者们所言说、所争论的僵化教条、静止不变的"模式"之躯壳，而基于管理权变与经济演化的思想，可以预见，最后能够在竞争中真正生存下来的必将是适应环境、动态求变的专注投入、特色创新之灵魂。

信息时代与企业战略创新*

对大多数企业来说，信息时代的瓶颈仍然在于，信息加工处理能力、物流终端配送能力、顾客价值创造能力的制约。对此，企业要有清醒的认识，采取切实有效的改善措施，以增强自身的整体战略创新能力。

企业战略的核心在于阐明企业存在的根本理由，通过对具体企业的外部环境、使命目标、内部实力等方面的分析论证，为企业的未来发展指明方向与操作途径。战略创新能力，指的就是一个企业所具备的不断根据外部环境、使命目标、内部实力的变化，适时调整自身战略以做到在激烈市场竞争中胜出的能力。显然，这是一种对于企业内外资源、知识、技能的综合运用能力，是保持企业环境、使命、实力三者的动态匹配与均衡协调，实现长期持续、稳健发展的根本保障。特别地，面对快速发展的信息时代，企业到底需要怎样的战略创新能力？该如何提升自身的战略创新能力？对此,可从以下几个方面出发，做些分析探讨。

---

* 本文根据项保华所写的"21世纪中国企业战略管理研讨会"（清华大学·2000年12月23日）论文修订而成。

信息膨胀：不等于知识、能力膨胀

信息，只有能被接收者得到并经过加工处理，最终转换成能被其真正理解、适时运用的知识，才能起到其战略创新能力的作用。从信息的发送到接收的整个过程来看，发送能力、传递能力、接收能力这三者构成一个系统，对这其中的每一环节，要求相应地具备适当的对于信息的收集、计量、变换、储存、转送等加工处理能力。相对来说，在信息源比较少的情况下，接收端的加工处理能力不会构成瓶颈；而在信息源太充分的情况下，接收端的加工处理能力自然就会成为瓶颈。信息传递系统的瓶颈环节的能力决定了整个系统的最终运行效率与效益。

信息膨胀所带来的信息增加，会超越常人或企业的接收、加工、利用能力，从而使得很难从中提炼出有用的创新知识，并据此改善自身的战略能力。具体地说，对于信息的加工处理能力，主要受制于人脑的思维水平。例如，为将非结构化、很难编码的信息，转化成为结构化、编码化的有用知识，必须确定信息选择、分类、整合的标准，而这依赖于有关人员的经营直觉与创新能力。信息技术人员，可能拥有构建数据仓库框架、开发数据挖掘技术的能力，但却不一定清楚能够满足决策要求的数据分类与关系处理准则，后者要求有关人员具有专门的经营知识与能力。

现实经济中，人所共享的信息或知识，并不具有特别的价值，而只有那些为他人所忽视或所未知的重要信息或知识，若能为企业所掌握，才有助于其提升自身实力，从而做到在竞争中胜出。这意味着，能够透过繁杂无序的信息表象，敏锐发现隐藏在其背后的有用知识，即信息的洞察与筛选处理能力，才是决定企业能否在信息时代获益的关键。在这方面，对于企业的真正制约，还在于关键决策者或是知识员工的认知能力。相较于过去缺少信息的情况而言，信息相对于处理能力的过多出现，可能会更让人们感到困惑。无知者无畏，知而不确切，可能会更令人茫然无措。

事实上，人类大脑对于信息的处理能力，并未随着信息的膨胀而得到显著提升，信息膨胀只是带来了人们工作压力与心理负担的加重。例如，原先的纯体力工作者，大部分只要完成8小时的任务，下班后基本上不必再考虑与工作有关的事；当今的知识工作者，除了上班时需从事高强度的脑力劳动外，还经常需要加班加点，甚至回家后也要继续保持手机、网络联系。这使得越来越多的年轻"白骨精"，因压力过重而精神抑郁、情绪波动，甚至患上了通常是更大年纪才得的疾病（《读者》2000年第24期第31页），更为严重的是，由于长期如此超负荷的创造性投入，透支了人们的体力与脑力，结果导致了许多知识工作者的英年早逝（贾佳，"人到中年要舍得投资健康"，《科技日报》2000年11月24日第14版）。

资料表明，深圳特区10余年间，有近3000名进行事业开拓的精英早逝，平均年龄仅为51.2岁，比全国第二次人口普查时广东省平均寿命76.52岁低了25.32岁。中科院工会对全国中科院系统在职职工1991年1月到1996年末的死亡状况调查显示，在职科学家平均死亡年龄为52.23岁，大大低于1990年北京市人均73岁的期望寿命。国家体委科研所调查表明，北京中关村知识分子平均死亡年龄为53.34岁，比10年前的调查数据58.52岁提前了5.18岁。近年来，一些著名企业CEO的英年早逝之事，也时有所闻。可见长期超负荷、大压力情况下工作的代价之惨重。

注意到，创业者及知识工作者的投入，是以知识与技能为基础的复杂劳动，可以换算成倍加的一般简单劳动投入。这意味着，如果将信息时代带来的产出提高，与换算成了可比口径的简单劳动投入数量增加进行比较，也许会发现实际生产率并未如预期的那样有显著的改善。信息膨胀没有带来人的体力与脑力的根本突破，更没有消除原有的企业战略创新的能力制约，而只是加重了本来就是瓶颈的人类认知负荷，从而造成了生命的透支。正如美国西北大学教授罗伯特·戈登所说，历史上的重大发明都带来了新产品，但信息技术革命几乎不会像蒸汽机或电流那样有力地使经济发生变化，因特网只是给早已知道的东西加上新装潢（《中国经营报》2000年11月14日第4版）。

虚拟经济：不等于需求、体验虚拟

随着信息与计算机技术的发展，从理论上看，可以实现非常逼真的虚拟现实，但这取代不了人们对于现实生活的真实需求与体验。信息时代，尽管似乎可以虚拟一切，但虚拟不等同于真实的体验。人际之间所进行的面对面交流，是网上交流永远无法取代的，特别对于创造性活动所需要的直面沟通，情况就更是如此。在面对面的沟通中，人们依靠眼神、表情、动作等所传递的信息，对于促进双方的真正交流，起着不可或缺的作用。显然，相互信任的人际关系建立，离不开直面的沟通，这一点是计算机在很长时间内，也许是永远都无法完全取代的。

基于对人类存在的实在需求的分析，可以找到电子商务的短板。电子信息手段的提升，并不自然导致传统商务运作问题的解决。一个现实需求的满足，需要信息流（买卖双方沟通）、资金流（买方付钱给卖方）、商品或服务流（卖方交货给买方）的协同。在传统的商务模式中，买卖双方通过面对面的沟通，达成协议，付款交货。在我国商业信用环境不健全的情况下，即使如此，还常常出现货、款的收付难两讫的"三角债"情况。采用信息技术手段后，如何解决此类问题？在多大程度上解决此类问题？回答这些问题，更多需要的是企业经营理念与模式的创新。

突破信用制度不健全的制约，可以通过提升企业品牌、转换经营模式来实现。如，原先有些企业只顾促销，不管回款，结果卖得越多，应收款、呆账、死账越多，赚到了市场眼球却未赚到钱。后来，一方面通过品牌经营，增强产品的市场竞争力；另一方面，在销售上采取了宁愿少卖也要收到款的做法，就有效地解决了回款问题。再如，一些名牌羽绒服及羽绒被厂，在受到假冒产品冲击，为解决顾客对于产品真假难识别的困难，采取了现场灌装、制作的方法，有效地推动了产品的销售。显然，这些具有创意的做法，都是针对具体企业的环境、使命、实力提出的。

网上经营，也同样存在着商务模式创新的问题。在网上虚拟经济中，与实体经济类似，也存在着以下问题：如何解决一般顾客的信息输入与搜索的困难？如何降低沟通障碍与成本？如何加强商誉与风险控制？怎样实现虚拟的大规模量身定制？即使能够很好地解决这些问题，也必须看到网上与网下之间，所存在的并非是一种简单的非此即彼的取舍关系，而更可能存在的是一种相互补充、协同发展的关系。对于最终消费者来说，借助于网络技术，可以方便地解决信息流、资金流的问题，借助于网下的门店与配送，可以就近实际体验购物乐趣与感受产品特点。

当然，就网上与网下的结合而言，无论采取怎样的模式，都需解决实物配送问题。可供选择的做法有，在贴近顾客的市场区域，设有备货齐全的商店，对网上订单采取就近配送；集中地理区域进行仓储备货，跨区域长距离配送；保持强大的柔性生产能力，按需求订单及时组织生产与配送。无论采取何种形式，实际上都需平衡考虑这样几方面的问题：分散或集中仓储的存货、运输、时间的成本比较，单件小批的个性化需求与大规模量身定制的动态匹配，特别是如何实现包括从上游生产商到最终消费者在内的整个产业链的柔性与有效的盈利性运作。

从物流配送角度看，除了以上几种做法及其组合，似乎不存在其他可行模式。就目前的情况看，即使是信息时代，也无法回避类似传统经济中可能出现的经营问题，这就是，如何有效地满足最终顾客的需要，特别是在市场峰谷波动的情况下，做到企业产能安排忙闲有度、富有效率，对于顾客订货请求的及时响应。这些年来，尽管有了互联网的帮助，许多人还是会遇到下了订单而得不到商品的情况。曾有调查表明（"圣诞树下的眼泪"，（德）《焦点》周刊，2000年11月13日一期报道。转引自《参考消息》2000年11月27日第4版），网上订货的商品有17%最终没有送达顾客手中，而对于类似国外的圣诞节期间的网上订货或者类似我国电商的集中促销所带来的短时高达平常数倍的订单增加，不能及时到货的情况自然会更加严重。对此，需引起经营者的高度重视。

带宽增加：不等于效益、价值增加

以上讨论表明，对企业来说，成功运作的关键在于有效的商务模式。只是简单地将信息技术用于传统商务，或者以信息技术为依托开展新业务，可能并未对我国传统商务运作模式，产生真正的瓶颈突破作用。寻找崭新的商务运作模式，所依赖的是企业的战略创新能力。应该看到，一个完整有效的商务模式，需解决信息、资金、物（商品或服务）流的协同问题。网络技术的发展，只是为信息与资金的快速流动提供了可能，对于那些主要瓶颈仍存在于有形物流的商务模式来说，即使网络带宽有了进一步增加，也只是锦上添花而已，实际上无助于最终效益与顾客价值的提高。

进一步，从信息流动角度来看，只是增加硬件的网络带宽，如果没有相应网络管理水平改善的配合，可能还是起不到真正提升网络效能的作用。正如高速公路的建成，除了有行车道、超车道、慢车道等划分外，还必须有交通法规、加油站、故障处理、应急拖车、路面保养、巡警等，以保障车辆的真正高速通行。否则的话，如果连牛车也能上高速公路，慢车始终堵在快车道上，或者路上跑的主要是空车，或者因收费太高根本无车敢上高速，收费站设置太过密集致使平均车速不快，则高速公路的商务价值就无法真正体现。

这意味着，仅仅拓展了网络带宽，对许多企业来说，并没有真正起到突破发展瓶颈的作用。传统经济发展中所遭遇的物流传递的瓶颈，更多涉及到的是有形配送问题，它与我国交通设施及其管理水平的高低相关，并不会因为网络信息技术的发展，就能自然得到化解。从对于企业经营的影响来看，局部富裕的非瓶颈能力的提升，实际上反映的只是一种资源浪费，而不是整体效益的提升。例如，考虑到现实中实在的市内道路拥堵情况，物流时间很难精确估计，配送系统最多只能精确到小时，此时，即使配上一个能够精确到毫秒的"大脑"，也是无助于系统整体反应速度的提升的。

商务模式的成功，不只是因为手段的先进。带宽的增加，能够减少信息传递中的拥挤与等待，不一定伴随着企业效益与顾客价值的提升。一个企业成功的关键在于，整体的组合优势能否具备，如：能否为顾客创造出新价值，是否得到了员工主动投入的支撑，是否获得了社会的认可。有鉴于此，从网络技术与电子商务的关系来看，是以商务需求增加为前提，引发网络技术的进步，结果形成"电子商务"；还是通过概念炒作，先营造出对于"电子"的需求，进而推动网络建设，进而产生"电子商务"。显然，在发展电子商务时，运用前一种做法，可能更有助于顾客价值的真正提升。

应该说，电子商务，电子是手段，商务是目标。商务不行，"电子"不一定救得了；商务行，"电子"并非必然选择。一个真正有效的商务模式，需要兼顾多方的利益，实现相关利益主体的互惠共生。从这个角度看，目前见诸报端的许多信息技术解决方案，尽管在措辞上非常煽情、充满诱惑，但就企业与顾客共同价值的创造而言，实际上并不理想。例如，一些网上公司为吸引眼球，往往采取免费服务模式，但这种模式启动容易持续难；还有些企业利用网上机会，努力降低采购成本，只是不知这种成本降低是因为创新，还是因为压榨了其他企业，这其中到底何种做法更具可持续性？

一提利用信息技术，就是建网站；而一讲建网站的好处，由于 B2C 存在前述问题，就谈 B2B 的好处。首先就是讲可以进行网上招标以降低采购成本。实际上，若这种"降低成本"只是简单地依靠店大欺客而转嫁成本，基本上就属于"零和"游戏。试想，如果面对的供应商也只是少数几个大企业，能否通过招标达成协议？不知最终谁的成本能降低？如果只是面对众多弱小供应商才能发挥作用，则可见网上招标的成本节约是以损害小企业利益为代价的，而并未真的提升了整个产业链乃至最终顾客的价值。

显然，利用网上经营，如果没有找到互惠可能，只是简单地提升自己的地位，那么，一旦同行群起仿效，则结果只会导致新的更为激烈的同质竞争。同质竞争的结果，即使能够降低成本，最终也会由于价格下降，从而引起利润下降。更何况，如果没有商务模式的创新，只是通过改变产业链上下游企业间的利益再分配关系，其短期可能带来的成本节约，必将为长期引发的竞争对抗所消耗。紧密战略伙伴关系的形成，需要在上下游企业的有关领导之间的深度沟通，这是不可能仅仅通过网上的联系来达成。上下游企业共同体利益的获得，需以产业链整体成本降低，使最终顾客获得更大价值为根本前提。

结论

信息时代，企业战略创新能力的瓶颈仍未发生本质改变。信息技术作为一种工具，其成功应用有赖于将其与特定的商务目标结合起来。信息膨胀、虚拟经济、带宽增加等，只是带来了手段更新与突破。手段或工具的进步，只有当它被用来提升瓶颈能力，并具有成本效率时，才具有真正的使用意义与顾客价值。对大多数企业来说，信息时代的瓶颈仍然在于，信息加工处理能力、物流终端配送能力、顾客价值创造能力的制约。对此，企业要有清醒的认识，采取切实有效的改善措施，以增强自身的整体战略创新能力。

6 瓶颈突破

要点提示

管理涉及多部门的配合、多环节的协同，注意分清轻重缓急，安排好工作顺序，有助于提高运行效率。但是，关键与非关键是相对的，瓶颈会呈动态变化，要求企业能够注意解决好成长发展过程所遇到的业务取舍、大企业病、人才梯队等难题。

瓶颈、多环互赖与产业链共生战略*

瓶颈不可能消除而只会不断转移。将瓶颈作为管理的控制点，保持瓶颈在握而故意不突破瓶颈，也许不失为一种使系统发展受控的有效做法。须谨防掉进这样的战略陷阱：试图抓住一切机会，不断突破当前瓶颈，结果在无意中将企业自己变成了非瓶颈，同时也将决定产业链发展的瓶颈从相对受控的企业内部转移到了较难把握的外部。

瓶颈

在一个由多个相互依赖环节构成的系统中，瓶颈通常是指其中存在的薄弱环节，关键环节，制约环节，也即系统整体的短板所在。按照约束理论的观点，只有瓶颈环节的改善才会有助于系统整体性能的改善，在非瓶颈环节追加资源或改善性能，不仅不会改变或影响系统整体运行，有时甚至可能还有产生负作用。

从设计角度看系统，对于一个由多个零部件环节组成的系统，其最经济的设计原则应该是各个环节具有大致相同的预期寿命，也就是使得每个零部件既都是瓶颈，又都不是瓶颈。这样，在设备整体达到

---

* 本文根据项保华发表于《企业管理》2012 年第 5 期的文章修订而成。

6 瓶颈突破

预定报废的期限时,就不会出现个别零部件尚有很长的剩余使用寿命的产品设计与生产制造的性能浪费情况。

在企业管理中,为了实现类似机械系统的零部件环节的性能平衡,通常采取的做法就是不断发现与突破产能瓶颈,也就是把短板补长,试图以此不断提升系统的产能。这种做法实际上隐含着假设,任何系统都有可能进一步做大,并且大是好的。事实并非都如此,多环互赖的有机系统及其构成环节均有其适当的规模。

有机系统均有其内在的适当规模,并非越大越好,瓶颈也不一定都需突破。从大处看,系统局部的过度扩张可能意味着泡沫,例如,货币超发、金融膨胀、垄断增长,可能会挤压竞争性实体企业的生存空间,不利于经济整体的健康发展。从小处看,在买卖关系处理上,相对稀缺的瓶颈方有时反而更具市场谈判力。

从动态过程看,一个瓶颈的突破可能意味着更多瓶颈的出现。如图 6-1 所示,若每个圆圈表示产业链上下游相互依赖系统的一个环节,而圆圈的面积大小大致代表该环节的产能大小。显见,系统运行的理想状况应该是,整个系统各环节的产能水平保持基本一致,从而实现行业整体的稳定、均衡的平顺生产。

图 6-1 产业链多环互赖

现实中常见的是系统各环节的产能水平互异,存在着影响平顺的瓶颈。从企业内部看,A、B、C、D 四个环节中,初始时 B 环节为瓶颈,需突破;若将 B 的产能提升到 C 环节的水平,结果 B 与 C 两个环节成为瓶颈;若再突破 B 与 C,使其产能达到 D 的水平,则相对于 A 环节而言,B、C、D 三个环节为瓶颈。

若进一步突破 B、C、D 环节的约束，使其达到 A 环节的产能水平，则在企业内部的 A、B、C、D 四个环节的产能最终达到基本一致，所有瓶颈消失，从而实现平顺生产的同时，却发现整个产业链的瓶颈从企业内部突然转移到了企业外部的上游供应 I 或下游需求 O 环节，此时，仍然面临着系统能否进一步突破的挑战。

基于企业内部操作的考虑，回答瓶颈是否应该突破的问题，需要平衡考虑自身实力、市场需求与资源供给的关系。若企业只具备突破一个 B 环节瓶颈的资源与能力，而缺乏同时突破 B、C 两个环节甚至 B、C、D 三个环节瓶颈的资源与能力储备，也许不要突破 B 环节会更有助于保证管理的可控性。

多环互赖

瓶颈永远存在，它不可能真正消除，而只会转化、转移。有时一个瓶颈的打破，会伴随着更多瓶颈的出现。消除了企业内部自己看得见、摸得着的瓶颈，瓶颈可能重新出现在不那么显见的外部环节，例如，跑到资源供给环节或市场需求环节，企业一不小心就陷入了全行业产能过剩的窘境。

基于产业链的考虑，从长期发展看，产业链的强度将由其中的最弱环决定，对于这一点，身处其中市场强势地位的企业往往容易忽视。例如，在中国乳业三聚氰胺事件中，处于产业链下游的乳品巨头相对于处于产业上游的奶农具有极强的市场力量，过度挤压着弱小分散奶农的生存空间，致使出现了全行业的质量危机。

由图 6-2 可见，*中国乳业产业链各环节的成本与利润分布极不合理，上游奶牛养殖环节生存维艰，作为供不应求的产业发展瓶颈环节却成为了盈利受挤的弱势主体。我国乳业市场结构发育畸形，最上游奶源供应整体为瓶颈，但奶农经营分散、转行退出不易，下游大企业

---

* 林晨、龙丽："乳业畸形价值链——在乳企的加工和销售环节，周期更短、成本更低、利润更高"，《21世纪经济报道》，2008年10月9日第17、19版。

6 瓶颈突破

产能过剩，但对原奶采购有更大的定价权。

从规模扩张的可能性看，往往盈利丰厚的环节更吸引投资，而盈利微薄的环节更容易乏人问津，这样，若盈利丰厚环节又具相对垄断市场力量，就更易出现泡沫泛滥，结果压垮盈利较差环节。美国次贷危机中，泡沫膨胀最严重的是盈利丰厚的金融业，而最先引发问题的是还不起房贷的弱势消费者。

现实中，随处可见处于竞争不利地位的既是瓶颈又为弱势环节因生存困境所引发的危机，例如，整顿公路超载罚停长途运输者，城市淘汰电动车难倒物流配送员，汽油价格上涨、各种收费不降压垮出租车司机，而这些被挤压的从业者一旦发现越干越亏、开工不如停工，那么其后果必将累及社会众多行业的正常运营。

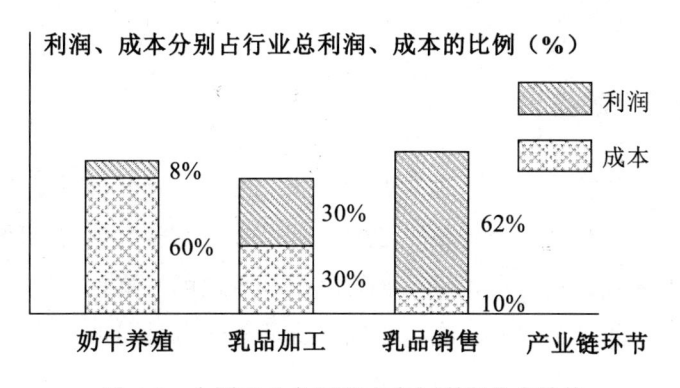

利润、成本分别占行业总利润、成本的比例（%）

产业链环节	利润	成本
奶牛养殖	8%	60%
乳品加工	30%	30%
乳品销售	62%	10%

图 6-2 中国乳业各环节成本与利润分布结构

诚如图 6-2 所揭示的，如果一个行业中多个环节之间的成本利润分布结构太过不合理、不公平，特别是处于瓶颈的弱环，想降成本降不了，欲涨价格难操作，例如其中的强势环节处于垄断地位、弱势环节存在退出障碍，那么，长期后果必将是整个产业链会在弱环出问题，而其破坏性影响会波及全行业。

从产业链共生的角度看，任何局部环节的过度逐利膨胀，其对于经济整体的持续发展都是不利的。例如，央视广告竞标额年年上升，成为了许多大企业的杀手；乳业巨头舍本逐末，价格竞争、广告大战，不惜成本，对待奶农与奶源却投入不足；全球财富向少数人集聚，投资公司遍地开花，很难指望实体需求提升。

这意味着，从产业链多环互赖的角度看，一个处于强势市场地位的企业若只是关心自己个体超额盈利，而将其他企业特别是实际上的瓶颈企业置于极端不利的市场境地，最终必然会反过来影响其自身甚至整个产业链的持续发展。毕竟极端苦乐不均的产业链关系，终会可能导致其中的最薄弱环节的崩断。

所以，甚至从长期经营的战略考虑，为了保持整个行业的良性运行，处于市场强势地位的企业必须密切关注产业链的瓶颈环节，特别是那些既处于瓶颈又经营困难的弱势环节的状况，在确保自身处于产业链微笑曲线的有利环节的同时，至少要让他人活下去，这样自己才有可能活得更好、更久些。

产业链共生战略

在多环互赖系统中，瓶颈永远存在，它不可能真正消除，而只会转化、转移。有时一个瓶颈的打破，会伴随着更多瓶颈的出现。消除了企业内部自己看得见、摸得着的瓶颈，瓶颈可能重新出现在不那么显见的外部环节，例如，跑到资源供给环节或市场需求环节，企业一不小心就陷入了全行业产能过剩的窘境。

基于产业链共生的战略考虑，可将瓶颈看作管理控制点，将发现、创造、把握瓶颈作为运行战略工作的重心。创造瓶颈，企业可故意保持产能的稀缺，营造市场需求饥渴的氛围，从而为自己赢得更大的市场话语权。把握瓶颈，企业发展需保持"欲望≤瓶颈≤实力"，使"产能水平≤行业瓶颈≤市场需求"。

就发现瓶颈而言，产业链上下游的资源供给、自身产能、市场需求，即供、产、销这三者的提升或增长总是会成为瓶颈的，成为限制企业乃至整个产业发展的不可逾越障碍。所以，任何企业均需注意识别、协调与把控好供、产、销这三者的动态关系，以确保企业及其所在产业链的规模适当、发展可持续。

若产业总体上受资源供给限制，市场表现为"供＜产＜销"状况，此时，供给为瓶颈，则对于出现的市场供不应求，企业可考虑采取以产定销的做法，加强市场需求的引导来匹配企业受限的产能。例如，电力企业为应对产能稳定而用电需求呈季节性及昼夜起伏，采取峰谷电价等需求侧管理措施，以缓和市场供求矛盾。

若产业总体上受顾客需求局限，市场表现为"供＞产＞销"状况，此时，市场为瓶颈，则对于存在的市场供过于求，企业可考虑采取以销定产的做法，提升产能结构的柔性以适应需求变化。例如，欧佩克面对消费不振导致油价下跌，铁矿石出口商面对钢铁市场下行导致需求不足，通常都会采取压产保价的做法。

当然，供、产、销关系的现实情况要更复杂些，系统瓶颈会呈动态不确定变化。例如，许多企业都可能经历过这样的过程，初创时缺乏合适的产品或业务，有了合适的产品或服务后，接着发现市场规模不够，而打开市场后，又面临产能不足挑战，迅速扩大了产能后，却发觉行业竞争加剧、企业盈利性下降了……

为此，加强对供、产、销动态不平衡关系的调节，需贯彻"损有余补不足"或者"损有余留不足"战略思路，在瓶颈无法改变的情况下，通过对非瓶颈环节的适当调控与引导，促进系统整体的均衡发展。显然，这种思路不同于店大欺客或者客大欺店的"损不足补有余"操作，更有助于促进企业所在产业链上下游的互惠共生。

综上所述，基于瓶颈动态变化的考虑，有时保持瓶颈在握而故意不突破瓶颈，也许不失为一种使系统发展受控的有效做法。须谨防掉进这样的战略陷阱：试图抓住一切机会，不断突破当前瓶颈，结果在无意中将企业自己变成了非瓶颈，同时也将决定产业链发展的瓶颈从相对受控的企业内部转移到了较难把握的外部。

"挑担"、"瓶颈"与"木桶理论"*

企业家在做大企业的过程中，必须对自身潜能及其动态变化保持清醒的认识，特别是对那些从股市上一下子募集到许多资金的企业来说，其企业家原来玩的只是几千万元的小游戏，一下子要去玩几个亿的大资金，是否仍能玩得转、玩得好？对此，各企业在构想未来战略、确定发展目标时，应该引起高度的警惕。

常与一些企业家朋友接触，在听他们谈创业经历与发展设想时，不时会有企业家表达出这样的看法，这就是过去几年（或几十年），他们所在企业的经营规模，基本上是每年（或每5年、每10年等）翻n番（这里的n为一个至少大于1的数字，如2、5、10不等），所以，计划在未来的一年（或5年、10年等）里，在现有基础上再翻n番。每当听到这些话，在为这些企业家的豪情壮志所折服的同时，内心深处总会不由自主地生出一丝隐忧。

我并不想给这些企业家泼冷水，毕竟世界上存在着"不怕做不到、只怕想不到"的说法，现实中也存在着受激情梦想推动而最终做成事的例子。在此，我构想了一个"挑担"的寓言，希望与这些企业家朋友做个交流。寓言说：昔有愚人，颇有勇力，能挑150公斤的重担。第一天，试挑1公斤重的担子，健步如飞；第二天，试挑10公斤的担

---

* 本文根据项保华发表于《企业管理》2002年第10期的文章修订而成。

子，仍健步如飞；第三天，试挑100公斤的担子，还是健步如飞。他觉得自己的力气每天增长10倍，所以第四天让人给自己加上1000公斤的重量，结果硬是给压垮了。

"挑担"的寓言表明，每个人的潜能总是有极限的，不能将自己的能力在达到极限前所表现出来的增长趋势无限外推，从而得出结论，认为达到潜能极限后自身的能力也仍能照样增长。有些企业家认为，自己企业的增长速度可以长久地保持不变，在某种程度上就犯了类似以上愚人的认知错误。一个企业的发展，受多种因素的影响，其中最为关键的"瓶颈"因素，才决定着企业是否具有进一步发展的潜能。关于"瓶颈"，在管理中有一个通俗的说法，叫做"木桶理论"，即对于一个木桶来说，若桶壁是由多块长短不一的木板构成，则最终其盛水量的多少，将由相对于木桶所处水平位置的最短板的高度所决定。

借助于"木桶理论"，可以得到以下推论：一是企业发展重在消除"瓶颈"，即找到并消除其中的最短板。只有注意解决好最短板的问题，才有可增加整个木桶的盛水量。二是"非瓶颈"环节能力提升，无助于企业整体效能的改善。如果误将长板环节看成是最短板，则对此环节的投入越多，结果造成的系统内部各环节的产能不平衡也就越严重。三是企业发展的"瓶颈"环节是变化的，需要注意动态把握。这正如将一个"木桶"的最短板加高到一定程度后，就有可能使得原来的次短板变成新的最短板，即成为新的"瓶颈"。四是企业内部的长短板之间如果差别太大，即存在着各部门产能的不平衡，则在面对整体上负荷相近的同一任务流时，就容易出现忙闲不一、苦乐不均的情况。

基于"挑担"、"瓶颈"及"木桶理论"的思考，再来分析本文开头提及的企业是否有可能翻n番的问题，可见，关键是要具备这样几个条件：首先，市场需求潜力存在，可以提供进一步发展的空间。第二，企业发展尚未达到潜能极限，特别是企业的管控能力可以支撑其规模的进一步扩张。第三，不会引发行业内企业间更为激烈的市场竞争冲突。现实中，随着企业规模的不断扩大，其企业家自身的管控能力总是会成为制约企业发展的瓶颈。显然，对于任何人来说，企业小规模时玩得转，并不一定意味着大规模也能玩得转，因为小规模发展时所积累的能力，不一定适用于大规模经营，有时甚至还会成为阻碍企业大规模经营成功的拖累。

为此，伴随着企业从小到大的发展，要求企业家能够注意不断地转换自身的角色定位，从直接领人做事、带头冲锋陷阵，逐步转变为激发下属做事、授权分权管理。在此过程中，企业所遭遇的管理"瓶颈"问题也会不断发生变化，如，从开始的单职能、单一业务、单区域市场渗透，到多职能、多业务、多区域的协同发展，再到多环节、多主体、多部门的前后整合等。有鉴于此，企业家在做大企业的过程中，必须对自身潜能及其动态变化保持清醒的认识，特别是对那些从股市上一下子募集到许多资金的企业来说，其企业家原来玩的只是几千万元的小游戏，一下子要去玩几个亿的大资金，是否仍能玩得转、玩得好？俗话说，"最后一根稻草压断骆驼背"。小把戏能耍，大戏法不一定能变。对此，各企业在构想未来战略、确定发展目标时，应该引起高度的警惕。

危机管理之危机*

为做好"危机管理",要求领导者在平时加强视隐如现、视远如迩的人生态度的修炼,加强对于可能的危机情景的预演练习,以此增强对于实际危机的快速响应能力。

2001年美国"9·11"恐怖事件发生后,"危机管理"的话题,进一步引起了人们的重视。如果将"危机管理"界定为"意外、紧急、不利情形下的互动关系处理",那么深究其概念内涵与实践操作所隐含的前提假设,可见其中所依据的理论基础并不坚实,甚至有点令人怀疑。毕竟,一个能够事先预见的危机,不能称为真正的危机,而一个完全不能预见的危机,似乎又根本无法加以管理,这样看,似乎"危机管理"提法本身就存在着危机。

首先,为处理好危机情况下的各方"互动关系",要求能够事先把握危机产生与演化的规律,并弄清人们介入后,是否真有可能改变事态走向,使其向着有利的方向发展。若不能做到这一点,危机本身就应该是属于管理者不可控的事件。事实上,对于不可控事件,即使管理者要想有所作为,结果也是徒劳的,例如,在面对由不可抗力因素所引发的灾难时,人类就常常显得很无奈、很无助。这意味着,"危机管理"所能应对的只是那些其产生与演化规律可以事先掌握的危机。

---

* 本文根据项保华发表于《企业管理》2003年第5期的文章修订而成。

对于有规律可循的危机，从某种意义上看，事先总是能够采取一些防范措施的，在这种情况下，如果采取了措施最终仍出现了严重的非预期情况，就可以认为其中存在着管理无方。所以，"危机管理"的重心在事前而非事后，通过制定切实有效的应对预案，事先消除可能引发危机的隐患，使得人们在真正面对危机时，能够做到胸中有数、临危不乱。为此，企业管理者必须抱着内功修炼无小事的态度，在日常工作中，培养并保持一叶知秋的战略敏感性。

第二，"意外、紧急、不利情形"，所指的事态必然出乎预料、不容人们仔细思考、其影响后果是有害的。显然，此时既无通常规律可循，又要求快速响应，更要防止盲目行动反而加剧事态恶化。这意味着，"危机管理"实际所面对的，常常是那些其产生与演化规律不能事先确知的事件。对于此类危机，正确的应对做法可能是反直觉的，在缺乏科学依据的情况下，自以为是地采取纠正措施，试图以此消除危机，有时甚至会产生加重危机的后果。

对于无规律可循的危机，往往超越人们常规经验范围，很难用理性方法进行管理。这正如人们常说的，"为将球从洞中取出，结果没想到却挖出了一个更深的洞"，此时，小问题应付不当也会酿成大祸。所以，在实际处理时，只能依赖于管理者的正确的直觉判断能力。考虑到直觉能力常常受人们的经验、内在价值观、思维与行动习惯等影响，这意味着为做好"危机管理"，要求领导者在平时加强视隐如现、视远如迩的人生态度的修炼，加强对于可能的危机情景的预演练习，以此增强对于实际危机的快速响应能力。

抓球游戏的启示

人生与管理，所涉及的均是过程，尽管有人觉得"机不可失、时不再来"，主张应尽力抓住当前遇到的所有机会，只是实际上，"机会不断、谁堪消受"，有实力、有准备、有取舍者，更可能把握重要机会并从中获益！

在一些总经理研修班上，我曾做过一个"抓乒乓球"游戏。事先，我准备了一小布袋乒乓球，每个乒乓球都用记号笔标上不起眼的0、1、5、10、100等数字分值。游戏的过程是这样的：首先，我当众从小布袋中随手拿出一个乒乓球，向大家展示一圈。然后，请总经理们估计，自己单手伸进布袋一把能抓起几个乒乓球，并说明单手抓球时要求掌心向下，不得借助于另一只手的帮助。再接着，请各总经理实际试一下，看看自己到底一把能抓起几个乒乓球。最后，问大家有没有注意到，所抓起的多个乒乓球之间是否有什么不同，如果以得分最高为胜，各位是否注意到自己到底抓了多少分。就这么一个小小游戏，将战略决策所必须考虑的"取舍"问题，表现得淋漓尽致，让人不免生出无限感慨！

第一，对于大多数人来说，即使事先亲眼看到了所展示的乒乓球的大小，但由于从未试过一手能抓起几个，结果事先判断自己能抓起的个数，往往都要比实际能抓起的个数少。这意味着，对于一群毫无经验者而言，集思并不一定能广益；面对不确定的新情况，人们倾向于做出较为保守的估计；从战略决策的角度看，在信息不对称的情况下，少数服从多数并不一定就能得出科学的结论；类似这种到底"抓几个"的决策，若事先大家并无经验，则只能干中学，此时不动手一试，只是依靠开会，是讨论不出准确结论的。

第二，当人们小心翼翼地单手抓起满满的一把乒乓球时，往往就会使自己处于神经紧张状态之中。此时，手上用劲稍有变动，那些已经抓住的球，都有可能再次滑落。如果将每一个球看成是一次机会，当每个人或每个企业在想方设法试图抓住当前遇到的所有机会时，不也是很难再腾出力量去迎接未来可能出现的更好机会吗？人生及企业经营均如此，不能将弦张得太紧，否则易"崩"、易"折"，更无法从容应对未来可能突然出现的新威胁与新机会。

第三，在大家忙着抓球的试验中，很少有人会关注这样做的真正意图是什么。到底是纯粹为了抓球而抓球，还是另有某种隐喻？如果将当前所抓住的每一个球，都看成是一种人生或企业发展的选择，显然，不同的选择对于人们的价值是不一样的。过分关注了尽可能多地抓机会，可能会在无意之中相对忽略怎样牢牢把握那些对自己来说是最有意义与价值的重要机会。管理需注意各类工作的轻重缓急之分，不能胡子眉毛一把抓。

总之，抓乒乓球的游戏表明，每个人或企业在决定抓住当前机会时，必须注意抓到手的是否真的就是机会，自己的力量到底能允许抓住多少机会，如何平衡兼顾清晰可见的当下机会与可能出现的未来机会之间的关系，对于机会能否做到抓得起放得下，以免一旦抓错机会而使自己受困、受累。人生与管理，所涉及的均是过程，尽管有人觉得"机不可失、时不再来"，主张应尽力抓住当前遇到的所有机会，只是实际上，"机会不断、谁堪消受"，有实力、有准备、有取舍者，更可能把握重要机会并从中获益！

多元化发展试探

　　企业多元化发展，必须建立在现有核心业务发展良好、专精特竞争优势明显的基础上，从加强企业核心能力、形成持续竞争优势的角度出发，关注市场竞合互动关系，选准新业务的发展方向，逐步拓展相关业务范围。谨防多方出击带来多方失败，为分散经营风险却导致管理精力的摊薄。

　　在许多企业从小到大的发展过程中，都有可能面临业务调整、组合重构的战略选择问题。例如，当现有业务的进一步发展受到限制时，如何对其进行改造以再创辉煌？如何开拓新的业务领域，重新构造业务组合，以求得新的发展？这些涉及多元化发展的战略决策难题，几乎每个企业都会遇到。为此，有必要弄清为啥多元化、何时多元化、怎样多元化、多元化误区等问题，以便为企业做好多元化决策，实现长期稳健发展，提供理论依据和实践指导！

为啥多元化？

　　企业多元化发展的根本动力，主要源自于企业管理决策层的远大抱负，这就是"追求企业成长，降低经营风险"。企业决策层对企业进一步发展的雄心壮志与远大理想，为企业多元化发展提供了长期动力，并决定了多元化发展的方向。从"追求企业成长"考虑，主要是在企业现有核心业务的市场发展潜力产生问题，无法进一步拓展，或者至少在企业现有决策者看来情况是这样时，通过开拓新的业务领域，以求得企业的进一步成长。这种考虑，可以称为是"东方不亮求西方亮"或者"东方亮了求西方再亮"。

"降低经营风险"的提法，源自"投资组合理论"。根据投资组合理论，对于给定数额的投资，如果可以按任意比例分配投资于多种业务，并分别以盈利均值及其波动方差的大小来衡量这些业务的收益高低与风险大小，则从统计意义上看，只要这些多种业务的经营收益的高低水平之间存在着负相关的联系，那么，对于给定数额的投资来说，与将全部投资集中于单一业务相比，在多种业务之间合理地分配投资比例，可以获得给定盈利均值下的更低波动方差，或者给定波动方差下的更高的盈利均值。

当然，企业进行多元化经营的可能动因还很多，如：增强企业实力、把握市场机会、加强企业控制、跟风赶时髦、习惯性偏好等。在这里，通过多元化增强实力，其目标在于加强企业核心能力与竞争优势；把握市场机会，试图为企业的未来发展奠定基础；加强控制权，是借多元化拓展业务，使得继任者无法管理，从而确保现任决策者能继续坐稳江山；跟风赶时髦，就是受环境影响，人家多元化也跟着多元化；习惯性偏好，是指企业家个人内心深处对于某种业务存在着偏好，总想找机会去试一把。这意味着，影响企业多元化发展决策的因素，实际上也是多元的。

以上分析，只是说明了企业多元化发展的成因与必要性，并未涉及多元化发展的可能性与可行性。不容忽视，从实际可操作的角度来看，企业多元化发展还需解决适当时机的选择与具体思路的确定问题，否则的话，就将很难保证预期多元化目标的实现。也正因为如此，有人认为，要同时开展多种业务的经营实属不易，还不如集中精力做好少数业务。如英特尔公司的原总裁葛洛夫，就比较赞同马克·吐温的说法"将所有鸡蛋放进一个篮子，然后看好那个篮子"，这也就是中国俗话所说的"通百艺不如精一业"。

何时多元化？

企业多元化时机的选择，有赖于企业对于新业务未来发展趋势的把握，需要综合考虑企业自身竞争实力状态与现有业务市场未来增长潜力的情况（Arthur A. Thompson, Jr. And A. J. Strickland III. *Crafting & Implementing Strategy*. 6th ed. Richard D. Irwin, Inc., 1995）。如果企业自身竞争实力很弱，即与同行相比在现有核心业务领域中处于竞争劣势，一般情况下不宜作多元化经营的考虑。在这种情况下，除非企业具有远见卓识，真正把握了新业务未来发展的趋势，找到比现有业务更具增长潜力的发展机会，而自身又正好具备抓住该新机会所需的实力，才可以考虑采取从现有业务向新业务的多元化发展。

根据上述说法，放在国际竞争的市场环境中去考虑，我国的许多企业，其竞争实力与相对地位都还很弱，远没有达到可以脱离"专精一业"，以求更大发展所需的实力要求。在这种情况下，面对国际大公司的竞争，如果这些企业不能集中力量于核心业务，而贸然采取分散实力的多元化做法，则其结局难免胜少败多。当然，这并不排除有些企业在某些局部的区域市场中，能够表现出较强的竞争实力，从而在面对已经饱和的现有核心业务时，可以考虑采取多元化经营的做法。

当然，如果企业自身竞争实力确实很强，在现有业务领域中，与同行相比处于有利的竞争地位，这样，当企业现有核心业务的市场增长潜力不足，而同时又能找到适当的新的业务增长点时，可以优先考虑选择多元化发展的道路；当企业现有核心业务的市场增长潜力仍然很大，有进一步拓展的余地时，应该首先考虑继续将精力集中于现有核心业务领域的开拓；当企业现有核心业务的市场增长潜力已基本穷尽，又未找到新的业务增长点时，可考虑进一步积累竞争优势，积极寻找可作为多元化发展基础的新的业务增长点。

怎样多元化？

为了回答多元化发展的思路及途径的选择问题，需分析企业目前拥有哪些专业技能，以此来判定企业多元化发展的现实可能性。从现实可能性考虑，由资源稀缺性所决定，任何企业所具有的资源（如：人才、技术、资金等条件）总是有限的。企业为进行多元化发展，从事新业务领域经营，必然会对现有资源提出新的需求，从而造成企业现有核心业务领域资源投入的相对或绝对紧张。特别是在企业试图进入与原有业务毫不相关的新领域时，此类多元化经营对于企业综合管理能力所提出的要求，常常会超出企业的现有技能条件，而一旦管理无法跟上，则多元化经营就很容易失败。

有些企业，在现有业务领域经营中，通过长期的发展，积累了包括企业文化、管理方法等在内的一整套成功做法，成为了所在行业中的"状元"。因而无意中很容易简单地由此推论，只要自己能将这些做法拓展到其他的新领域，也一定可以取得同样的成功。这种有点过度自信的看法，使得许多企业在取得初步成功后，盲目乐观，全面出击，随意购并扩张，结果造成了以付学费买教训而告终的结局。毕竟"行行出状元"并不就意味着，一个企业在一个业务领域里取得了领先地位，当上了"状元"，便能够推而广之，进而做到在其他业务领域也能够同样容易地当上"状元"。

要在每一行中都当"状元"，对企业综合资源与能力所提出的要求，在当今世界上恐怕也只有极少数的企业才能满足。而且，即使是这些企业，也只能做到在为数不多的业务领域中称"状元"。正是由于现实存在着的资源相对及绝对不足，企业在进行多元化发展时，应该尽可能利用企业原有的技术、原料、市场、品牌、商誉、文化、管理等优势，从与现有核心业务相关、相联的角度出发，选择多元化发展方向，开拓新的业务领域，以借鉴现有核心业务的成功经验，充分利用单品种经营的规模经济性与多品种经营的范围经济性，在加强现有核心能力的同时，创造新的可持续经营优势。

多元化误区

以上讨论，涉及了影响多元化成功的企业家动因、业务前景、经营实力三个方面因素（约尔根·施特拉特，"多样化经营：利用现有的强项取胜"，载：程嘉树、欧高敦，《麦肯锡高层管理论丛（III）》。北京·经济科学出版社，1997年），这些因素的有机结合，成为了影响企业多元化成败的重要基础。当然，为确保企业多元化的成功，还必须注意：有健全的核心业务，以便为多元化发展的新业务提供必要的资源；尽早使多元化发展的新业务独立，以便为该业务的成长创造更为有利的专门条件；为多元化发展的新业务寻求强有力的支持者，以使得新业务在其发展的关键时刻，能够得到全方位的扶持帮助。忽视前述因素的作用，盲目多元化扩张，就很容易造成企业经营失策，掉入以下多元化经营陷阱。

（1）企业现有核心业务的市场增长潜力很大，尚未实现规模经济与范围经济时（David Besanko, David Dranove, & Mark Shanley. *The Economics of Strategy*. John Wiley & Sons, Inc., 1996），大量抽调资源进行多元化。结果造成企业资源与管理精力的分散，遍地开花没有带来收益的普遍提高，导致现有核心业务"失血"，危及企业生存的立足之本。

（2）在考虑非相关多元化发展时，跨行业进入完全陌生的业务领域。在这种情况下，即使核心业务发展良好，竞争实力强大，也往往无法应付新业务经营所产生的问题。结果由于隔行如隔山，难以实施有效的管理，无法取得预期的多元化发展效益。

（3）在考虑进行相关多元化发展时，同时涉及的业务领域太多，且这些不同业务领域之间存在着一荣俱荣、一损俱损的正相关联系。表面上看，似乎通过多元化降低了经营风险，实际上则造成经营风险的集中，一旦市场需求萎缩，就会带来企业业务的全面衰退。

（4）在多元化发展的业务领域选择中，对业务发展前景把握不准。不管市场需求及潜力大小的状况如何，只要企业勉强能做，就盲目投产。最终因为全行业的产能相对过剩，导致产品积压，耗散了源自企业原有核心业务的收益。

（5）对于多元化发展进入新业务领域的三种常见做法——自创、合资与购并，片面地认为只有购并才最简捷，为追求快速扩张而盲目购并，忽视或低估了购并后的管理整合与跟进改造工作的难度，致使原本是为求发展的购并，最终成为了企业发展的拖累，伴随着快速扩张出现了投资效益的快速下滑。

总之，企业多元化发展，必须建立在现有核心业务发展良好、专精特竞争优势明显的基础上，从加强企业核心能力、形成持续竞争优势的角度出发，关注市场竞合互动关系，选准新业务的发展方向，逐步拓展相关业务范围。谨防多方出击带来多方失败，为分散经营风险却导致管理精力的摊薄。

警惕大企业病[*]

在企业做专、做大的过程中，既需要保持小企业所具有的那种创业激情与灵活机制，以快速应对企业外部环境特别是当前与潜在市场需求的变化，又需要注意采取措施防止大企业病的发生，以做到大而管理不僵化，专而视野不局限，形成能确保企业进一步发展的做强、做久的实力。

"大企业病"主要表现为，伴随着企业从小到大的发展，面对顾客需求，竞争格局，经营环境等因素的动态变化，企业逐渐出现机能失调，响应不灵，活力退化等不良状况。之所以产生这种现象，既有企业生命周期内在发展的客观必然性，又有原本能够回避的主观上经营管理水平提升的人为滞后性，最终使得企业中的顾客理念不断弱化、组织管理渐趋僵化、创新能力慢慢退化，以致成为阻碍企业进一步发展的隐性"瓶颈"。因此，在将做大做强当作企业发展所追求的自然或必然目标时，必须看到，要想真正做强，而不是虚胖式的变大，尤其应该警惕做大过程中的"大企业病"。

---

[*] 本文根据项保华发表于《上海质量》2004 年第 5 期的文章修订而成。

预防顾客理念弱化

考察一个个实际企业的运作，可以发现在创业初期，由于规模很小，企业老板往往既是决策者，又是一线执行者，常常直接与顾客打交道，非常清楚抓住每一顾客对于企业生存的重要意义。所以，此时的企业对于顾客需求变化比较敏感，响应也自然较为主动积极。顾客也会觉得在小企业能够受到尊重，得到更为人性化的及时服务。正是由于这一点，使得小企业相对于大企业表现出经营上的独特性，更能吸引越来越多的顾客。而当企业发展到一定规模后，随着人员数量的增加出现了职能分工，慢慢地就变成了老板决策，员工执行，产生了决策者与执行者的分离，直接与顾客打交道者也从创业的老板更多地变成了受聘的员工。

此外，随着企业规模的不断增大，老板更多地忙于内部管理事务，疏于直面服务顾客。在与顾客打交道时，不断扩大的员工队伍，其对于顾客的重视程度，很难达到当初创业老板所具有的水准。这些情况的出现，结果就会使得整个企业对于市场及顾客的敏感性下降。伴随着顾客数量的增多，单一顾客对于企业业绩的相对影响力减弱，在企业中容易产生多一个或少一个顾客关系不大的无所谓思想，这有意无意地造成员工对每一顾客的关注程度下降。企业规模变大带来的运行环节增多，内外部管理协调的难度加大，也在客观上使得企业对于环境变化的快速响应性减弱。

上述问题的存在，会使企业对于顾客的相对吸引力逐渐下降，从而导致老顾客流失率的递增与新顾客增加率的递减。这样，当企业的规模增加达到某一临界点，即老顾客的流失率与新顾客的增加率基本持平时，就意味着将会遭遇企业规模扩张的"瓶颈"，这从整个企业来看，就是此后很难再实现顾客数量的进一步扩大。为克服这种大企业发展的隐性"瓶颈"，有效防止与杜绝市场敏感性下降，不重视顾客，企业响应性弱化等现象，要求企业在从小到大的成长过程里，不断加强员工的顾客理念强化教育，使他们能如企业老板在创业时那样重视做好顾客服务工作；将企业能量从受困于内部拖累，转向聚集于外部顾客，提升企业的市场敏感性与响应力。

当然，强化顾客理念，必须对顾客到底是什么的问题有清楚的认识。从企业与顾客之间所存在的双向平等互动关系的角度看，可以认为，只有回头客才是真顾客，只有能向他人引荐本企业产品或服务的顾客才是真顾客，只有能给企业带来盈利贡献的顾客才是真顾客。所以，整个企业若能真正做到从当前及潜在顾客入手，将工作重心放在建设并扩大或稳定使企业盈利的回头或引荐型顾客群体上，自然会有助于从根本上防止大企业病的形成。

谨防管理运作僵化

随着经营规模的增大，企业组织通常会经历一个从较为人性化向较为制度化的管理转变过程。在此过程中，企业的职能分工逐渐细化，规章制度日趋完善，监控考核慢慢深化，岗位职责与业务流程越来越明确。从短期看，由于管理的强化，表面上看企业的运行越来越走上正轨，似乎一切都变得有章可循，有规可依，显得更为井井有条。但从长期看，如果过分夸大制度的作用，变得惟制度是从，实际上也有可能造成企业因循守旧、运作僵化，从而对员工工作或创业激情产生负面的影响。

首先，从企业内部分工细化看，一方面有助于提高专业化工作的水平，另一方面却会增加跨部门协调的难度。由于企业对顾客提供的产品或服务，其最终市场价值是作为整体而表现出来的，这样，考虑到市场环境变化的动态性与复杂性，可见分工明确的内部职能，尽管有助于处理重复出现的常规性问题，而无法有效解决由于企业外部变化所引发的职责边界模糊的新问题。这意味着，企业在重视做事的分工细化的同时，还需特别关注做人的合作共事问题。

第二，对于企业来说，必须明确，完善的规章制度只是一种实现企业目标的手段，而不是目标本身，制定规章制度不是简单地为了控制人的行为,更重要的是为了推动企业的发展。注意到,制度主要依据过去的情况而定,在设计制度的当时,制定者受自身认知水平所限,很难完全预料未来可能出现的各种情况。更何况,从制定到真正贯彻,其间还需要经过相当的时间过程。这使得,相对于变动的环境,现实执行的制度总有点滞后。为此,制度设计必须要有灵活性,应更多地考虑如何释放人的潜能,而不是简单地束缚人的手脚,以促成环境、制度、员工的良性互动。

第三,除了需要保持制度的与时俱进、弹性可变外,还必须注意制度的执行,其本身也是有成本的。应该看到,企业员工的精力可以分为对外与对内两部分,对外主要是响应环境变化、投入市场竞争、做好顾客服务等,对内主要是协同部门关系、完成布置的任务、做好奖惩考核等。有些企业在做大的过程中,特别担心管理失控,在制度设计指导思想上,往往以管人、卡人、压人代替助人、激人、育人,不适当地增加监控环节,结果造成"规章太多、无所适从"的不良后果,更何况过多的监控还有可能损及人际间的信任关系,从而导致企业内部运行效率的下降。

所以,企业在其成长过程中,既需注意组织管理的适当有序化,又要保持对于环境变化的灵活适应性。为使不断发展的企业既具备大象般的强壮机体,又具备猴子般的灵活精神,在加强与完善企业管理制度的同时,要特别关注制度本身的柔性可变,使其具有适时修改调整的功能,力戒官僚僵化与文牍主义,以减少思维定势,实现与时俱进。必须明确,各类增设的组织机构与规章制度,须有助于提高企业总体经营效益,对于一切不利于企业产品或服务价值提升的人与机构,应一律从简处之,以防企业内部人和事的无效膨胀。

防止创新能力退化

除了上述的顾客理念及管理运作上可能存在的"大企业病"外,现实操作中,还可能涉及企业业务本身能否随着生命周期创新演化的问题。如：有些业务的整体市场容量有限，不可能无限做大；还有些业务随着规模的增大，必然会遭遇激烈竞争，导致市场拓展成本上升，最后变得大而无利。为此，伴随着企业的从小到大发展，必须注意采取积极措施，打破思维定势、减少路径依赖，以防创新能力退化。在这里，思维定势可能表现为长期经验积累所形成的思考习惯，这种习惯很容易成为创新的隐形障碍；而路径依赖则主要由于企业或个人已在某特定领域投入大量的资源和精力，要跳出这一框架从头做起，似乎难度太大，从而不愿尝试。

思维定势与路径依赖的存在，再加上顾客理念弱化与管理运作僵化，有可能使得企业对于内外环境变化的敏感度与洞察力下降，结果形成业务创新发展的障碍。注意到一个心境空灵的人，容易建立新的学习曲线；而一个脑子里已装满各种成型想法的人，要再学习就比较困难，为了促进学习，得先设法让他忘掉原有的东西才行。所以，对于经过发展达到一定规模的企业来说，如果不能根据动态变化的环境，消除心理上、感情上、财务上对原有业务的难分难舍障碍，主动放弃一些经多年努力而形成但却已显过时的资源、能力、品牌信誉等，就将很难突破原有成功的围城，形成新的实力优势。

具体地，就提升企业创新能力的途径而言，在业务的进一步拓展上，通常可从这样几个方面入手考虑。首先，在业务内涵功能的调整上下功夫，通过功能简约，便利顾客使用、选择。例如，麦当劳的减少品种，信息家电的一键通，将功能太全、太复杂的网上银行简化，以利于初期推广。其次，通过业务丰富化，更好地满足顾客的多元化需求，如视频点播、量身定做等。再次，通过对顾客本质需求的再发现，拓展新的业务空间，如从卖复印机变成提供优质、低耗、简洁的复印品，从销售汽车成为汽车消费信用服务的提供商，从提供空调的事后快速响应、限时修复服务，变成事前定期保养，以保证顾客空调使用的过程连续、省心省钱。

此外，还可从时序关系考虑，构建市场多主体的长期利益共生关系。如帮助顾客掌握产品使用诀窍，增加对于服务过程的体验，使其变得越用越顺手、越用越喜欢，从而形成需方个体的学习积累效应；通过提供市场互补配套的产品或服务，实现企业规模及范围经济，降低顾客交易成本，形成供方个体的系统配套效应。再如，通过建立平台运行标准，使得用户越多越方便；形成资源共享机制，使得用户越多越增值；发挥集群演化效应，使得知者越多越易学。最终借助供求双方的网络集成效应，形成互赖共存的关系。

总之，在企业做专、做大的过程中，既需要保持小企业所具有的那种创业激情与灵活机制，以快速应对企业外部环境特别是当前与潜在市场需求的变化，又需要注意采取措施防止大企业病的发生，以做到大而管理不僵化，专而视野不局限，从而以开放创新的姿态，迎接未来发展的挑战，形成能确保企业进一步发展的做强、做久的实力。也只有这样，才能使得企业做到既有效利用现有业务优势求生存，又可在现有业务发展受阻后，实现诸如当初丰田公司从纺织机械到汽车、诺基亚公司从造纸到手机、格兰仕集团从羽绒服到微波炉之类的业务跨越突破，以确保企业经营的可持续发展。

均值回归与"富不过三代"

现代企业之间的竞争,最终将集中体现在人才竞争上,而人才竞争的关键在于能否建立一种吸引、培育、使用人才的环境与机制。为了有效突破"富不过三代"的瓶颈制约,关键在于解决好企业人才梯队的培养问题,形成一代更比一代强的机制。

现实中,经常可以观察到这样一种情况,由于受众多偶然因素的累积影响,人们的最终业绩表现,如运动员的成绩、业务员的每月销量完成情况等,会呈现出随机波动的特性,也就是在一次特别优异或太过差劲的表现之后,紧接着往往更可能出现较为接近于统计平均水平的业绩。这种现象被称为"均值回归"。

对于业绩波动存在"均值回归"的情形,可以发现:业绩表现优异者在得到表扬或奖励后,紧接着会出现业绩水平的下降,而业绩表现差劲者在受到批评或惩罚后,紧接着会出现业绩水平的上升。若基于这种奖惩与业绩变化的时序关联,简单地得出惩罚与奖励相比,更能促进业绩提高的结论,就会导致对于批评与惩罚的滥用。实际上,在此情况下,所表现出来的业绩波动只是一种随机因素作用下的均值回归,而与是否采取奖惩措施并无必然联系。

从均值回归看家族企业的"富不过三代",若认为企业经营成功受企业家个性、环境、努力、机遇、时势等众多因素的综合影响,属于一种不可复制或难以再现的带有或然性质的历史过程。那么，在家族企业的代际更替过程中，就会出现这样的情形：在一代特别成功的创业者之后，相对来说，紧接着就更有可能出现一代业绩较为平凡些的继任者，也就是企业业绩向着平均水平的回归调整。

之所以会出现家族企业代际更替的均值回归现象，从家族内部血亲关系的传递过程看，关键在于上一代的贫困家境，自然决定了其接着的下一代在挣钱的压力、动机与毅力等方面会强些，从而更有可能在财富积累上发奋努力；而上一代的家境富裕，反过来自然决定了其接着的下一代在挣钱的压力、动机与毅力等方面会弱些，从而更有可能在财富积累上放慢脚步，甚至在不进则退的竞争环境作用下，最终被市场淘汰出局。

以上这种基于亲缘关系、互为环境的代际更替，在财富积累的欲望、激情、能力、投入等方面所表现出来的循环波动，再加上经营环境、市场机遇等情况的景气变化，结果就有可能导致"一代贫、二代富、三代平平过"的时序循环。考虑到对于环境或机遇的把握，关键在于企业经营者的适应能力，所以，仅当企业经营掌舵人的选择，能够突破亲缘关系小范围的局限，采取面向社会开放的做法，才有可能化解这种"贫富轮回"的魔咒。

正是基于以上考虑，显见，那种试图通过举办家族成员商学院，提升家族企业创业者子女的素质与能力，解决家族企业接班难题，以确保基业长青甚至逐代变强的做法，实际上只是一种不切实际的空想。必须看到，决定人才素质、能力及最终作用发挥的家庭背景与环境机遇，是无法简单通过学校氛围的营造加以复制的。迫于生存压力的苦难经历与意志磨砺，会对人的毅力与恒心产生脱胎换骨的影响，这一点，对于成功企业家的下一代来说，在客观存在的富裕家境中，仅仅依靠精英教育培养，是根本不可能实现的。

现代企业之间的竞争，最终将集中体现在人才竞争上，而人才竞争的关键在于能否建立一种吸引、培育、使用人才的环境与机制。由此可见，为了有效突破"富不过三代"的瓶颈制约，关键在于解决好企业人才梯队的培养问题，形成一代更比一代强的机制。例如，可以考虑建立对外开放的人才选拔机制，形成惟才是举、惟才是用的企业文化，实现经营权与所有权的适当分离，充分发挥企业中真正能干者的才能，最终形成以信任、认同、承诺为基础，以个人职责与制度规则相结合的有效运行体系。

7 知行合一

要点提示

态度与行为，知道与做到，为什么经常会出现不一致？企业中的创意与激情是怎么消退掉的？人类对于未来的态度看法及行为选择，不仅会受到直觉、理性、情感、制度等因素的影响，还会因为人们在做出决策当时所处的情境、语境、心境的不同而有所变化。注意到这些要素，就容易找到关键原因并提出解决对策。

想到不等于做到[*]

注意加强前瞻分析与经验回顾的对比，会有助于把握决策行为本质，揭示并消除现实中可能存在的无意识知行背离现象，减少人际沟通中的误导与误解。

在管理决策中，人们事先依靠直觉率性判断或者理性刻意分析得出的结论，有时会与其最终所实际表现出来的行为相悖。笔者参考有关资料，曾经构造了以下这样两种情形，让具有实践经验的管理者（以下简称"被试"）做出判断选择：

情形一：在某公司高层主管会议中，大家正为提拔人的决策问题争得面红耳赤。一部分人赞同提拔武经理，认为他为人灵活、敏捷，有许多辉煌的纪录，例如：在他的工作中曾遭遇过无数次危机，结果都被他以高超的手法消解于无形，使问题得到尽善尽美的解决。另一部分人赞同提拔文经理，觉得他尽管看起来并不十分聪明、机敏，似乎也没有什么特别辉煌的事迹，但却能以沉着冷静的态度防患于未然，注重管理细节落实，使得所分管的工作的业绩稳步上升。如果只能考虑其中的一位，请问你主张提拔谁？

　　A. 武经理　　　　　　　　B. 文经理

---

[*] 本文根据项保华发表于《企业管理》2008年第2期的文章修订而成。

情形二：某医学院附属儿童医院的马医生手下有两个实习医生——小严与小任，他们都毕业于正规的5年制医学院儿科专业，但有着不同的工作风格。小严认真遵守法定工作时间，从不迟到早退，一丝不苟地做好份内工作，几乎杜绝了任何差错。小任特别勤奋，主动身兼数职，如给小病人量体温、喂饭，帮小病人的家长定食谱、推病人去拍X光片等，积极投入，经常加班加点，结果由于缺乏必要的休息而使自己疲惫不堪，还因此造成了一些工作失误。年终到了，该医学院决定评选当年最佳实习医生。如果当年最佳实习医生候选人，只能在小严与小任两人中推选一人，作为马医生，你认为他应该推选谁？

  A．小严   B．小任

对于以上两种情形，作为旁观者，绝大多数被试的回答是：情形一中选择文经理、情形二中选择小严。因为，大家觉得文经理能够防患于未然，小严本职工作绩效好。但是发人深省的是，当提醒被试先回忆自己的真实经历或观察所见，然后，根据各自回忆得到的实际行为选择情况重新做出回答时，对于情形一与情形二，绝大多数人的回答依次变成了武经理、小任。因为，大家觉得武经理给人印象更深，小任更加任劳任怨。

尽管对于情形一或情形二的选择，由于还可能涉及因素众多的考虑，要做全面详细讨论也许会显得太过琐细。但国外有研究表明，在问到"业务能力与亲和力哪个更重要"时，几乎所有的受访者都回答是能力；而实际情况却是"大多数人宁愿与讨人喜欢的傻瓜一起工作，也不想和有本事的讨厌鬼共事"。在这里，如果认为，事先思考仅代表一种观念或看法，事后行动才反映真实行为，那么以上测试至少表明，有意观念与无意行为可能存在不一致。

事实上，人们的实际行为，不仅受到直觉判断与理性分析的有意影响，还可能受到情感、偏好、预期、角色、惯例等要素的无意作用。这给人们带来的启示是，观察一个人或一个组织的价值偏好或运行规则，关键要看做什么而不是说什么；一个人或一个组织的言行不一，既可能是其刻意所为，也可能是其无意偏差。例如，对于以上情形一，由人类大脑思维的认知局限性所决定，在考虑人选时，人们会更容易想到印象深刻的武经理；对于以上情形二，正是受到人类情感因素的不经意影响，人们内心里实际上会更倾向于提名小任。认清这一点，若能注意加强前瞻分析与经验回顾的对比，定会有助于把握决策行为本质，揭示并消除现实中可能存在的无意识知行背离现象，减少人际沟通中的误导与误解。

态度与行为的关系[*]

人们做事总会找到理由的,如果的确没有理由,做事本身就可能成为理由,已经投入的越多、做事准入门槛越高,会让人做起来越觉得值。

人们的态度与行为之间存在着相互作用关系,有时态度决定行为,有时行为影响态度,还有时态度与行为存在着动态的相互依赖性。例如,对于每年新聘大学生的上岗培训,某专业设计公司发现,尽管公司领导同样重视,但相对于过去而言,近年招聘的新员工的响应却大不如前。具体表现在,培训前不预习,培训中少提问,培训后无探索,工作真正上手的适应期延长,有时甚至需要经过一年多时间才能熟练掌握相关设计软件。

起初,在寻找培训效果下降的原因时,公司内部高层倾向于认为,出生于80后的毕业生多为独生子女,太过娇气,主观不肯下功夫。后来,在一次公司经理例会上,有人无意中提到,对比公司草创时期,为节约成本,从国外购买设计软件,只派少数几名员工出国培训,现在的培训机会来得太容易了!因此才使得新员工在态度上觉得无所谓,在行为上变得不重视、不珍惜。

此前,正是由于能被公司选派上出国,非常不容易。最终被选上

---

[*] 本文根据项保华、吕建宁发表于《企业管理》2008年第3期的文章修订而成。

的员工，出国前就反复研究相关操作手册；培训中根本无需教师讲解什么基础使用方法，所提出的许多问题更是让培训老师都刮目相看，甚至怀疑其此前是否已多年使用盗版软件；培训结束后又能主动结合工作实践，不断研磨提高。显然，这些被选中参与培训的员工的学习动力，至少有部分是源自培训机会的稀少难得。

考虑到以上情况，后来公司改变做法，对入司新员工的培训，不再采取自愿报名、全员参加的做法，而是要求先经直接领导提名，通过培训前基础测试，再由人力资源部核准，择优参加培训。培训的地点安排在风景秀美、很有吸引力的度假村。培训结束后，再由择优受训过的新员工负责，对未能参加培训的其他新员工进行传帮带式的辅导，并以辅导后通过率的情况，给予辅导者与被辅导者相应奖励。结果大大提高了参训员工的积极性与培训效果。

事实上，对于态度与行为的关系，社会心理学的研究表明，在人们对一项行动的初始动机模糊不清的情况下，有时对于行为本身的涉入越深，越是很难做而又被自己做成的事，就会自然变得越有动力去采取进一步的投入行动，即存在越难做、越多做，就越喜欢做的行为自我强化倾向。例如，参加一个俱乐部，在花了大量精力与财力履行一系列的复杂手续后，人们为了说明自己并不是因为太过无聊才如此做，就会更多地找理由向人们证明加入俱乐部是值得的，并在此后的行动中表现出更强的主动投入精神。

以上这种类似"禁果分外甜"的心理效应，在现实中被管理者大量运用。如人为造成供不应求的饥渴营销、故意设置类似"过五关斩六将式"的人才招聘程序、花钱越多越喜欢的品牌效应、不是人人均可轻易享受的公司度假计划等。难得到手的机会，会让人倍加珍惜，更有动力与激情去利用。管理就是管得有理，人们做事总会找到理由的，如果的确没有理由，做事本身就可能成为理由，已经投入的越多、做事准入门槛越高，会让人做起来越觉得值。

情境、语境、心境[*]

在事件发生当时的"情境"、信息或问题描述的"语境"、个人主观内在的"心境"等出现变动时，人们对于事件的价值评判也会随之而变。有些人言行不一，也许是由于他们事前对未来可能出现的情境、语境、心境状态及其变化的估计不足或忽视所致，并非一定是有意为之。

人们对于各种事件的判断，关于未来的态度及行动选择，并非仅仅凭借过去积累的知识与经验，就能做出知觉、记忆、直觉反应，而是会不断地通过对众多因素的动态综合考虑，从而对新情况重新做出整合的理解和解释。在事件发生当时的"情境"、信息或问题描述的"语境"、个人主观内在的"心境"等出现变动时，即使人、事、物本身并未变化，人们对于事件的价值评判也会随之而变。通过对于以下提到的意义阐说、问题描述、心理账户三方面的讨论，可以进一步理解"三境"与人们的判断选择及实际行为的关系。

意义阐说

意义，实际上是价值的代名词，更有意义是优先级更高或权重更

---

[*] 本文根据项保华发表于《管理学家》2012年第8期的文章修订而成。

大的委婉说法。现实中，制造意义是领导者的重要工作之一，意义能引起关注，提升事物在人们心目中的优先级，从而让人觉得更有必要投入资源和精力，尽管这并不代表缺少意义或其意义没有被认识的事情，实际上就一定不重要。意义阐说具有主观性，若能善加利用，通过适当的陈述，就能起到改变人们价值评判的作用。特别是在事物、事件、事态本身存在模糊歧义的情况下，不同的解释甚至能够传达完全相反的意思。例如，对于科技的进步，人们一般认为是好事，而也有人指出，科技进步导致的生活改善是以自然资源的高度快速消耗为支撑，以人类整体工作节奏的加快、身心更忙乱、压力更大为代价，结果可能会让人心智更迷茫！

事实本身不会说话，意义阐说具有战略意味。为了阐说意义，有时需要数字以帮助理解复杂的现实世界，来反映或描绘真实的外部环境、活动过程、行动结果。诚如詹姆斯·马奇所指出的，数字具有描述事实与追求利益的双重作用。决策者若能与其他人就数字的权威性达成稳固的共识与信心，就可为此后的决策与沟通奠定基础。与这些数字的有效性相比，它们的认可度更重要，决策者有可能会为了保持数字的一致性，以获得更大的当前及未来利益，而不运用正确的技术或甚至放弃某些既得的政治利益。例如，为了不同的目的，就会基于不同的角度，选择不同的尺度。就像一些公司为上市，总倾向于让投资者觉得自己盈利水平很高，而为了避税又不希望税务部门真的认为自己有这么高的盈利水平。

问题描述

"我们都活在别人给定的情景、语境和规矩里。"许多情况下，关键不在于表达的实质内容是什么，而在于如何表达。任何决策总是体现在一定的认知与情绪的框架之中，问题在于是你掌控了框架，还是你被框架所左右。框架，即问题表述的方式与结构，以及由此引发的心理反应模式，有时关于问题构成的描述语言会决定问题的思维方式、关注焦点甚至应对方案。"祈祷时可以抽烟吗?"与"抽烟时可以祈祷吗?"看似问法有异,实际上问的是同一件事情,却会因为表述方式的不同而带来完全不同的答复。

对于企业经营来说,尽管可以简单地认为越长寿越好,但这种提法却可能会由于比较抽象而不具操作性。事实上,从指导日常决策的角度看,不同的着眼点将有不同的操作方法。企业的经营一年有一年的办法,五年有五年的打算,十年有十年的策略。没有长期经营的构想,自然就不会关注企业的信誉和品牌建设等问题。由此可见,对于决策时间框架思考方式的改变,可能会带来人们关于长短期利益取舍关系偏好的变化。现实中的决策者,往往都担负着许多重要的角色或责任,再加上现有组织框架的影响,手边总有太多的事情要做,因而不太喜欢自找麻烦地去考虑或实施新的计划,致使一些更有益于事业长期发展的方案,反而不是出于事先慎思,然后再付诸行动,而常常是因为时势逼近才被匆匆采纳。

心理账户

问题表述反映的是外在形式与结构对于人们的判断与选择所造成的影响,而心理账户所揭示的则是人们心中自行设定的分类结构及边界的作用。例如,出租车司机通常会以天为单位来计算自己的收益,一旦完成了当天所设定的心理账户的目标收益值,他们就倾向于收工。受这种心理账户设定值的影响,每逢点子较准、运气特佳等生意不错的日子,由于能够较早完成当天收益目标,他们往往会选择较早收工;而在生意不好的日子,则会适当延长工作时间。显然,若以每月的收益值作为心理账户考虑,则似乎应该在生意好的日子延长工作时间,而在生意不好的日子提前收工。进一步,若考虑到每天的市场需求由于受众多因素的影响具有不确定性,则从降低每天乃至每月收益的波动性或者说提升收益的稳定性的角度看,以天为单位考虑收益目标的做法又似乎显得更为可取些。

心理账户现象不仅存在于金钱方面，也存在于时间安排等方面的决策中。例如，受选择性知觉的影响，一件没有在人们心目中列入计划的事情，往往容易被忽视或忘却，这提示人们，对于真正重要的事情，必须安排或预留出专门的处理时间，否则将会永远找不到合适的时间去思考。再如，对于通过了"过五关斩六将"式的层层测试考核，最后好不容易才得到的工作机会，就像那些经过艰难困苦赚到的钱一样，人们会显得格外珍惜些。这意味着，心理账户为人们判断现实与进行自我调适提供了内在的比较标准，会在很大程度上影响着人们的实际行为选择与主观幸福感受。

现实中时常发现，有些人言行不一，实际上也许是由于他们事前对未来可能出现的情境、语境、心境状态及其变化的估计不足或忽视所致，并非一定就是故意撒谎欺骗。例如，受他人及自我认知变化的影响，人们职务提升前或者脱产挂职等影子工作时的表现，与最终担任实职时的行为自然会有所不同。毕竟这两者前后所面对的现实工作情境、人际对话语境、个人自我心境都有所不同，即使出现任前考察时群众反映不错，而实际任职时却慢慢产生问题，似乎也属正常现象！为解决此类问题，可能关键还在于，建立能够真正接受组织内外群众监督的干部能上能下的考核制度，而不仅仅只是依赖于组织的思想教育与个人的道德自律。

创意与激情是怎么没的？*
——从活鱼、死鱼到鱼干

一旦在公司中发现开会没有人发言，遇到难题没有人出头承担，作为老板或公司的主要领导，首先应该反思的就是，自己在无意之中，对于建言者，是否讲得太多而听得太少？对于行动者，是否鼓励太少而责难过多？

有担任人力资源部经理的朋友在闲聊中提起，在其所在的公司里，流传着一个关于公司的老板如何将员工从"活鱼"变"死鱼"再变成"鱼干"的故事。细问之，原来情况是这样的：该公司每有新员工招入，老板总喜欢找他们争论问题，并试图向他们证明自己看法的正确性。一开始，新员工觉得能与老板平等对话也十分开心，畅所欲言，此时就像一条"活鱼"。当然，有时这种争论正好发生在快要下班或即将吃中饭的时间，由于老板还在与新员工争论，使得同处一个办公室的其他员工不便离去，这样，事后就会有老员工善意地提醒新员工，今后在临近下班或午餐的时间，遇到老板想要讨论问题，千万不要与其争论。同时，新员工通过与老板的多次交锋，慢慢地发现老板从来都是不认输的，自然而然也就丧失了些许原有的争论激情，渐渐地成为

---

* 本文根据项保华发表于《企业管理》2008年第6期的文章修订而成。

了一条"死鱼"。再到后来，新员工终于弄明白了，老板每次发起争论的真正目的都在于，向员工表明自己观点的正确性，而并不是真的想听不同的意见，这样，在行为响应上也就自然地采取了与其他老员工一样的做法，遇到老板征求意见时，故意表现得没有什么想法，从而成为了一条"鱼干"。而老板却由此得出结论，公司里的人都没有想法，缺乏创新意识。

乍一看，以上故事中发生的一切，似乎都是老板刻意而为的结果。实际上，类似情况的出现，绝大部分都是老板在无意之中造成的。就是上例中提到的老板，当时也就年仅30出头，在与笔者的初次接触中，就曾给我留下非常深刻的理性与谦虚的印象。在谈到如何主持公司会议时，他就曾认真地告诉我，为了最大限度地激发员工参与讨论的积极性，每次进入会议室前，都会注意提醒自己，今天是听建议的，不要与员工抢话题。就是这么一位在理性思考上有如此清醒认识，很想听取员工意见的老板，又怎么会在感性行动上，无意之中给员工留下根本听不进意见的"活鱼、死鱼、鱼干"的笑话呢？只要考察前述老板在听到员工的不同看法时的回应方式，就可找到问题的原因。实际上，该老板在不经意间的回应方式，与常人没什么差别，就是在听到与自己不同的看法时，有着本能的想与其争论的冲动，以便证明自己的看法正确或者更可取些。只是这种回应方式，一旦表现在公司领导身上，就会在无意中给员工留下这样的印象，领导根本不愿听或听不进不同的意见。再加上由领导所处的身份、地位等特殊性所决定，可能会使许多员工不敢、不愿或者觉得没必要与其争论，这样久而久之，甚至在领导主动征求意见时，也会变得不想自讨没趣地去发表自己的不同看法。

古语说"上士闭心，中士闭口，下士闭门"。在这里，"闭心"可理解为没有先入为主的意念，"闭口"指不随意发现自己的看法，而"闭门"则指消极逃避现实而不与人接触。显然，从创意的激发来看，为发挥群体智慧，闭门绝对不可取，而作为领导，注意到员工是根据你的行为来做出反应的，在倾听员工不同看法时，注意"闭心"

与"闭口"可能十分重要。所以，在谈论学习型组织建设等创新技法时，为了克服人们特别是领导的无意识反应所造成的对于创新交流的影响，关键是要通过持之以恒的行为修炼，逐渐养成一种适当提问与融洽交流的习惯。在这里，适当提问是指学会探索式、启发式的提问，而不是训斥式的责问、挑衅式的反问，以免激起人们的对立情绪，变成为争论而争论，结果阻碍了真正建设性对话的展开；习惯是指形成相互尊重、探讨、沟通的个人习性与组织惯例。在这一点上，对于那些自己特别能干的专家型领导，如何运用有意识的理性分析，克服无意识的本能反应，通过适当的问答互动，营造让员工敢发言、愿发言、发真言的氛围，显得尤为重要。

当然，要想让真正能干的员工敢讲、愿讲和讲出自己的真实感想，仅仅依靠沟通技巧是不够的。从人的深层本能来看，注意到人们持续做事的激情，既可能源自于理性的激励考虑，也可能基于感性的情绪响应，并且这种激情的产生，常常会超越人们的有意识认知，在无意识中作用于人们的大脑，直接影响到人们的行为。例如，就前面提到的公司会议而言，可以设想这样的情况：当公司老板提出一个相当棘手的问题，征求与会者有什么建议时，如果绝大多数与会者都不吱声或表示没招，而此时恰好有人给出一个看似不错的解决办案。通常情况下，老板或会议主持者的反应会是什么呢？当然是说"很好，这事就由你去负责落实吧！"应该说，到此为止，老板的回应方式并无什么不妥。问题在于，当提出并实施建议者，在完成自己原有工作的基础上，额外地付出自己的智慧与精力，例如，为切实解决棘手问题，不惜牺牲休息时间，其最终可能得到的回报是什么呢？也就是对于提出建议者所做的加班加点努力，老板的最终回应将会是什么呢？尽管对于这一点，老板在繁忙的工作中可能并未刻意地加以关注，但其回应做法却会直接影响与决定提出建议者下次碰到类似问题时的发言及承责态度。

显然，下属投入精力、承担解决棘手问题的责任，其最终取得的结果，不外乎以下两种比较有代表性的情况：一种是最终将事情做成了，还有一种是最终事情没做成。显然，事情做成了，作为办事者，心中总会指望老板对自己的额外努力会有所表示，如增加点奖金或给点表扬等，但实际上老板通常没什么反应，甚至好像完全忘了这件事。此时，对于办事者来说，只好发扬点阿Q精神，进行自我安慰，"不管怎样，经过努力，事情终归是做成了，至少自己的能力得到了锻炼吧！"这种情况的出现，从老板的角度看，似乎也并非是有意而为，原因在于其精力或注意力有限，每天需要安排的事多而杂，经常处理各种棘手问题，曾让许多人承担此类事务，无意中交办完一件事也就忘掉了此事（这种现象在心理学上称为"紫格尼克效应"），再加上，老板可能习惯于安排人做事，不经意间会觉得人们承责做事是理所当然的，因而自然也就不会对某位承责者的工作给予特别关注或鼓励。再考虑第二种情况，如果事情没做成，办事者可能会找老板作解释，自己的额外努力似乎有点泡汤了，此时老板通常会说什么呢？从无意识的本能反应看，更多的人可能听到的回答是："我早就觉得此事有点难办，你当时说可以，现在看不行了吧？！"这种心理倾向可称为"事后诸葛亮"。

事实上，对于事情没做成所表现出来的"事后诸葛亮"态度，也并非为公司老板们所特有，而是大多数人都可能存在的一种无意识心理认知倾向。这种倾向的产生，是由于人类大脑在进行信息加工时所存在的偏差所引起的。人类大脑在处理时间过程中不断出现的各种信息时，往往不太分得清自己是在什么时间、以怎样的先后顺序获得这些信息的，从而也就很容易产生"事后诸葛亮"的感觉。例如，在做重大决策的当时，人们基于那时所得到的有限信息，认为方案是可行的；而在事后，人们基于不断出现以及此后才获得的新信息，可能认为方案不可行。问题在于，对于决策当时及此前所得到的信息与决策做出后才逐步获得的信息，在人类大脑中的储存是叠加式，结果就使得人们在对决策的正确性进行事后回顾评价时，以为自己在决策当时就看到了所有前后叠加的众多信息，并在当初就会明确表态反对该事后表明不妥的方案，而实际上基于当时获得的局部有限信息，人们当初的态度实际是赞成的。正是由于以上情况的存在，对于棘手问题的承担者来说，在付出了自己的额外努力后，可能面临的结果将是：做成了无人喝彩或鼓励，做砸了却有人"事后诸葛亮"般地说风凉话，这在无意中就对人们形成了正向激励欠缺、负向打击较强的不对称局面，从而使得人们在下次再面对类似的公司棘手难题时，做出了于自己更为有利的保持"不发言"或表示"没想法"的选择。

综上所述，从人们的习惯心理反应看，在观点交流中，无意之中会更愿意听赞同意见，而不愿意听不同意见；在行动过程中，由于注意力有限、不注意视盲、事后诸葛亮等，对于做成事可能关注不足、鼓励较少，而对于做砸事则过于关注、抱怨较多。这种情况，如果发生在公司老板的身上，就会在无意之中告诉员工，提出不同想法是得不到认同的，因而也是无效的；对于棘手难题，主动承担、积极行动，不如故作无知、设法回避更省心。从这个角度看，一旦在公司中发现开会没有人发言，遇到难题没有人出头承担，作为老板或公司的主要领导，首先应该反思的就是，自己在无意之中，对于建言者，是否讲得太多而听得太少？对于行动者，是否鼓励太少而责难过多？特别是，自己的无意识的感性行动，是否背离了有意识的理性思考？古语说得好"行有不得，反求诸己"。长期来看，无论人们的行为是什么，其背后总是有原因的，这就是受到激励的会主动多做，受到责罚的会尽量少做甚至刻意回避而不做。处于高位的领导者，不仅要关注自己的理性态度，更需注意自己的无意言行，是否阻碍了创意与激情的产生！创意与激情总是存在的，关键在于领导者们如何通过自身言行去加以有效开发！

激励管理三论[*]

如果说激励管理的任务就在于，为组织中的个人提供"创造业绩、体验过程、调适心态"的场所与条件，在他们心中形成"成就、成员、成长"之感觉，那么激励管理的目标就在于，使组织中的个人具备"愿力、助力、能力"，并以此为基础，通过对个体行动力的协同，构建起组织的整体活力。

人生意义：创造、体验、适应

人生存在的真正意义是什么，这是一个非常容易引起争论的话题，至今尚未有也许永远都很难会有统一的答案，所以，有"人类一思考，上帝就发笑"的调侃说法。但是作为企业激励问题的探讨，在这里可以借鉴意义疗法创始人弗兰克尔在《人生的真谛》（中国对外翻译出版公司，1994年）一书中提出的观点，将人生意义大致归结为三个方面：一是，通过创造或建树，也就是工作或做出一番业绩；二是，通过某种经历感受或与某人相遇，也就是体验事物或结识某人；三是，通过调整自我心态，特别是对不可避免的苦难所采取的态度，从而做到即使陷于绝境而显得有点无助，例如在面对无法改变的命运时，也

---

[*] 本文根据项保华发表于《企业管理》2003年第8期的文章修订而成。

依然能够超越与改变自己，实现成长发展。对此，不妨简单地用"创造、体验、适应"这三个词来概括，其中的"创造"涉及人生结果的思考，"体验"表达了人生过程的观点，"适应"反映了人生心态的演化。显然，处于不同时间、情境的同一个人，或者源自不同文化背景，甚至具有同样文化背景的不同个人，对于创造、体验、适应这三者内涵的理解以及相对权重的考虑，可能会存在着差异。

比拟于人生存在意义的讨论，探索体现在企业存在的使命及目标背后的核心理念，有研究者对中文的"企业"及其所做的"生意"这两个词，所作的如下解释，不无启迪意义。首先，从中国传统概念看，若将"生意"表述为生存、生命、生活、生计、生产等方面的意义，可见这里涉及的是一个过程而不是时点。再从中国现代概念看，"企业"一词若少了"人"，则将成为"止业"，从而也就意味着企业关张"歇业"了。企业的生存离不开人，人作为具有独立生命的能动主体，自有其内在追求的存在意义。进一步看，企业作为许多能动生命个人的集合体，必然带有某些不同于这其中每一个体的存在意义，也许这就是企业开展业务，即做"生意"，需要探寻使命的关键之所在。有鉴于此，可以认为，企业存在的真正意义就在于为企业的相关人员提供实现人生意义的表演舞台。

这样，就企业的根本使命目标而言，一方面，考虑到企业作为有限人群的集合体，没有必要也不可能做到为社会中所有的人提供实现人生意义的表演舞台，必须平衡其中所存在的主次关系，做出适当的取舍选择。另一方面，在为企业所涉及的不同权利要求者提供实现各自人生意义舞台的同时，企业作为整体也需要考虑其自身存在的理由。只是问题在于，深究企业整体的存在理由，似乎很难找到不带主观动机假设的解释，其根本原因也许正如"生意"一词所体现的，一个运作良好的企业，本质上所涉及的只是一个与环境互动互适的永无止境的过程。而作为时序过程载体的企业，其本身就像是一艘不设终点的宇宙飞船，也许根本不可能对其最终目的下定义。这似乎可从一个侧面说明，对于许多真正与企业共命运的经营者来说，为什么时常会有

"人在江湖身不由己"之感叹。

企业活力：愿力、助力、能力

阐明人生或企业存在的真正意义，有助于弄清人们的行为动因，而只有明确了行为动因，方能有效解释企业活力的真正来源。探讨企业活力问题，首先需明确整体活力的含义，再要弄清其中个体的活力，然后需考虑个体活力与整体活力之间的有机联系。企业作为生命体，其活力本身很难定义，只能借助于过程来描述。就企业整体活力而言，一般认为是指企业所具有的这样一种过程特征，这就是能够主动求变或灵活应变，形成自身产品或服务的特色，做到在动态变化的竞争环境中持续演化生存。例如，对经济不景气波动有较强的抵抗力，在经济复苏时能够较快恢复。在具体行为表现上，有活力的企业在适应环境不确定变化上具有更大的灵活性，掌握着不同于一般企业的独特生存技能，如生产技术、经营诀窍、学习能力等，能对市场的现实及潜在需求保持高度敏感性与快速响应性，不断开发出多种多样的新产品，做到持续改善产品质量、降低价格，并以适当的节拍保证及时交货，在竞争中立于不败之地。由此可见，企业活力在本质上可以看作是一种行动力。

企业的整体活力最终会体现在其中个体表现上，而就个体活力（行动力）的构成而言，可以进一步分解为愿力、助力与能力（以下简称"三力"）这样三个方面。在这里，"愿力"反映当事者对拟做的事肯不肯投入的激情强度，它既可能出自于员工的内在需求，也可能受外在因素的激发，可以分为后向奖惩的推挤或前向愿景的拉引两类。当然，对于那些喜欢工作的人来说，若真的己与企业运作融为一体，成为以企业为家的"企业家"，事实上是很难区分其愿力形成的内、外、推、拉性质的。"助力"涉及信息、网络、机制等支撑环境，它使员工能够最终拥有做成事所需的适当的人财物使用支配权，而不管这种使用支配权的获得是直接的还是间接的，获得的过程的链条有多长。

"能力"体现在个人所拥有或掌握的经验、知识、方法等内在素质上，表现为能不能做成事的本领。对企业来说，通过合理的岗位设计，再辅之以相应、适当的在职或脱产培训，有可能做到使所有的人都能基本胜任所在岗位的工作。

根据以上讨论，如果说愿力决定是否会有人具备投入做事的主观能动性，助力影响在需要帮助时是否能够获得适当及时支持的客观可能性，能力涉及能否做成事的潜在可能性，则增强企业活力的关键就在于围绕企业整体使命目标，不断提升员工个体的"三力"水平，改善"三力"之间的相互协同关系。考察"三力"的构成与相互关系，可见仅当行为主体具有能力与愿力，并可获得助力支撑时，最后才有可能真正做成事，也就是取得预期的战略行动结果。现实中，若发现一项本应采取的行动或者一件本应做成的事，最终毫无结果或没有做成，基本上都可以从"三力"不足或不匹配上，获得一定的解释。例如，由于愿力不足没投入，由于缺乏助力没做成，由于能力欠缺做不成，由于"三力"均不到位而无果，甚至还由于"三力"相互冲突最终形不成合力。

行为动因：成就、成员、成长

古语云："求木之长者，必固其根本；欲流之远者，必浚其泉源；思国之安者，必积其德义。"借鉴这一提法，显见，企业激励管理的中心任务就在于增强企业活力，也就是弄清构成企业行动力的"三力"的来源，采取措施固本培元，以保持这些源泉的喷涌不息。应该看到，企业活力实际上体现的是组织的生命力，而愿力、助力、能力作为生命力的组成部分，是以有机互动、互赖的整体形式而存在的。例如，愿力的增强，既有助于能力的改善，也会影响与感化助力环境；助力的增强，有助于克服能力之不足，也会激发出愿力；能力的增强，有助于获得助力，并由于更易创出成果而在无形之中提升了愿力。所以，探讨企业活力或者说行动力，不能采取相互割裂的机械主义态度，而应将其作为生命有机体看待。

　　基于生命有机体的考虑，借鉴前面对于人生意义的讨论，如果认为人生的根本意义在于"创造业绩、体验过程、调适心态"，那么与此相应就可导出人生"活力"的"成就、成员、成长"（以下简称"三成"）三源泉。这是由于，"创造业绩"就在于取得工作成果，获得社会认同与物质回报，从而让人产生一种有所建树的"成就"感；"体验过程"就在于通过感受人、事、物，获得群体互赖与精神寄托，从而让人产生信仰、归属上的"成员"感；"调适心态"就在于通过逐渐参透人生，获得随缘自适与心性完善，从而让人产生一种心智上的"成长"感。这样，如果粗略地认为，成就、成员、成长就分别对应于愿力、助力、能力，可见促进"三成"感的形成可为提升"三力"奠定良好的基础。

　　从形成"三成"感与提升"三力"的关系看，为了增强企业活力，可从为员工提供心智成长、个人发展、组织归属等方面的机会与前景入手，以增强员工的"三成"感。例如，通过加强技术开发、设备投资、改善工艺等，提升企业最终业绩，使身处企业之中的员工产生成就感，形成进一步投入企业的愿力；通过沟通理解、通力合作、稳定就业等，提升企业整体凝聚力，使员工产生人生有归属的成员感，形成进一步发展的助力；通过加强培训、工作丰富、团队交流、信息共享等，提升员工个体的内在素质，增强企业整体实力与优势，使员工产生成长感，形成进一步动态学习的能力。当然，从实践运作的角度看，"成就、成员、成长"与"愿力、助力、能力"的相互联系，并不如前面描述的那样简单，实际上它们之间相互交织，存在着互为表里的互动、互适、互赖关系。

　　"三成"作为行为动因，构成了企业活力的源泉。从流量的角度看，进行激励管理，考察企业活力源泉的开发，关键在于如何把握其加速、稳定、减速机制，也就是了解"三成"与"三力"的形成过程、相关联系与互动原理。一般地，若将所有能够提供员工"三成"感的因素统称为"激励"，而最终形成的"三力"作用泛称为"行为"，则为了做好企业激励管理工作，至少还需关注这样几个问题：一是，需重视"三成"的综合影响，不能过分依赖单一"激励"的作用，因为单一"激励"对"行为"的边际作用会出现递减现象。二是，各种"激励"的动因对最终"行为"的相对作用大小，会随着时间、情境等因素的变化而变。三是，考察跨越多个时间周期的"激励"与"行为"关系，可见各种激励要素之间存在着权重、强度、跨期的关联影响，就其中的时间因素而言，一般来说，激励越及时，也就是与所预期的行为之间的时差越小，其效果也越好。

此外，从激励-响应的内在机制看，还需要在人们的预期与现实之间形成适当的差距，以建立试图消除这种差距的心理动力。考虑到恒定不变的差距，如果持续存在而难以消除，人们最终会习以为常，从而对差距变得麻木不仁。激励管理需特别关注这样两件事：一是，为所形成的心理动力提供能力与助力支撑，使之迅速转化为企业的实际行动，以最终消除差距、取得成果；二是，通过对人们心理预期的动态管理，始终维持"动力"的适当水平。不容否认，尽管从做事的角度看，有时只要兴趣所至，做成事这一过程本身所具有的成就感也会给人带来愉悦，从而能够产生乐在其中的过程体验，使得行为者看起来似乎具有不带功利目标的内在动机；但从做人角度看，组织中的个体会受外在激励或环境影响，相互之间存在着信息交换，总会有意无意地进行着比较，并根据对所参照比较的他人及自我的主观评价，做出组织是否对自己的投入做出公平回报的判断，进而影响其自身投入后续工作的心理动力的强弱。这意味着，在考虑一个组织系统的激励机制建立时，除了需要考虑其中每一个体的"三成"与"三力"关系，还需特别处理好不同个体之间的相对"三成"感觉及其与企业整体"三力"建设的关系。

风险控制：谨防决策心理陷阱*

那种所谓"高投资、高风险、高回报"的提法，实际上所反映的就是一种"赌徒"思维。对于真正成功的企业经营者来说，始终需要关注的是，通过积极创新，努力探求"低投入、低风险、高回报"的经营方案。

2004年末，惊闻中航油（新加坡）公司由于违规、违法炒作石油衍生品，造成5.5亿美元的巨亏。而颇具讽刺意味的是，此前中航油（新加坡）公司曾作为成功典范，入选新加坡国立大学MBA的案例，近几年还多次被评为新加坡最具透明度上市公司。联想到早在1995年，英国巴林银行就已在新加坡上演过因衍生品市场交易损失14亿美元而破产的悲剧。不由得让人深思，此类事件的频频发生，除了存在常规的公司内部风险控制与政府外部金融监管的不到位问题外，是否还存在着决策选择上人们并未意识到的心理陷阱。

事实上，对于决策行为心理特征的研究表明，相对于给定的心理参照点，对于属于"得益"性质的选择，人们更多地表现出风险回避的态度，而对于属于"亏损"性质的选择，人们则更多地表现出风险偏爱的态度。例如：对于类似于"肯定盈利500万元"与"有60%可能盈利1500万元、40%可能损失1000万元"的这样两种方案，人们会

---

* 本文根据项保华发表于《企业管理》2005年第1期的文章修订而成。

更多地倾向于选择前一种没有风险的稳妥方案；而对于类似于"肯定亏损 500 万元"与"有 60%可能亏损 1500 万元、40%可能盈利 1000 万元"的这样两种方案，人们则会更多地倾向于选择后一种更具风险的博弈方案。

正是因为对于涉及"得益"与"亏损"的这样两类不同方案，人们主观心理上相应存在着风险回避与风险偏爱的这样两种态度互异的决策选择倾向，使得在公司经营发展状况良好，即相对决策者的某一心理预期或参照点来说，总体表现为"得益"时，人们倾向于选择更为稳健的经营方案；而一旦公司经营发展状况恶化，即相对决策者的某一心理支撑或参照点来说，总体表现为"亏损"时，人们可能会采取更为冒险的经营方案。这意味着，从风险控制的角度看，在"亏损"稍微偏离决策者的心理参照点时，公司的内控或外部监管，尚有可能产生作用，而一旦"亏损"突破人们的心理承受底线，就有可能进入"破罐破摔"、冒险赌一把以求挽回败局的行为怪圈，最终将公司拖入高风险的投机漩涡之中。

如果将上述讨论所涉及的心理"得益"或"亏损"的概念，加以进一步拓展，泛指金钱、名望、地位、前程、权力等方面的利弊得失，就可很容易地解释这样一种看似奇怪的情况，即在现实公司或组织中，为什么总是存在着那么一些人，在面对初始业绩未能达到个人预期、可能导致自身利益受损时，或者由于一些小错误的多次积累、可能会受到较为严重惩罚时，其行为方式就会发生显著变化，最终陷入不计后果、铤而走险的投机、造假乃至犯罪的恶性循环之中。例如：采用更为冒险的违法乱纪、越权违规、贪污腐败等手段，以弥补个人损失或挽回败局，结果将整个公司或组织带入破产或崩溃的境地。这种情况，更有可能发生在公司好大喜功、片面追求业绩增长，忽视市场发展内在规律的急躁浮夸氛围中。

显然，从公司内部考核看，如果像安然公司那样急功近利，片面强调"业绩优，则一俊遮百丑；业绩劣，则一切都丧失"。在市场发展良好的时期，企业有可能一路高歌、突飞猛进；而一旦业务发展遇到瓶颈，则有可能诱使人们为完成不可能的业绩目标，而采取投机冒险乃至数据作假的手法。毕竟经济发展与企业经营，均有其自身的运行规律，那种认为业务发展可以永远快速扩张的想法，是不现实的。尽管从表面上看，外部预期或内部考核在短期内似乎可以超越市场承受力，但从本质上看，时间一长，经济过热的数字泡沫总有破灭时，企业过热的投机作假总有现形时。

根据以上讨论，就企业内部控制而言，加强分级限额风险管理，须尽量使企业经营方案的"得益"水平，运行于人们的心理参照点之上，以确保决策者更多地采取风险回避的态度，选择更为稳健的经营方案，而对于因偶发因素可能导致的"亏损"，从而掉入不可承受的心理参照点以下的情况，必须要有严格的基于多环节相互制约的止损运作机制，以尽量杜绝风险偏爱式的投机博弈做法。经验研究表明，真正长寿的企业往往是财务保守型的。那种所谓"高投资、高风险、高回报"的提法，实际上所反映的就是一种"赌徒"思维。对于真正成功的企业经营者来说，始终需要关注的是，通过积极创新，努力探求"低投入、低风险、高回报"的经营方案。

在这迎接新的一年到来的时刻，对于那些伴随着我国市场经济发展不断成长壮大的企业来说，应有清醒警觉的认识：企业经营是一个需要持续努力的过程，如何在做大企业的同时，仍能做到管理收放自如，企业上下活力迸发、风险受控，这是一个永恒的话题。也正因为如此，窃以为要真正做强、做久企业，即使是在强调所谓"速度经济"的今天，仍不可能一蹴而就，而需要虚心静气、脚踏实地，步步为营、稳扎稳打，否则将难免会掉入这样的心理陷阱：因片面追求企业整体的高速规模扩张、市场增长、目标膨胀，使人们在无意中面临巨大的因市场竞争、业绩考核、职业发展等可能"亏损"的无形压力，从而倾向于采取更为冒进、冒险、冒失的做法，最后将企业未来的长期发展拖入更大的风险不确定之中。

"抓阄"与企业制度[*]

制度建设的现实难题在于,任何一种新的分配制度的出现,往往都会对现有的分配格局产生影响,并有可能使得某些人的既得利益受到相对或绝对的损害。如何消除既得利益者在有意或无意间可能造成的对于新制度推出的阻力,这是人们在进行制度建设与改造时,需要特别给予关注的。

在讨论制度设计与建设的管理原理时,有人曾虚构了这样的分粥问题:一个由七人组成的小团体,各人私利但相互平等,要在没有称量用具的情况下,分食一锅不够七人吃饱的粥。为此,设计了五种可能的分粥方法,这就是:指定一人、七人轮流、众人推举一人、建立分粥委员会与监督委员会、各人轮流值日分但分者最后一个取粥。结果发现,只有最后一种方法——各人轮流掌勺分但掌勺者最后一个取粥——特别简洁有效,同时兼顾了公平与效率两方面要求。由此联想到,我国民间流传的一种常用方法,"大家一起参与分,抓阄决定谁得哪一份"(以下简称"抓阄")。与前面所述的五种做法相比,如果忽略"抓阄"本身的操作成本,可见该方法隐含着更为丰富的管理内涵。

首先,"抓阄"方式具有更宽的适用性,它不仅适用于类似粥这

---

[*] 本文根据项保华发表于《企业管理》2002 年第 5 期的文章修订而成。

样的基本上能无限可分的东西，也适用于不是无限可分或者真正分匀很困难的东西。第二，"抓阄"方式具有群体参与性，它允许大家共同参与分配过程，这有助于增加团队合作氛围，从而调动起组织内部更广泛人员的积极性。第三，"抓阄"方式具有更高的运作效率。由于众人参与分配，减少了那种由一人分配、其他人等待的时间浪费，更减少了各人轮流分粥时所需的任务交接程序。第四，"抓阄"方式具有更高的机会均等性。抓阄尽管从实际分配的结果看，有可能出现某些人经常抽到分得较多的那一份的情况，但从理论原理看，在概率上还是体现了人人机会均等的原则，且这种操作往往是在众人监督下进行，不会发生相互埋怨的事情，所以，分完后大家心态也较为平静，能够认可整个操作过程。第五，"抓阄"方式既可用于类似分粥的多次进行的重复性分配，也可用于只进行一次的偶发性分配。

以上讨论带给人们的启示是，许多为人们所普遍接受的习惯做法，看似简单而实际上却反映了非常丰富而精妙的管理思想，如果能够加以认真总结，定可起到积极的借鉴作用。一项众人认同的好制度，必是浑然天成、清晰高效，既具操作简洁性，又体现理论公平性，这只有通过长期的创新性实践、探索，才有可能实现。制度建设的现实难题在于，任何一种新的分配制度的出现，往往都会对现有的分配格局产生影响，并有可能使得某些人的既得利益受到相对或绝对的损害。如何消除既得利益者在有意或无意间可能造成的对于新制度推出的阻力，这是人们在进行制度建设与改造时，需要特别给予关注的。

8 招无定式

要点提示

态度、行为、结果之间的相互作用，会不断强化从而产生思维及行为惯性，在无意中降低了企业对于环境的适应调整能力。为此，需对各种貌似真理的管理学说保持警觉，时刻关注其适用前提与隐含假设是否已变，以防掉入行为固着与决策僵化的陷阱。

战略无中心*

  企业战略无中心,需要的是开放的心态与灵活的应对。如果一定要提"中心",那只能是以企业的目标顾客的需求为中心,而进一步考虑到顾客的需求是变动的,可见最终所体现的是以变动为中心,实际上也就是无中心。

战略本质:灵活权变、动态演化

  战略在概念上涉及时序过程,事关企业的跨期生存发展,而不只是时点状况。从时序过程看,企业使命定位、外部环境、自身实力均处于不断变化之中,由此决定了战略的中心议题的内涵具有历史与情境依赖性,必然是与时俱进、动态演化的。决定企业持续生存的关键是,能否与所在环境各方面互适共生;企业战略的精髓在于,灵活权变、良性互动。

  战略的动态演化性体现在,企业战略即使存在所谓的中心内容,那也只是一时一地之工作重点,而不是永恒不变之中心。正因为如此,人们才有管理"只有永恒的问题而无终极的答案"、"方法可进口而

---

* 本文根据项保华发表于《企业管理》2004年第3期的文章修订而成。本文的初稿是受《企业管理》杂志社之邀,主要针对发表在该杂志2004年第2期的"以机会为中心"一文谈点看法。

问题需土产"之提法。所以，借鉴生物学妙语——"生物学中只有一条普遍定律，那就是一切生物学定律都有例外"，似乎可以引申出结论"所有管理论断都有例外"。

从互动的角度看，企业战略需特别关注两方面的工作，这就是对于环境动态变化的敏感性与因应环境变化的响应性。敏感性使得企业能够及时捕获各种关键信息，如所在产业环境、现实及潜在顾客需求的变动等，从而为企业把握市场先机提供可能。响应性确保企业能够顺应环境变化，及时迅速地采取有效行动，更好地满足顾客需求，将机会转变成现实成果。

在这里，敏感性与企业正式信息渠道的建立相关，在很大程度上依赖于有关人员对于环境变化的直觉洞察力；响应性与企业内部实力的建设相关，在很大程度上依赖于企业对于经营活动任务的柔性组织与动态调整能力。正确把握企业与环境，特别是与各利益相关主体之间所存在的多向互信、互动、互赖关系，才有可能实现企业实力提升与外部机会拓展这两者相互加强的良性循环。

战略经营：机会取舍、内外互动

由企业内外部各种要素之间存在着互动作用所决定，在战略经营上，任何过分强调以机会为中心、以资源为中心、以能力为中心的提法，都有可能掉入顾此失彼的陷阱。实际上，影响企业整体生存发展的因素是多元而非单一的，变动而非静止的。这正如，不能因为人的生存离不开吃饭，就简单地认为人生以吃饭为中心，毕竟人的生存还需要空气、温度、湿度等条件。

从企业生存过程看，战略需要关注多个不同方面，在不同的时段可能会有不同的重心。考察我国经济改革开放过程，就先后出现过多种"发财"机会，可以大致划分为以政策为中心、以关系为中心、以技术为中心、以管理为中心等。显然，从总体上看存在着多种机会，并不意味着对任一企业而言，只要以机会为中心就一定能够成功。

企业战略以机会为中心的提法,至少不能解释这样的现象,这就是为什么许多当初条件相差无几的企业,面对同样的机会、同时起步,而最终的发展状况却会产生明显的优劣分化。事实上,怎样抓住、利用、开发机会,将机会真正转化为企业的现实盈利,不可能一蹴而就,它在很大程度上依赖于企业的耐久经营实力,是企业持续取舍决策与长期不懈努力的结果。

如果认为战略决策的关键是取舍,那么以机会为中心的战略指导思想,对刚刚起步的小企业而言,似乎不会产生什么问题。因为此时它们面临的更多是机会不足的困境,通常感觉到的是有点饥不择食,不必考虑需要放弃什么。但对许多成功的大企业而言,由于面对众多机会,常常无意之中表现为取多舍少,甚至只取不舍,结果造成自身资源与能力的不堪重负,从而引发经营危机。

现实中,面对各种市场机会的诱惑,人们总有机不可失、时不我待的紧迫感,并且会在无意中相对过高地估计个人及企业自身的实际运作能力。此时主观上的锲而不"舍",并不保证客观上定能做到只取不舍。短期内也许不容易看出这一点,但从长期看,带着过大、过重的包袱,行得了一时,却支撑不了一世。更何况过度关注抓住眼前的机会,可能会无力迎接未来可能出现的更好机会。

战略研究:知行合一、土洋兼容

当然,强调战略的演化性质,要谨防陷入不可知论,从而怀疑一切,认为战略就是无所作为,不存在可循的思路与方法。由此可见,只是简单地认为,由于我国当前的经济环境不同于国外,就没有必要借鉴学习西方管理理论与经验;因为当前我国管理教育发展的历史较短,就无须开展与接受管理教育。这很容易使人变得夜郎自大、自以为是,显然有失偏颇、考虑欠周。

就我国管理教育而言,其中存在着局部的理论与实践脱节的问题,但并不能就此否认整个管理教育的必要性。人们既不能从比尔·盖茨没念完大学却造就了微软，就得出在美国不上大学都可办成微软的结论；也不能从柳传志下海造就了联想，就导出在中国技术人员下海都能办成联想的结论。许多民企老总乐于自己掏钱学管理的事实，至少表明管理教育是有其内在价值的。

此外，在看待土、洋管理理论与经验上，在处理本土企业与跨国公司的关系上，中国企业既不能妄自菲薄，未战先退，也不能狂妄自大，目空一切。那种片面夸大土、洋分界，将洋咨询成长过程中的失误，一概说成是理论与实践不行，甚至上纲上线为不想帮中国人与外国人竞争的故意搞"破坏"。此类评说，与引介国外理论时的取椟还珠、趋名避实做法一样，均属情绪化之论。

事实上，土、洋咨询均有做成功的案例与做失败的项目，其公司中的做事者也基本上都是黄皮肤的人。在商言商，在做事过程中可能谁都希望将业务做好，以争取更多的客户。所以，解决土洋之辩，还是遵循"实践是检验真理的惟一标准"，且慢自封为他人行为的判官，大家先将自己的工作做好。你的顾客承认了就算有价值，否则不管你土也好、洋也好，也是没有人愿意埋单的。

战略发展：多元共存、携手并进

无庸讳言，从本质上看，指导企业战略经营，即使存在着可供人们学习借鉴的理论思路、原则与方法，也不可能有一成不变的实践招法。在这个意义上，可以认为，任何战略之"道"都将是"道可道，非常道！"其关键就在于，实践运用中的灵活创新。所以，对具体企业而言，真正能够持续的竞争优势，都应该是没有竞争的优势——实践探索、超前突破、演化创新！

注意到管理不仅在于知，更在于行，而行需权变、需创新、需特色。为了有效处理战略的知行关系，必须看到，过度理性是无法行动的。战略的实践探索，既要追求简洁，因为只有轻装才能减少路径依赖，提升响应速度，迎接不确定环境的挑战；同时也要质疑简洁，防止在简化中忽略了可能存在的关键因素,以不断提升人们的思考水平,更好地解决多变的实践运作问题。

当然,强调战略实践的重要性,并不一定排除理论探索与指导的必要性。例如:在提出以机会为中心时,就至少需从理论上阐明,机会到底指的是什么。如果认为机会源自于企业现实与潜在顾客的需求变化,那么如何细分与把握顾客需求,也将是理论所需回答的。再如人们常说的在实践中要忘掉理论,"返璞归真",此时至少需回答何为"璞"、何为"真"这一理论命题。

面对我国改革开放以来经济起步、发展的大好环境,有幸从事中外管理理论与实践探索的研究、咨询者,都应秉持积极科学的态度,看到自己涵养的不足。至少有一点不可否认,大家都是改革开放以来才真正接受市场经济洗礼的,即使再怎么聪明,也不能仅凭一腔热血,就将世界上历经数百年积累的管理理论与经验一概贬斥为"无用",并豪气冲天地号召人们不要学吧?

应对入世后我国未来经济更为多样化发展的新格局,需要管理理论与实践探索者具备宽容博大的胸怀与采取积极务实的行动,以借鉴吸收各种让人有启示作用的理论与经验,切实解决我国企业成长过程中所遇到的管理难题,在推动我国经济整体发展中,共同做大管理教育与咨询市场,而不是以门户之见相互指责,甚至以偏概全、落井下石,试图在批判同行的失误中抬捡自己。

综上所述,企业战略经营无中心,需要的是开放的心态与灵活的应对。如果一定要提"中心",那只能是以企业的目标顾客的需求为中心,而进一步考虑到顾客的需求是变动的,可见以顾客需求为中心,最终所体现的是以变动为中心,实际上也就是无中心。没有中心的多样化共存,正是我国乃至世界经济的未来发展趋势之所在,我国的管理学者与行者应携手并进、迎接挑战!

电子商务的泡沫*

企业在利用各种电子信息技术时，关键是要弄清这些技术是否有助于提升自己的商务水平，是否与企业的内外部状况相匹配，是否有助于企业自身发展目标的实现。

"电子商务"在近年可谓"显学"，可以作为证明的是，该词在媒体频频出现，许多高校纷纷以此为名开设了新的人才培养专业。对于"电子商务"的意义与作用，曾经有人"高烧"到了发出"要么电子商务，要么无商可务"的呓语，好在后来随着网络热的降温，人们已逐渐回归理性，开始反思许多貌似科学的"热门话题"。

本来"电子商务"从概念上看还是清楚的，"电子"为手段，"商务"是根本，只有当商务能赚钱时，"电子商务"才能立足市场。但问题在于，人们都知道"没有免费的午餐"的常识，所以，一些故事高手就有了用武之地。首先，告诉你机不可失、时不再来，赶快进行"烧钱"投资，没有投入哪来回报；第二，让你明白，在网络时代赢家通吃，而为了成为通吃的赢家，"烧钱"要比耐力，谁笑到最后谁笑得最好；第三，万一你坚持不住，失败了咎由自取，因为是你半途而废，所以才坐失了即将到来的良机。

现实中，许多企业匆忙介入电子商务，就是受到了以上抓机会思

---

* 本文根据项保华发表于《企业管理》2002年第12期的文章修订而成。

想的诱导。显然，从逻辑上看，找不出要回报必须先投资的说法的错误，关键在于先投资需要的周期有多长、数额要多大，企业所面临的经营环境不确定性如何，企业所具备的实力能支撑多大多久的投资。在环境变化很快的情况下，一个投入期较长、投入量较大、最后回报的持续期也较长的项目，与一个每次投一点、马上可回收一点的项目相比，即使有充分的数据能够证明，考虑了贴现因素后前一方案更具投资价值，也许大多数人还是愿意接受后一个能够做到边投边收的方案。这意味着，即使"电子商务"从长期来说真的很好，也需找出小步前进、快投快收的现实可行操作方案，否则又有谁真有耐心等待不确定的未来回报，更何况诚如凯恩斯所说的，"在长期里，我们大家都必死无疑"。

从商务必须盈利这一本质看，可见其经营的关键在于能否发掘出利用"电子"可以更好盈利的模式。对此，要看在什么情况下，"电子"手段会比其他手段更有效。尽管人们知道计算机界的一句名言，"垃圾进、垃圾出"，但是如果出来的"垃圾"是经过包装的，比进去时排列得更整齐，从而使人看上去好像是新东西，还是有可能吸引或蒙骗到很多"眼球"与"钞票"的！这只要看看近年的 IT（信息技术）业界，瞄准企业钱袋都进行了哪些宣传就知道了，什么 MIS、CIMS、MRP、ERP、BPR、CRM，概念翻新、花样不断，似乎使人觉得自己一不小心，就真的会落伍"挨踢"（"IT"的谐音）了。

关于信息技术的作用，曾有人做过这样的研究，结果发现：对于经营良好的企业，在信息技术上的投资越多，似乎业绩也越好；对于经营不善的企业，在信息技术上的投资越多，似乎业绩就越差。看起来，决定企业成败的还是企业的综合管理素质，而不是对于信息技术的使用本身。但在此，不得不对现代信息技术在"C2C"（这里专指"将国外的东西拷贝到中国"的英文"Copy to China"的缩写）上的"巨大作用"，生出几分敬畏之情，否则的话，又如何解释，在过去，人们从未听说有公路商务、铁路商务、电传商务、传真商务、电话商务等提法，怎么惟独今天的"电子商务"能被如此高频率使用？也许公路、铁路等手段比较传统，不像"电子"一词那样比较玄乎，令人捉摸不透，从而更具炒作价值。

"电子商务"涉及商务的电子化，而有无必要、是否可能，需根据不同企业的具体情况来判断。尽管不容否认，信息技术会为虚拟经济的发展提供手段与机会，但从企业产品或服务的最终需求者为人这一根本特性来看，在关注电子商务可以满足人们对于虚拟体验要求的同时，还必须注意人的许多需求与体验必须是实在的。正如人不能虚拟吃饭、虚拟旅游、虚拟人生经历一样，最终商务模式的成功，还在于能否真正把握住人性。所以，企业在利用各种电子信息技术时，关键是要弄清体现在这些技术背后的原理，是否有助于提升自身的商务水平，是否与企业的内部条件及所面临的外部环境相匹配，是否有助于企业自身发展目标的实现。

写到这里，应该说明，当前的时代是一个信息超载的时代，各种真假难辨的所谓"信息"、"知识"扑面而来，真有点让人眼花缭乱之感。以前曾闹出过请公路建设部门领导参加"信息高速公路"建设会议的笑话，今后也许还会冷不丁地冒出个用纳米制作的"爆米花"之类的奇闻，这些都是跟风穷炒新概念、新名词的恶果。但泡沫终将是泡沫，最终总有破灭时，在这一点上，国内外几乎没有例外。正如老子有言，"飘风不终朝，骤雨不终日"。钱钟书先生曾说过，"朝市显学必成俗学"。作为管理者，识别各种新名词、新概念是否有意义，只有一个标准，这就是看与自己所在组织的环境、实力、目标等是否相符，在指导实践上是否具有使用上简洁、高效并让企业经营各利益相关方乐于、易于接受的特点！

咨询公司的作用*

企业成功经营最终依靠的是其自身的内功修炼，外部咨询公司最多只能起到"擦鞋匠"、"挖宝人"或"助动者"等锦上添花的作用。所以，企业在决定聘请外部咨询公司提供帮助前，必须要对自身资源与能力有清醒的认识。

最近，实达公司沦为深沪两市高科技股中的首家 ST 企业。这既在人们预料之中，又使人感到意外。预料之中的是，实达公司自 1996 年上市后，由于其所掌控的资金迅速增多，超越了公司的运作能力，致使公司业务呈"天女散花"状发展，早在 1998 年，就初现管理混乱的预兆，并为此请了麦肯锡公司。使人意外的是，实达公司实施麦肯锡方案不到半年，就中途宣告停止，而经此折腾，公司不仅没有扭转管理颓势，反而陷入了更大的困惑之中。

由麦肯锡方案在实达公司受挫，联想到此前国内"点子大王"神话的破灭，认真剖析与反思这其中的深层原因，有助于国内许多正在寻求外部管理咨询公司帮助的企业，了解咨询公司的真实面貌，认清管理顾问的价值本质，以更好地发挥管理顾问的作用；也有助于目前雨后春笋般出现的各类管理咨询公司，明确自身定位，认清自己的公

---

* 本文根据项保华发表于《企业管理》2001 年第 6 期的文章修订而成。本文的初稿是受《企业管理》杂志社之邀，主要针对当时发生的"实达集团因连续巨额亏损而被戴上 ST 帽子"事件谈点看法。

司到底能做什么与不能做什么，以加强公司实力建设，提升公司服务价值，更好地满足其市场上目标客户的需求。

管理咨询的"真谛"

　　管理咨询研究的根本目标为：帮助企业成功适应变化，建立起能够发现、吸引、培养、使用、保持优秀人才的运行环境，形成积极改进、不断完善、持续经营的自我发展机制。所以，在其咨询工作过程及最终咨询报告中，咨询公司所提出的各种解决方案，都必须经受得住这样的检验，这就是，有助于实现被咨询企业外部环境、内部实力、使命目标的动态有机匹配。根据这一要求，咨询公司只有在充分了解被咨询企业状况的基础上，才有可能提出真正适合被咨询企业情况的有效解决方案。

　　由于每个企业所面临的外部环境、内部实力、使命目标情况都是不一样的，因此，一个有效的管理咨询方案必须是量身定做的。这里的量身定做，不仅要针对被咨询企业现存的人、财、物等有形资源，更需针对被咨询企业现存的组织活动、政策机制、认知学习等无形能力。由此可见，某些咨询公司所采取的做法，例如，以相同的数据库资料为基础，为各种不同类型的被咨询企业，提供表述风格标准化、内容框架格式化的所谓先进的咨询方案，尽管表面上看相当的正式规范，似乎很有水平，但一经具体实施，就会发现有点千篇一律，毫无特色，让人有张冠李戴之感。

　　从满足被咨询企业需要的角度看，一个最终不能解决企业问题的管理咨询方案，无论其原因是什么，甚至是企业最终不能或不愿实施，都不能称为是一个合格的方案，而绝不是如通常人们所认为的那样，方案本身是先进的，符合国际水准，只是因为被咨询企业水平不够，结果无法见效。据此判断，麦肯锡方案在实达公司受挫，至少可以说明麦肯锡对实达公司的困境性质、重组难度、实施能力、互动后果的认知，在某些方面存在着判断失误，结果导致了方案实施的半途而废，不仅没有解决实达公司原有的问题，反而带来了更大的市场与内部管理的混乱。

咨询公司的"角色"

标准化的管理咨询方案，忽视了针对具体被咨询企业量身定做的创新要求，从逻辑上来说，根本不可能普遍适用于所有的企业。而对于什么是最为符合企业外部环境、内部实力、使命目标的创新管理方案，从根本上说，应该是企业内部人士要较外部人士更有发言权，这正如俗话所说的"鞋子适不适脚只有脚趾头才知道"。既然如此，那么为什么又还有那么多的企业，不是依靠自身力量解决管理难题，而是乐此不疲地寻求外部咨询公司的帮助呢？回答这一问题，需要了解咨询公司的"角色"定位。一般来说，咨询公司所能扮演的"角色"，可以大致地划分为以下三类：

一是，擦鞋匠。将管理咨询顾问比作"擦鞋匠"，这是国内一些有见地的咨询者的观点。将被咨询企业看作是"鞋子"，可见"鞋子"脏了，由咨询公司帮助擦干净是可能的，但若想将一双"草鞋"擦成"皮鞋"，或者将一双"旧鞋"擦成"新鞋"，则是不现实的。按此说法，咨询公司必须选择有潜质的企业，作为自己的咨询对象，那种自以为能解决所有企业的管理问题的咨询公司，最终出现咨询的失败也将是必然的。所以，对于某些咨询公司在宣传广告中声称，曾为许多国内外的著名企业做过管理咨询，人们心中应该清楚，其背后所隐含的逻辑关系更可能是，这些著名企业的成功是因为其自身的学习开放素质，而绝不是仅仅因为咨询公司的帮助。

二是，挖宝人。将管理咨询顾问比作"挖宝人"，要求咨询公司不仅是"擦鞋匠"，而且还应是鞋子价值的"发现者"。这意味着，尽管咨询公司不能将"草鞋"擦成"皮鞋"，或者"旧鞋"擦成"新鞋"，但却可以告诉被咨询企业，"草鞋"怎么用更好，"旧鞋"坏了可以补，也就是借此发现或提升被咨询企业的潜在价值。在这里，被咨询企业主要是因为受困于日常经营事务，无暇对自身做客观系统的思考，才变成了"当局者迷"，所以需要请外部咨询公司来帮忙。而咨询公司凭借自身所积累的专门知识、经验与眼光，通过广泛借鉴外部信息，帮助被咨询企业拓宽经营思路。

三是，助动者。将管理咨询顾问比作"助动者"，要求咨询公司能对被咨询企业起到"催化剂"的作用。这意味着，借助于优秀咨询公司的中介沟通，有可能消除存在于被咨询企业内部人员之间的成见与摩擦，从而对企业的未来发展达成共识，在行动上形成合力。咨询公司在这方面的作用主要表现在，如：外部咨询者对企业的相关人员做访谈时，相关人员不会像面对内部人做交流时那样，有太多的顾虑；利用咨询公司的权威形象，更易使企业内部对有争议的问题达成共识；在面对因为内部意见分歧从而造成最终决策困难时，由咨询公司来提建议，可以降低企业关键决策者的个人压力，从而推动决策的进行。从这个角度看，企业是否需要请咨询公司，拟按古语所云"有疑则卜，无疑则不卜"。

实达例子的"启示"

对照以上关于咨询公司"角色"的描述，从旁观者的角度出发，对麦肯锡在实达公司的表现，做冷静理性的剖析，从中可以获得许多经验教训，这对于探索我国管理咨询业，如何提升水平、促进未来发展，不无教益。

首先，麦肯锡方案在实达公司的半途而废，原因是双方的。作为实达公司，对按麦肯锡方案运作的困难程度与负面效应判定不准，就仓促实施大规模的重组，无疑是其自身经营能力不足的表现。麦肯锡公司未能很好地量身定做方案，对操作时需要对组织作大规模调整，并可能造成的现实冲击，预先估计不足，是其自身咨询能力欠佳的表现。这正如，一双"破鞋"实际上不经擦，硬要请人擦，结果越擦越糟。"穿鞋者"不了解自己鞋子的情况，盲目送擦有责任；"擦鞋匠"

看不清鞋质，乱擦一气也属糊涂。当然，现实中可能还存在着这样一种情况，"穿鞋者"想为鞋子破损找替罪羊，"擦鞋匠"为了营生而装糊涂，此时"穿鞋者"与"擦鞋者"心里都很明白，而只有那些不知情的"鞋主人"，才真的给搞迷糊了。

第二，企业若想请咨询公司帮助，必须清楚自己到底缺的是什么，是"擦鞋匠"、"挖宝人"，还是"助动者"？无论需要哪种类型的咨询服务，都必须建立在咨询公司与被咨询企业相互尊重、充分沟通的基础上。对于咨询公司提出的建议，应该符合这样的基本准则，能使企业人员一看就清楚，一听就明白，而且操作非常容易。一个让被咨询企业看不懂、读不透、做不了的方案，就是一个低水平的无用方案，而不像习惯上人们认为的那样，这表示咨询公司的水平高，只是企业的水平低理解不了。从沟通的角度看，一个没有让被咨询企业理解、接受、实施的方案，至少是咨询者没有准确把握其顾客的需求，满足不了被咨询企业的需要，因而就是一个失败的方案，麦肯锡在实达的表现也不例外。

第三，对咨询公司来说，为了真正当好企业的参谋，必须明确自身的定位。尽管，对许多咨询公司来说，在一定程度上同时承担着"擦鞋匠"、"挖宝人"、"助动者"这三种角色，但应该看到，这其中的每一种角色，对公司自身实力所提出的要求是不一样的。"擦鞋匠"更需要的是，诸如投资理财、生产运作、市场营销等专业化的职能能力；"挖宝人"更需要的是，诸如环境透视、战略思考、制度政策等跨部门的综合能力；"助动者"更需要的是，诸如人际沟通、组织变革、战略领导等多群体协同的人际能力。对于咨询公司来说，仅当所扮演的角色及所具备的能力与被咨询企业所寻求的帮助相匹配，所提出的解决方案与被咨询企业的素质与能力等相吻合，才能真正起到解决被咨询企业的问题的作用。否则，不仅无助于解决被咨询企业的问题，可能反而会加大被咨询企业的危机。

走出咨询的"陷阱"

"麦肯锡兵败实达",对国外咨询公司来说,提出了如何将国际上所谓"先进"的管理模式本土化的问题;对被咨询企业来说,提出了如何正确看待咨询公司的作用的问题;对国内咨询公司来说,提出了如何加强自身能力建设的问题。必须看到,任何管理咨询方案,如果不符合被咨询企业的内外环境情况,没有得到被咨询企业的真正认同与积极投入,是不可能成功的。而这里提到的认同与投入,在很大程度上依赖于企业内外部的"人和"。"人和"会直接影响企业上下士气与骨干稳定,特别是在强调"服务"价值、重视"关系"资源的今天,"人和"更是企业协同各方力量、构建竞争优势不可或缺的基础。管理大师德鲁克认为,管理看起来似乎与商品有关,但实际上则完全与人相关,"这是一门人与人的业务"。他感兴趣的是人的行为,并把人看成是一个个互不相同的有特色的个体。对于任何企业来说,在所谓的"天时、地利、人和"成功三要素中,只有"人和"最具潜在的可控性,也只有从"人和"入手,才有可能把握更大范围的天时、地利。

在我国,许多咨询公司最容易步入的"陷阱",就是无视现实企业环境中所存在的微妙人际关系,提出各种重理性、轻人性的过程与组织重组方案,试图按所谓的国外先进模式对企业原来比较适合中国情况的管理模式进行重构,结果却由于严重破坏或损害了"人和"资源,使得被咨询企业陷入更大的内外交困管理危机之中。管理咨询如果不能把握人性因素是很难成功的。许多咨询公司提出的企业重组方案,往往涉及组织的内外部结构大调整,通常要求被咨询企业内部有强势领导。对于那些原本就因高层领导能力不足,最终陷入管理困境的企业来说,试图通过咨询公司的短期努力,打破企业内长期形成的诸侯割据局面,实际上是不可能的。实达公司的例子就证明了这一点。常见一些国外大型咨询公司,在为国内上市公司提供的咨询方案中,提出了那种容易引发企业内部争斗的重组方案。如果这些上市公司缺乏内部强有力的领导，则就可以预见，这种争斗尘埃落定、咨询方案实施之日，也就是这些被咨询企业人才流失、元气大伤、市场混乱开始之时。

一个企业如果为了更好地抓住"天时"或用好"地利"，以破坏"人和"为代价搞组织结构大调整，片面地关注引进所谓的国外先进经验，并在操作上将其变成外部市场与内部管理的大换岗。更有甚者，在换岗中眼睛向外，重"空降兵"而轻"子弟兵"，其结果必然会造成企业上下的思想与组织大混乱。因为，大规模调整会引发人们心理预期的改变，而重组的结果客观上又不可能使每个人都如意，这样，再加上时间仓促，沟通疏导不力，就更有可能带来人们心态的失衡，甚至引发关键人才的流失。显见，伴随着这一过程所引发的巨大心理阻力，是不可能依赖外部咨询公司的力量消除的。因此，麦肯锡方案在实达公司造成的短期内"千人大换岗"，其结果只能是"企业大混乱"。应该指出，这种伤筋动骨的重组方案，即使在国外强势企业中，也主要是靠企业内部力量的推动发起的，少有靠外部咨询公司推动而成功的例子。更不要说在内部管理、外部市场的运作都非常讲究人际关系的中国，仅靠咨询公司的推动，要想取得成功就更难了。而由重组引发的企业高层大地震的例子，随处可见，需慎加剖析、引以为戒。

企业发展的"出路"

企业成功经营最终依靠的是其自身的内功修炼，外部咨询公司最多只能起到"擦鞋匠"、"挖宝人"或"助动者"等锦上添花的作用。所以，企业在决定聘请外部咨询公司提供帮助前，必须要对自身资源与能力有清醒的认识。在这里，有几点需要特别说明，"治大国若烹小鲜"，大企业在进行组织机构大规模调整时须慎重；"罗马不是一天建成的"，企业成功不可能毕其功于一役；"以平凡员工创造非凡业绩"，企业发展应以自身所拥有的人才为基础。企业及其环境都是由人组成的，管理工作应从"人和"入手，那种不能实现互惠共生或多赢目标的重组方案，常常会由于在企业内外部各方之间引发公开或非公开的名、利、权之争，而难以获得企业绝大多数人的内心认同与积极支持。

在选择外部咨询公司时，要充分重视相关人员的沟通能力。有些咨询公司在项目谈判时，派出的人员各方面能力都很强，而在实际咨询操作时，派出的却是另一拨人。此时，企业可以对咨询公司提出要求，指明企业具体需要的是哪些人员。许多情况下，企业所请的咨询顾问，只精通管理方法但缺乏必要的人际敏感性及组织政治关系处理技巧，有时在咨询访谈过程中，不仅没有通过有效沟通，促进企业合力的形成，反而在无意中加深了企业内部人员之间的矛盾。这种现象，在实际中并不鲜见。而一个优秀的咨询顾问，往往具备高超的沟通艺术，能化冲突于无形，通过访谈交流，加强企业内部人员之间的相互理解，激发企业人员的创新思想，并为最终咨询方案的推出，做好组织与思想准备。这意味着，企业在选择咨询公司的同时，还必须关注其是否有合适的咨询团队。

真正能实现多方互惠共生的调整方案，通常在企业蒸蒸日上的时候比较容易找到。而在企业面临危机时，重组往往很难实现人人受益。受"屁股指挥脑袋、利益决定行为"的影响，硬性规定任务指标的部门及机构调整，由于涉及个人岗位升降与名利变动，要达成人们共识，往往难度较大。在这种情况下，调整应该将重点放在软性的政策与制度上，通过采取更好的报酬与效益、与努力的挂钩方式，以促进人们更好地工作，为企业创造更大的经营效益。这样，也许更易被人们接受。必须看到，企业所必需的高层人才，实际上是拥有自由意志与自我意识的生命主体，并不是企业可以随意调拨与储备的人力资源。无论采取何种方案，都需以稳定对企业成败来说甚为关键的骨干人才队伍为核心，设法提升这些人员的工作热情。

不确定情况下的战略思考*

　　面对看不清的不确定未来，能够放弃波峰机会诱惑的自律企业，尽管可能会有缺货损失，但却能帮助企业在出现波谷时避免产能过剩的过度亏损，从而在整个峰谷波动过程中表现出更强的成本效率，也就是更强的市场竞争力。

　　俗话说"市场最怕不确定"。未来变化的不确定，会让管理者无所适从，使组织的发展丧失可预见性。就具体企业来说，可能面对的不确定主要有这样几种情形：一是环境变化，如气候冷暖、技术发展、经济政策、社会演进等；二是同业竞争，如多家公司看好未来，竞相扩大产能，致使全行业产能过剩；三是供求波动，如消费者对于产品或服务需求或偏好的潮汐或季节涨落、行业上游生产资源的存量或产量的振荡异动。

　　在存在着环境、竞争、供求等多种不确定的背景下，若是将企业无意之中歪打正着所得到的正面结果，看作是决策者个人主观努力的成果，就很有可能在未来决策中表现出自以为是的倾向，从而产生"不确定能受控"的幻觉。这有如一则网上笑话所描述的：在一架正在上升的电梯中，无论人们在其中是跑、是跳还是撞，结果总会上升的，但若由此分别得出上升是由于自己的或跑、或跳、或撞而来的，则显

---

* 本文根据项保华发表于《企业管理》2012 年第 4 期的文章修订而成。

然是荒谬的。

面对不确定情境，关键不在于大势向上过程中谁得益，而在于向下过程中谁胜出。有人发现，巴菲特并非是在顺境中比别人赚得多，而是在逆境中比别人亏得少。李嘉诚曾说过，"投资时我就是先设想，投资失败可以到什么程度？能拿什么去弥补？"在行业景气向上的顺境中，许多公司倾其所有，甚至不惜高负债追加投入，大力营销、自建渠道、剧增产能，试图抓住所有的增长机会，但却没有为自己留足过冬的粮草！

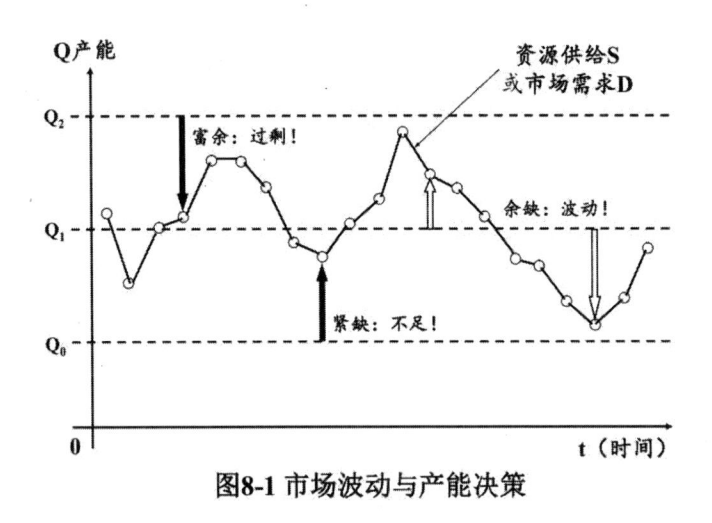

图8-1 市场波动与产能决策

在不确定情境中，行业兴衰轮替、市场供求波动是常态，此时，从管理可控性、发展持续性，也就是长期经营效率或市场竞争力的角度看，若能放弃一些当前的机会，以保持适当的资源冗余，不失为一种有效的生存之道。如图1所示，空心小圆点表示企业所面临的资源供给 S 或市场需求 D 的状况，Q_2、Q_1、Q_0 分别表示企业产能的高、中、低三种定位决策，显见，不同的产能定位决策会对企业的长期经营产生截然不同的影响。

考虑到如图8-1所示的资源供给或市场需求的无序波动，若按照波峰的高度确定企业的产能 Q_2，乍一看，这似乎有助于企业抓住或利用当前可能出现的所有市场机会,但却会使企业产能更多地处于如图 8-1 中的向下实线箭头所示的富余过剩状态;若按照波谷的水平确定企业的产能 Q_0,看起来好像会让企业失去许多当前的市场机会,也就是出现如图 8-1 中的向上实线箭头所示的产能紧缺或不足,但却可使企业产能获得更加充分的利用。

显然,按 Q_0 定位的企业,表面上看似乎比较傻,短期内放弃了许多机会,似乎会被竞争对手所淘汰,实际上并非如此。因为从长期看,Q_0 定位的企业具有更强的成本优势,其经营业绩也更为稳定,也就是风险更低。更有意思的是,Q_0 定位的企业所放弃的那部分波峰产能,有可能正好成为 Q_2 定位企业的毒药,使其在上升的顺境时产能投资过度,结果在下降的逆境中因受产能太过剩余的拖累而巨亏,使其总体经营风险加大。

结合以上对于 Q_0、Q_2 产能定位的讨论,可以看到:面对供求双重波动的情形,若按峰谷的平均值定位产能 Q_1,企业就会经常性地面对如图 8-1 中的空心箭头所示的产能富余或紧缺交替振荡,这种情形的存在实际上也隐含着企业产能运行计划的不稳定。当然,在此需要指出,以上提及的产能 Q_0、Q_1、Q_2 指的都是已超越规模经济性要求、兼顾了正常保养维护等需要的水平,否则的话,产能水平的高低变动就有可能直接影响到企业运行的成本效率,从而最终影响到企业产品的价格竞争力。

基于以上分析可见,面对不确定波动,由于看不清未来发展态势,所以,能够放弃波峰机会诱惑的自律企业,尽管表面上看可能会有缺货损失,但实际上却能帮助企业在出现波谷时避免产能过剩的过度亏损,从而在整个峰谷波动过程中表现出更强的成本效率,也就是更强的市场竞争力。对于那些短期看似捡到便宜,抓住了波峰机会的冲动企业来说,却可能会因为过度投资、产能过高,相对于前述自律企业表现出较弱的整体竞争力。

现实中,由于受到争当第一、赢者通吃等提法的误导,使得许多企业放弃了创造自身特色的努力，片面地追求规模、速度，甚至不惜当前亏损而求大，幻想着以此淘汰所有同行后可以在未来做到自己独家胜出。只是问题在于，在不确定情境中，未来充满变数，过去及当前发生的现实亏损，今后可能永无机会再补回。例如，近年来我国电子商务行业整体发展迅速，新创与倒闭并行，许多企业在成长中耗尽资源，在市场下调中债台高筑。

特别是受美国次贷及欧债危机的影响，国内许多近年努力超速扩张的企业，如比亚迪、美的、绿城、凡客、京东等因目标过度膨胀，近期几乎遭遇了相似的因需求下滑、产能过大所引发的紧缩难题。因此，面对环境、竞争、供求的不确定，若能保持一点平常心与战略远见，抑制快速做大的欲望冲动，抗拒当下出现的机会诱惑，采取产能Q_0定位这种看似"不争之争"的做法，以应对波峰与波谷轮替的挑战，定将有助于企业持续竞争力的形成。

事实上，面对看不清的不确定未来，由于无法做到事先精密计划或准确把握环境、竞争、供求的变动方向，此时企业越是采取快速响应的做法，结果就越有可能加剧系统的振荡幅度，特别是对于现实中出现的受众多不确定因素影响的随机波动，与其及时响应，还不如不做响应。这就是注意保持企业产能的相对稀缺性，步步为营，做好当下工作，以不变应万变，防止为抓波峰机遇而穷尽现有资源，以便为迎接未来机会保存冗余能力。

总之，面对不确定未来，需要人们能够克制自身太过急功近利的本能冲动，更多地采取短期看似吃亏而长期有益的战略措施，加强自律，坚守底线——面对诱惑不冒进，遭遇逆境不放弃；持之以恒，不断改进，在关注经验积累的基础上重视创新突破，注重实效以求长期可持续的盈利与发展。对此，吉姆·柯林斯与莫顿·汉森在《选择卓越》（Great by Chioce）一书中，通过对乱局生存之道的探讨，给出了相似的结论。

从全球经济危机看企业战略应对

> 全球经济危机产生的根源在于违背了常识，局部环节短期过度扩张破坏了产业链上下游的长期协同发展，企业战略必须重视所在行业的资源、产能、市场这三者关系之平衡。

对于希望从他人错误中吸取教训的企业家或政治家来说，若能注意到体现在美国次贷危机导致百年投行破产、我国乳业三聚氰胺事件致使企业信誉扫地、欧债危机引发政府信任与颜面尽失等一系列事件背后的客观规律性，更多地关注以下提及的一些经济运行及企业经营的常识，也许不无借鉴、预警、防范作用。

首先，对于任何经济组织来说，最终其实体经济所具备的能够生产出人们所需并愿意付钱购买的东西的能力，都是其根本基础。至于受货币供给或财政政策的影响、投资与投机行为促动的景气或衰退循环，都只是披在其"根本基础"之上的面纱。从这个角度看，市场以及企业盈利的增长终将受制于人均 GDP 的增长潜能。

第二，即使从整个经济的角度看，人均 GDP 上升了，如果收入分配不均，财富集中在少数人手中，最终整个社会的人均消费水平还是难以提升，这也就是为什么这些年，在我国一方面昂贵的奢侈品消费快速增长，另一方面却屡有超市开业或店庆等因蛋、米、粮、油降价促销而引发挤压踩踏甚至闹出人命的事件出现。

第三，即使人们收入水平普遍提高，其购买欲望得到了有效激发，也还有一个生产能力能否同步跟进的问题。在最火爆的市场需求的背后，往往会伴随着出现产品良莠不齐、假冒伪劣盛行的情况，这既有市场监管不到位的原因，更有品牌企业生产与管理能力不足，从而留下许多市场空缺未能有效填补的缘故。

第四，即使人们的欲望膨胀都能得到满足，人均消费水平也能够迅速提升，从产业链上下游的产能关系看，尽管产业链靠近消费者需求端的产能投资有可能充分膨胀，但最终GDP或实际产出的提升还是会受到产业链上游资源供给有限性的约束。如汽车、高铁等大发展，钢铁产能大扩张，则铁矿石就会供不应求、价格飞涨。

由以上讨论可知，从业态良性可持续发展的角度看，构成整个产业发展基础的有最终消费者的购买力、中间各环节的产销能力、上游生产要素的存量及产量，离开这三者的协同支撑与保障，任何企业都不可能孤立地持续发展。近来我国的汽车、钢铁、水泥、太阳能等产业出现的严重产能过剩现象，就是很好的反证。

从管理可控的角度看，任何企业或产业环节，当且仅当其发展目标的定位处于消费者购买力、资源供应力有保障的范围之内时，才有可能取得良好的业绩，否则定将自食其产能过剩的后果！由此可见，若国家刺激经济计划仅作用于产能放大，而非最终消费者需求的扩大，其结果就只会引发局部投资泡沫而非整体平衡增长。

综上所述，基于长期战略思考，国家政策导向所惠及的产业，往往会短期繁荣而长期过剩，对于那些不具备快进快出能力的企业，若要投入此类行业，必须注意抵御过度做大的机会诱惑，通过创造产品特色，适当控制产能规模，相对于市场需求保持适度稀缺性，方可为紧接着可能出现的行业整体产能过剩提前做好准备。

顾客忠诚度与企业业绩*

就顾客忠诚度与企业业绩的关系而言,在企业的产品或服务供不应求的情况下,顾客基本满意也许就能引发其购买行为并为企业带来业绩,而在同行竞争激烈的环境中,只有由顾客相对满意度所决定的忠诚度,才是决定企业产品或服务的市场吸引力以及最终业绩的重要依据。

对于许多企业来说,如果其产品或服务市场的需求相对比较稳定,在进行自身市场竞争实力与地位评估时,通常都会将顾客忠诚度作为其中的一个重要指标来考察。但在实际操作中,却发现对这一指标还存在着许多需要进一步探讨的问题。

首先,顾客忠诚度只是一个时点的存量指标,假如可以用100分来表示最高得分,0分表示最低得分。那么,就一个具体的得分为80分的企业而言,既无法由此判定最终顾客的行为到底会有何表现,更不能断定企业相对于同行的最终业绩是好还是坏。这似乎意味着,顾客忠诚度只有其相对值才真正有意义,如:相对于企业的历史或竞争对手的变动情况。但这会碰到测量问题,不同的企业所面对的忠诚顾客是不一样的,各企业根据互不相同的顾客群体所得出的统计量,又如何保证具有可比性呢?

---

* 本文根据项保华发表于《企业管理》2002年第5期的文章修订而成。

第二，高忠诚度并不一定导致高业绩。在此不妨假设有某产品，任何使用过的人都觉得，若需再次购买或向他人推荐，都应将其作为首选。只是在该顾客想采取购买行动时，却很难方便地找到能够买到该产品的地方，因此该顾客最终并未给生产该产品的企业带来进一步的收益。这意味着，顾客的高忠诚度只有辅之以很高的渠道可获性，才有可能将其转变为企业的高业绩，在进行忠诚度建设的同时，必须加强渠道终端的建设。当然，对有些企业来说，出现个别顾客想买产品却买不到的情况，也可能是出于该企业的有意设计，例如，希望形成产品稀缺难得的品牌形象，试图将企业的运作控制在管理自如的规模以内等，只是更多的时候，也许是由于不知道如何贴近顾客，以便扩大顾客的购买行为。

第三，对于顾客忠诚度的调查一旦完成，其所反映的就是已经发生的过去状况，这并不一定等同于顾客的未来购买选择。若认为顾客的购买行为，取决于相对其他同类产品或服务而言，企业产品或服务是否更具价值的判断，则可以认为，以购买行为反映的顾客忠诚度只是一个随时会发生变化的动态量。由此可见，就具体企业来说，对于顾客忠诚度高低的考量可以看作是一种战略投资的选择过程。若放弃部分眼前利益，通过增加投入，对顾客做出更好的及时响应，就可保持或提高顾客忠诚度；若追求眼前利益回报，减少对于顾客响应的投入，会使顾客忠诚度因受到同行的挑战而相对下降。这意味着，顾客忠诚度不是业绩指标，而只是衡量企业对于长短期战略平衡考虑的指示器。也正是从这个角度看，顾客忠诚度并非一定越高越好，它取决于企业决策所考虑的时间跨度。

最后，说明一下，就顾客忠诚度与企业业绩的关系而言，在企业的产品或服务供不应求的情况下，顾客基本满意也许就能引发其购买行为，而在有多种产品或服务可供比较选择的情况下，则只有顾客忠诚才是决定顾客购买行为的关键因素。这意味着，在同行竞争激烈的环境中，只有由顾客相对满意度所决定的忠诚度，才是决定企业产品或服务的市场吸引力以及最终业绩的重要依据。

慎用"80/20 法则"*

运用"80/20 法则"必须符合一定的前提假设。更为合适的做法也许是，在重视20%的关键工作的同时，关注80%的非关键工作，在保持关键与非关键的差异张力的前提下，提升整个系统的运作水平，也就是从20%入手，带动其余的80%，这才是真正的整体协同发展之道。

有人发现，管理实践中存在着这样的经验规律，在众多影响组织成败的因素中，起决定性作用的往往是少数，而起辅助性作用的因素则占多数，这被称为"关键少数、一般多数"法则，按习惯简称为"80/20 法则"。根据"80/20 法则"，在管理过程中，似乎只要花大力气抓住了那些举足轻重的少数关键因素，花少量精力关注那些无足轻重的多数一般因素，则就可以做到事半功倍，基本上能够胜券在握了。进而还有人将此结论推广到众多领域，举了无数的例子来说明"80/20 法则"的现实存在性，阐明以此法则指导管理工作的理论科学性。而实际上，运用"80/20 法则"有着严格的前提假设，离开这些假设前提，抽象谈论该法则的普遍适用性，无疑会导出十分荒谬的结论。

首先，假设能够事前获得用来判断关键与非关键事务所需的各种信息，否则就根本无法分清什么是关键少数，什么是一般多数。对于

---

* 本文根据项保华发表于《企业管理》2003 年第 1 期的文章修订而成。

这一关于信息可获性的假设，实际上是有疑问的。正如《80/20法则》一书作者Richard Koch所述，"80/20法则"常常出现在复杂系统中，在影响这种系统运行的各因素之间，并不存在机械的单向线性因果关系，而存在着有机的多向非线性互动关系。这意味着，在容易受到"80/20法则"影响的系统中，由于受到复杂多因素的交互作用，各因素间的因果关系具有一定的不可预知性，甚至还会出现类似如混沌理论所说的"蝴蝶效应"等情况。既然如此，考虑到管理通常所涉及的就是有人参与的复杂系统，对于这种系统，一般很难事先确定哪些是少数关键因素，这就限制了"80/20法则"运用，更不可能据此提出适当的可行操作对策。

第二，假设所找到的关键事务或环节等是可调控的，即"80/20法则"所涉及的关键因素，只是人类群体理性选择的结果，属于一种可通过人类决策改变的可利用规律。否则，如果找出的关键因素并非是管理者及企业力量所能改变的，硬要试图违背理性去加以改变，结果就只会以失败告终。这正如头撞南墙，鸡蛋碰石头，还错误地认为，只要坚持这样做，就一定能成功，显然，是会闹出笑话的。从这个角度看，除非管理环境在其存在方式、发展趋势、运行模式、因果关系等方面的变化具有一定的可预见、可调控的特性，否则"80/20法则"就只有事后解释性，而不具事前预测性，对管理者来说，因为无法用来指导未来实践，就基本上等于无效！

第三，假设少数关键要素与多数一般要素之间互为独立不相关。事实上，在管理系统中，关键少数与一般多数之间，往往存在着双向互动的相关性。因此，简单采用对管理有机系统进行肢解的方式来获取所谓的关键因素，而把其余的部分均归为所谓的一般因素，这种做法非常荒谬。应该看到，伴随着肢解的进行，管理系统中原有各因素的关键或非关键的性质，必然会随之发生变化，从而破坏了"80/20法则"所说的努力与结果的不平衡律。更何况，如果结果的不平衡是一种不可改变的自然状态，那么，试图通过人为努力，抓住重点，将其变成平衡，实际上是不可能的。

在不符合上述三个前提假设的情形中，如果盲目地运用"80/20法则"，试图据此调整工作重点，提高管理效率与效益，其结果完全有可能事与愿违。例如，从顾客关系管理看，如果企业历史数据表明，20%的客户提供80%的盈利，而其余80%的客户提供剩余的20%盈利，就据此片面地认为，从提高企业运行效率的角度考虑，只要能够集中精力抓住最盈利的20%客户，即使忽视其余的80%客户也无损于大局，这显然是有问题的。首先，对许多企业来说，如：饭店餐饮、旅游景点、商场经营等业务发展，一旦失去了80%客户的人气氛围支撑，那些重要的20%客户也可能不复存在。第二，客户的关键与非关键是动态变化的，过去的关键客户并不一定意味着未来仍是关键客户，更何况这种变化可能会受到企业行为的影响，这意味着事先人为划分关键与非关键，可能反而不利于企业对于实际存在但无法识别的潜在20%关键客户的开拓。

再例如，在一个关键与非关键因素之间存在着互动、互赖关系的复杂系统中，即使表面上也存在类似"80/20法则"所描述的现象，但却不能据此进行管理调控。在这种系统中，存在着类似交通系统的连通器原理的作用，尽管不同的道路有着不同的车流通过能力，似乎可以据此划分出关键与非关键道路，但在整个系统基本上满负荷运行的情况下，任何一个交通节点的受阻，都有可能导致整个系统的瘫痪。这意味着，在这样的管理瓶颈会随机生发、迅速传递、动态蔓延的变化系统中，实际上所体现的法则是，管理无小事、处处是关键。在这种情形中，对企业来说，最为关键的可能是其整体的动态快速响应能力。此外，考虑到人际互动的作用，还可发现许多实际存在的看似符合"80/20法则"的情况，只是人们理性选择的自然结果，它所反映的是一种"自我实现"预言的作用。

现实中常见的不同销售人员的业绩贡献，其分布似乎尤为符合"80/20法则"描述的情况。但仔细分析，却发现这可能只是"马太效应"的结果，根本无须进行人为的刻意划分与调控。例如，在谈到"80/20"现象时，某汽车销售公司的老总就曾发现，实际上是因为成功的销售人员，得到了更多的内部支持机会，这就是，每当有新客户找到公司老总、副总或其他非销售人员，表示了自己准备购车的愿望时，他们往往更倾向于将这些新客户介绍给自认为是公司中更优秀的业务员，这在无形中就进一步增加了优秀业务员的锻炼机会，使其更易成为关键的 20%。从公司发展的角度看，对于这些做法是否适当的判断，实际上就涉及了对于长短期发展关系的权衡考虑，毕竟这些做法在提升公司短期销售成功率的同时，却不利于公司培养更多优秀的业务员或销售团队！另外，人与人之间，正是因为存在着关键与非关键的差距，才会产生积极投入以消除这一差距的心理动力，一旦公司里只留下其中的关键业务员，而将其余的非关键业务员都淘汰，结果就会发现，随着参照比较对象的消失，最终留下的 20%关键业务员，在积极性、主动性、自我感觉、最终业绩等方面，将很难维持原先所能达到的水准。

　　根据以上讨论，关于"80/20 法则"，在使用中必须注意这样两点。其一，要以符合一定的前提假设为先决条件。例如，当企业面对无知或信息不完全的情况时，通常很难确定关键环节，此时即使可能存在关键环节，亦只能通过全面试探来把握。而考虑到关键与非关键要素的动态变化，仅仅依据某一时点、断面或过去的数据确定关键因素，试图以此指导未来调控，往往不太适用。其二，将 20%与 80%看成是一个整体。在战场上有"一将成名万骨枯"之说，在管理中关键的 20%可能是在非关键的 80%滋养下才成功的。所以，更为合适的做法也许是，在重视 20%的关键工作的同时，关注 80%的非关键工作，在保持关键与非关键的差异张力的前提下，提升整个系统的运作水平，也就是从 20%入手，带动其余的 80%，这才是真正的整体协同发展之道。

国际通行未必中国可行[*]

一方水土养一方人，不同的文化有不同的习俗，不同的价值观相应会有不同的轻重缓急权重看法与偏好排序，甚至是对于相同的功能需求，也有可能会表现出不同的形式。对此，必须引起来华发展的跨国公司还有准备走出国门的中国企业的高度重视。

关于加入WTO，人们谈论更多的是中国企业所面临的挑战，实际上在中国市场上玩国际上企业常玩的游戏，由于游戏场所、参与者、时间、方式等情况的改变，对于要想在中国市场求得发展的跨国公司来说，又何尝不是一种新的考验呢？事实上，跨国公司在中国经营，因水土不服而失败的例子并不鲜见。

例如，某国际化妆品公司进入中国后，按其在国际上的通行做法，推行产品无理由退货，结果发现卖出去的化妆品，在差不多快要用完时，有人才拿来要求退货。实际上，产生这种要求退货的情况，并不是人们觉得产品不好，而是其中有些人想借机得以免费使用商品。但是，面对这一新情况，若采取一概不退货的做法，又会损害那些对产品真的有点不满意的顾客的利益。后来，该公司将相应条款修改成，30天以内用剩多少退多少，这就有效地避免了以上这种为免费使用而故意退货情况的发生。

---

[*] 本文根据项保华发表于《企业管理》2002年第11期的文章修订而成。

再如，美国某著名汽车公司与国内一企业合资生产汽配零件，外方派遣的总经理年薪高达 80 万美金，差不多等于同行相当规模民营企业中所有员工的全年工资。另外，外方总经理按国外思维，要求产品市场采取不赊销的做法，而国内汽配行业由于鱼龙混杂、厂商众多，市场竞争非常激烈，不赊销就变成了无法销。结果尽管该合资企业生产的产品质量优异，但由于成本过高导致价格竞争力缺乏，不赊销导致原有顾客大量流失，市场萎缩。最终由于该合资企业经营严重亏损，外方不得不以失败撤出，而有意思的是，在中方重新独立经营后，该企业又迅速从亏损转变成了盈利。

还有如，日本某著名企业与国内一家电企业合资后，由外方派出人员担任总经理。在每年召开产品订货会时，合资企业的外方总经理觉得来的都是客，应该给所有与会人员报销往返车船交通及住宿等费用，但对于中方副总经理提出的应该给与会者送点礼品，而往返费用由与会者自理（此费用本来与会者回自己单位就可报销）的建议却置之不理，其理由是，这样做不符合该日本公司的惯常做法。这在中方管理者看来，就是"该花的钱不花，不该花的钱却乱花"，结果尽管该合资企业实际支付的交通等费用，远高于原来仅仅送点礼品的费用，但订货会的参加人数还是一年不如一年。

一方水土养一方人，不同的文化有不同的习俗，不同的价值观相应会有不同的轻重缓急权重看法与偏好排序，甚至是对于相同的功能需求，也有可能会表现出不同的形式。对此，必须引起来华发展的跨国公司还有准备走出国门的中国企业的高度重视。在这方面，有些跨国公司的考虑，相对来说就较为周全。例如，可口可乐公司在本土化的过程中，就提出"想本地人所想，做本地人所做"。还有跨国公司提出要做到，让当地人在情感接受上，分别不出是本地企业还是外资企业。当然，这里的关键是要有灵活权变的精神，遵守相互尊重、包容理解、互惠互赖的原则，否则自以为是地将一些所谓的"国际通行"的做法而实际上只是一种特殊的"行为习惯"硬要教条地照搬照抄到中国或者输出到国外，必将难逃"橘子逾淮而成枳"的尴尬局面。